顏志龍、鄭中平 著

SPSS＋R

給論文寫作者的進階統計指南 第二版

傻瓜也會跑統計II

五南圖書出版公司 印行

作者序

　　《傻瓜也會跑統計II》這本書寫於2019年。這一年林志玲結婚了，本書的兩位作者頓時覺得這世界變得好灰暗；於是他們決定要寫一本能照亮這世界的書。本書的完成，我們特別感謝五南出版社，及侯家嵐主編的協助。希望本書的出版，就算照亮不了全世界，至少要照亮研究生和他們指導教授的世界。

顏志龍、鄭中平

2020除夕前一夜

目 錄

CONTENTS

CONTENTS

CONTENTS

CONTENTS

CONTENTS

CONTENTS

Unit 31　組內相關係數 / 45

Unit 32　群集分析 / 53

Unit 33　區辨分析 / 67

CONTENTS

CONTENTS

CONTENTS

必讀之章 Ⅰ

本書結構與使用說明

壹、本書目的——誰說等級低，就不能拿勇者之劍？

本書是《給論文寫作者的統計指南：傻瓜也會跑統計Ⅰ》的續作。在前作中，我們提供了論文中最常用的基礎統計操作，共包含了27個單元，而本書則是延續單元27，從單元28開始新的章節。希望延續前作的精神，為不懂統計但卻迫切需要統計的學生們……或是懂統計，但卻必須和不懂統計的學生相依為命的老師們，帶來一些溫暖。

相較於前作，本書介紹的是更進階的統計方法。當論文必須用到進階的統計方法時，對許多學生來說是嚴峻的挑戰。他們就像剛踏入電玩冒險世界等級還很低的新手，卻被迫必須立刻和血量無盡、攻防爆表的BOSS戰鬥。這時候已經沒有時間再慢慢練等級了，唯一能做的，就是帶上最強的武器裝備，硬著頭皮上陣。本書就是一把能夠立刻上手的勇者之劍；就算你的等級不高，也可以拿著這把劍去挑戰守在畢業門前的那隻惡龍。這本書介紹的是進階的統計，但是我們儘量讓所有的事情簡單化，只要一步一步地按書上所說的去操作，即使統計新手也可以完成進階統計分析，並將結果寫成論文。

貳、使用軟體——SPSS與R

本書使用了SPSS（Statistical Package for the Social Sciences）和R兩種軟體，基本原則是只要能用SPSS處理的統計，書中都使用SPSS處理，只有SPSS基礎版無法處理的問題，才會使用R來處理。這是因為SPSS對多數學生來說，是較具親和力的軟體，而R則牽涉到語法的使用和修改，因此比較容易讓學生心生卻步；不過關於這一部分，讀者也不用擔心，我們在書中已經將R的使用簡化到多數人都能操作的地步。如果你所需的統計在本書中是必須使用R的，請務必先閱讀單元34：「使用R之前，你必須先知道的事」，對R先有所瞭解。

至於SPSS，由於本書是一本關於進階統計的書，因此我們預設讀者對SPSS的

基礎操作（如資料讀取、反向題轉換、分數加總等等）已經有所瞭解了，書中並沒有對這一部分再做額外說明，如果這些基礎操作，你不熟悉，建議要先去閱讀本書前作《給論文寫作者的統計指南：傻瓜也會跑統計I》的單元1。

本書是以SPSS第22版為範例去操作的。SPSS歷年來不斷地推出新版本，但其實使用介面並沒有太大的變化。因此，即使你的SPSS版本不是第22版，也不會影響你使用本書。此外，本書所有的操作範例和統計報表，都以SPSS中文版呈現。其實用中文版來操作SPSS及解讀報表，是一個不好的習慣；主要原因是SPSS的中文版翻譯常常有些生硬奇怪。但是，我們知道多數的學生，如果必須在奇怪的中文，和正確的英文之間做選擇，他們還是會義無反顧地選擇奇怪的中文；所以本書最終還是選擇以SPSS中文版呈現，但是希望你能明白：使用中文版SPSS是個不好的習慣。然而，我們也非常體貼那些勇敢面對英文的學生，在本書中儘可能附上操作介面的原文，因此就算以英文版的SPSS來使用本書，也不會有什麼問題。

參、書寫架構

本書的各單元間是獨立的，你可以選擇直接進入你需要的單元。在這個基礎下，書中各單元的書寫結構依序如下：

1. 關於某種統計方法的介紹及重要提醒。
2. 展示具體操作步驟，依書中指示步驟操作，就能完成統計。
3. 教你如何解讀統計報表。我們在每個統計報表中都有標示一些圈圈數字（如①、②、③……），而書中的文字說明也有相對應的圈圈數字。將兩邊的圈圈數字對照，就可以理解統計報表的意義。
4. 示範如何將分析結果填入論文所需表格中，按照書中指示去填注就能完成論文中的表格。
5. 示範如何將分析結果寫成論文，模仿書中格式去書寫，就能將分析結果寫成論文。

肆、25個「統計表格範例」

學位論文通常要呈現很多統計表格。表格該是什麼樣子？跑完統計的數據怎麼填入表格中？本書提供25個論文寫作所需的統計表格範例。我們在這些表格範例中標示出一些圈圈數字（如①、②、③……），而統計報表中也標示出相對應

的圈圈數字；只要兩相對照，就可以直接產生論文所需的表格。範例表格的下載網址，可以在本書的封底找到；沒錯，我們幫你畫好了。

伍、57個「論文書寫範例」

跑出統計和寫出論文是兩件事。如何根據統計結果去寫出論文，對一般人而言是個不小的挑戰。本書提供你57個論文書寫範例，範圍涵蓋了論文中常用的各種分析結果的書寫。我們在這些書寫範例中標示出圈圈數字（如①、②、③……），而統計報表中則標示出相對應的圈圈數字；只要兩相對照，就可以直接用這57個論文書寫範例，寫出論文。

陸、28個額外的Excel工具

本書是以SPSS為主要分析軟體，相較於其他統計軟體，SPSS算是很友善（user-friendly）的軟體，但是「成也友善，敗也友善」；它也因此是一種自由度很低的統計軟體；而所造成的後果就是：很多論文中所需要的統計，SPSS反而無法直接處理。而R的自由度雖然高很多，比較不會遇到無法處理的統計問題，但是由於它的輸出報表並不友善，而且為了處理某些進階問題時，會使得程式語法變得複雜，不利於讀者使用。因此，本書為讀者編寫了28個Excel檔，專門用來處理SPSS所無法直接處理，或使用R會讓語法過於複雜的統計。據本書第二作者表示，他寫這些Excel，寫到頭髮都白了，但是第一作者很確定在二十幾歲剛認識第二作者時，他的頭髮就是白的。這些Excel檔的下載網頁，可以在本書的封底找到。我們有信心，這本書是「史上處理進階統計最強的操作手冊」，沒有之一。

柒、32個精采但你可以選擇不理會的統計注解

我們希望這是一本好用的統計指南，因此儘量不寫任何公式、原理，只寫如何操作統計、解讀資料、寫出論文。不過為了安撫自己不安的良心，偶爾也會不太囉嗦地，對這些統計方法做簡單的說明。我們鼓勵你閱讀，因為它們可以增進你對某些統計的理解，幫助你在資料分析時，做出更好的判斷；但如果你不想看這些東西，完全可以跳過不理它們。我們把這些說明都匯集起來，放在書的最後面，避免干擾那些不想明白這些事情的讀者。這些關於統計背後原理的說明，稱之為「你不想知道的統計知識」，你可以自己決定要不要讀這一部分。

捌、本系列書籍中，小數點的呈現

一般來說，論文中呈現數值時，應該要採取四捨五入的進位方式。但是本書所有的數據都是採用無條件捨去的方式呈現，這是為了方便讀者能夠從各種圖表範例中，對照出統計報表中的數據。例如：當統計報表輸出 $r = .138$，如果我們把這個數據四捨五入呈現成 $r = .14$，你在對照報表時會比較辛苦，有可能淹沒在一堆數據中找不到對應的原始數據（.14 vs. .138）；因此我們採取無條件捨去的方式，呈現 $r = .13$，讓你在對照時，找得比較輕鬆一些（.13 vs. .138）。然而，**儘管本書所有的數據呈現都是採用無條件捨去法，你在論文中呈現數據時，應該要採用四捨五入法**。關於小數的呈現的一些其他需注意事項，可參考「★你不想知道的統計知識(0-1)★」。

玖、本書限制

這是一本好用的工具書，但不是一本無瑕的指南書。如同本書的書名：《傻瓜也會跑統計II》一樣，這本書的目的，是希望協助需要使用進階統計來完成論文的學生，讓即使對統計原理不是很瞭解的學生，也能完成他人生中（極少數時刻）所需要的進階統計分析。但是統計是一門很複雜的學問，一個正確統計方式的使用，要視非常多條件而定；有些時候，哪一種統計方法才是最適切的，連統計學家之間都沒有共識。因此，要很簡潔地去指引一個生手，在統計上做出絕對正確的選擇，難度非常高，甚至可以說不太可能。也因此，本書是兩位作者在考慮統計的正確性，和新手能承受的複雜度之間，平衡的結果。

就兩位作者的經驗，多數學生在兩、三年的修業期間，可能只修了一、兩門統計學的課，甚至根本就沒修過相關課程，卻必須在論文中處理很多超乎他們能力的資料分析。就像前面所舉的例子，我們很難期待一個才剛進入遊戲世界等級還很低的主人公，能打敗過於強大的魔王。所以從嚴謹的方法學角度來看，這本書可能並不完美，它簡化了很多統計分析必須考慮的複雜條件，但從學生的現實需求來看，這本書卻是一個強力神裝，能夠立即大幅提升使用者的統計戰鬥力。我們並不冀望此書能讓你在資料分析時完美無瑕，但我們有絕對信心，這本書會讓你少犯很多錯。從嚴謹的治學角度來看，有人或許會問「何不食肉糜？」；但從對統計一知半解的學生的角度來看，沒什麼事比填飽充飢更重要了。來吧，請

帶上這勇者之劍，「平」定那守在論文關卡前的統計魔「龍」！（前句首尾二字剛好是本書兩位作者的名字）

必讀之章 II

我該用哪一種統計方法？

使用本書所附Excel 0-1，就可以知道你該使用哪種統計方法（本書Excel之下載方式，見書之封底）。

如果你已經知道自己要使用哪種統計方法了，可以直接到本書各單元去，無須閱讀此單元。如果你需要自己判斷統計方法，或是很好學，想要瞭解進階統計方法的適用時機，才需要往下讀。本單元是介紹各種「進階」統計的使用時機，如果你是想瞭解「基礎」統計的使用時機（如t檢定、相關、迴歸、卡方、變異數分析等），請參考本書姐妹作《傻瓜也會跑統計I》的「必讀二」。那裡是第十七層地獄，這邊是第十八層，千萬別走錯了喔。

壹、間斷變項與連續變項

在大部分的情況下，什麼時候該用哪一種統計方法？這件事情主要是被變項的屬性給決定的。變項分成很多類別，最粗略但在統計上卻很重要的分類是：「連續」或「間斷」變項。連續變項，指的是測量的單位是連續的；例如：身高可以是170, 171, 172……公分，而171和172之間，有可能出現171.1, 171.2, 171.3等等，它的單位是連續的，所以它是連續變項。年級可以是1,2,3,4年級，但是不會有1.1年級、1.2年級、1.3年級，它的單位是間斷的，因此它是間斷變項。

這邊要特別注意，**一般李克特式 （Likert） 問卷或是類似的問卷，通常要當作連續變項處理**。例如：在表0-1的問卷中，量尺之間的單位看起來似乎是間斷的，「完全不符合」的1和「部分不符合」的2之間，並沒有1.1, 1.2, 1.3讓受試者勾選，但要它們卻是連續變項，而非間斷變項。這是因為在作這些測量時，其實我們認為它們是連續的變項；只是為了方便，我們用了間斷的方式去測量它。

表0-1

	完全不符合	部分不符合	部分符合	完全符合
1.我覺得本書作者很帥。	1	－ 2	－ 3	－ 4
2.我覺得這本書是我人生的救星。	1	－ 2	－ 3	－ 4

貳、本書統計方法使用時機 —— 使用表0-2

多數統計都是在回答變項間的關係。通常以兩組變項（在此稱之為X和Y）去思考，會很便於判斷統計方法。在決定統計方法時，你要問自己兩個問題：

1. 我有幾個X、幾個Y？

2. X和Y是連續或間斷變項？

根據上述兩個問題，再搭配一些條件，你就可以用表0-2來判斷你所需的統計方法了。舉例來說，你想要知道「不同年級的學生（X），其學科成績（Y1數學、Y2英文、Y3國文）是否有所不同。」在這個例子中，是想知道一個間斷變項X（年級），和三個連續變項Y1, Y2, Y3（數學、英文、國文）的關係。所以X的數目是1、X屬性是間斷，Y的數目是3、Y的屬性是連續。對照表0-2，應該使用單元28的多變量變異數分析。

請注意，表0-2是對各統計方法使用時機簡略的描述，本書各單元的第一小節，都有對該統計方法更詳細的描述與舉例，請你操作統計前，務必要閱讀各單元的第一小節。

表0-2

統計方法	本書單元	X 數目	X 變項屬性	Y 數目	Y 變項屬性	分析目的
多變量變異數分析	28	1個或多個	間斷	多個	連續	無控制變項時，分析一個或多個Xs和多個Ys之間的關係。
多變量共變數分析	28	1個或多個	間斷	多個	連續	有控制變項時，分析一個或多個Xs和多個Ys之間的關係。

統計方法	本書單元	X 數目	X 變項屬性	Y 數目	Y 變項屬性	分析目的
邏吉斯回歸	29	1個或多個	連續	1個	間斷且只有兩個類別(1, 0)	分析一個或多個Xs和一個二分變項Y之關係。
組內相關係數	31	多個（如多個題目）	連續			計算評分者信度。當有多個評分者，以連續量尺（如五點量表），對多個受評對象進行評分時，估計評分者之間的評分一致程度。
群集分析	32	多個	連續			將人作分類。依據多個Xs，將受試者分類為k類。
區辨分析	33	多個	連續	1個	間斷	依據多個Xs，找出怎麼樣的Xs組合起來，可以對Y有最大的區辨力。
驗證性因素分析	35	多個（如多個題目）	連續			檢驗多個測量變項的因素結構是否與觀察資料一致。
請參考表0-3		一個或多個	連續	一個或多個	連續	

參、本書統計方法使用時機——使用表0-3

當X和Y均為連續變項時，有很多可能情境，因此我們另外以一個表呈現此時可能的統計方法。若你已使用表0-2，且表0-2指示你使用表0-3，請閱讀此一小節。若你尚未使用表0-2，而是直接來到這裡，請回頭閱讀上一小節。

在使用表0-3時，你必須考慮以下事項：

1. 確定X, Y都是連續的。你有幾個X、幾個Y？

2. 若有多個Xs，這些Xs是否有階層結構？例如：某些Xs是團體層次變項、某些是個人層次變項；進一步說明見「★你不想知道的統計知識(43-1)★」。

3. 你分析時，是否要考慮測量誤差？原則上，如果你分析的變項並沒有把多個題目加成總分，就表示有考慮測量誤差；如果你分析的變項是把多個題目加成總分，就表示不考慮測量誤差。進一步說明見「★你不想知道的統計知識(36-1)★」其中的「三、SEM和徑路分析的差異」。

4. 你是否要分析中介或調節效果。關於何謂中介、何謂調節，請參考「★你不想知道的統計知識(36-3)★」。

表0-3

統計方法	本書單元	連續變項X數目	連續變項Y數目	考慮資料階層結構	考慮測量誤差	中介	調節	分析目的
典型相關	30	多個	多個	無	無	無	無	探索多個Xs與多個Ys的關係。
結構方程模式	36	一個或多個	一個或多個	無	有	無	無	檢驗多個潛在變項之間的關係是否與觀察資料一致。
	37	一個或多個	一個或多個	無	無	無	無	檢驗多個變項之間的關係是否與觀察資料一致。
徑路分析	38	一個或多個	一個或多個	無	無	無	二階調節效果	同上。
	39	一個或多個	一個或多個	無	無	無	三階調節效果	同上。
	40	一個或多個	一個或多個	無	無	有	一個二階調節效果	在同時包含調節及中介效果時，檢驗多個變項之間的關係是否與觀察資料一致。
調節中介分析	41	一個或多個	一個或多個	無	無	有	兩個二階調節效果	同上。
	42	一個或多個	一個或多個	無	無	有	一個三階調節效果	同上。
階層線性模型	43	一個或多個	一個	有	無	無	無	檢驗多個Xs和一個Y之間的關係，且Xs包含不同層次資料（如個人層次和團體層次）。
	44	一個或多個	一個	有	無	無	一個或一個以上二階調節效果	同上。
	45	一個或多個	一個	有	無	無	一個或一個以上三階調節效果	同上。

Unit 28

多變量變異數／共變數分析

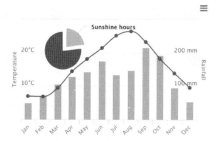

※請參考本書封底之說明，下載本單元中所使用的統計範例檔及工具檔。

28-1　MANOVA概述

使用時機	多變量變異數分析，簡稱MANOVA，是分析一個或多個間斷變項X_1……X_i，對多個連續變項量Y_1……Y_k的效果。本單元同時也可以用於處理多變量共變數分析（MANCOVA）。
MANOVA的例子	「不同年級的學生(X)，其學科成績（Y1數學、Y2英文、Y3國文）是否有所不同。」在這個例子中，我們想知道一個間斷變項（年級），對三個連續變項（數學、英文、國文）的效果。此時我們可以做X→Y1、X→Y2、X→Y3三次變異數分析（ANOVA），但如果這樣獨立做三次分析，等於是忽略了學生們數學、英文、國文成績三者間的關聯（例如：它們可能都和用功程度、智力等有關），因此做統計分析時，似乎不應忽略這些關聯。此時可以用MANOVA「一次」分析X對三個Y的效果，也就是相當於在考慮這多個Y之間的關係的情況下，進行變異數分析。此即多變量變異數分析。
什麼是「多變量」？	關於統計上「多變量」一詞的意思，請參考附錄「★你不想知道的統計知識(28-1)★」。

28-2　MANOVA ── SPSS操作

本單元是以二因子獨立樣本設計為例，示範MANOVA。若你的研究涉及不同的研究設計（如單因子、三因子），則只會在以下Step 2放入變項時，略有不同。

以下操作，請使用本書所附範例檔「MANOVA.sav」（本書資料下載方式，詳見書的封底）。我們以考驗：「性別（A）、高中年級（B）對學科成績（Y1數學、Y2英文、Y3國文）的效果為例。其中性別女生為1、男生為2。

Step 1　MANOVA

點選【分析 / Analyze】→【一般線性模型 / General Linear Model】→【多變量 / Multivariate】。（如圖28-1）

圖28-1

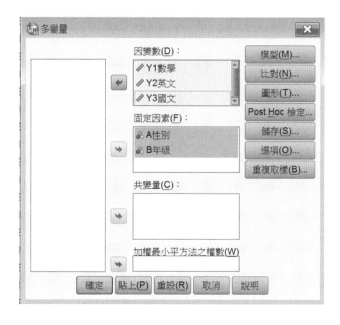

Step 2 　MANOVA（如圖28-2）

1. 將依變項（數學、英文、國文）放入【因變數／Dependent Variable】欄位中。

2. 將自變項（年級、性別）放入【固定因素／Fixed Factor(s)】欄位中。

3. 如果你是執行多變量的共變數分析（MANCOVA），請將共變項放入【共變量／Covariate(s)】欄位（執行一般多變量變異數分析者，或是看不懂我們在說什麼者，請不用理會這段話）。

圖28-2

Step 3　　MANOVA（如圖28-3）

1. 若任一自變項包含三組以上（如有三個年級）才要執行此步驟，否則請直接前往（Step 4）。

2. 點擊【Post Hoc檢定】。

3. 將有三組以上的自變項（如「年級」）放入【事後檢定 / Post Hoc Tests for】欄位中。

4. 勾選【Scheffe法】、【Tukey法】。

5. 點擊【繼續 / Continue】，畫面將返回圖28-2。

圖28-3

Step 4　　MANOVA（如圖28-4）

1. 點擊【選項】。

2. 勾選【描述性統計資料 / Descriptive Statistics】、【同質性檢定 / Homogeneity test】、【效果大小估計值 / Estimates of Effect Size】。

3. 點擊【繼續 / Continue】，畫面將返回圖28-2。

圖28-4

Step 5 　MANOVA（如圖28-5）

1. 如果你的自變項不只一個，才需要用以下2～5的步驟畫圖，否則請跳過2～5的步驟，直接到步驟6完成分析。

2. 點擊【圖形／Plots】。

3. 將「性別」放入【水平軸／Horizontal Axis】、「年級」放入【個別線／Separate Lines】（注意，年級／性別哪一個放【水平軸】、哪一個放【個別線】並不一定，你可以彼此對調畫圖，請選擇對你而言，最好解釋的圖）。

4. 點擊【新增／Add】。

5. 點擊【繼續／Continue】，畫面將返回圖28-2。

6. 點擊【確定／OK】即完成分析。分析結果如圖28-6。

圖28-5

描述性統計資料

	A性別	B年級	平均數	標準偏差	N
數學	1	1	50.9800	9.45268	100
	1	2	50.2100	9.80445	100
	1	3	51.0600	9.05853	100
		總計	50.7500	9.41966	300
	2	1	53.9100	10.28100	100
	2	2	49.9100	9.65788	100
	2	3	48.6600	10.50947	100
		總計	50.8267	10.36733	300
	總計	1	52.4450	9.95957	200
	總計	2	50.0600	9.70812	200
	總計	3	49.8600	9.85984	200
		總計	50.7883	9.89664	600
英文	1	1	51.2700	9.96342	100
		2	50.2800	9.90876	100
		3	48.5200	10.26564	100

A1|B1
（一年級女生數學數值；以此類推）

A1|B總計
（女生不分年級數學數值；以此類推）

A總計|B1
（一年級不分性別數學數值；以此類推）

A總計|B總計
（所有人不分性別年級數學數值）

（中間略）

①

圖28-6

多變數檢定[a]

效果		數值	F	假設df	錯誤df	顯著性	局部Eta方形
截距	Pillai's追蹤	.987	15366.400[b]	3.000	592.000	.000	.987
	Wilks'Lambda(λ)	.013	15366.400[b]	3.000	592.000	.000	.987
	Hotelling's追蹤	77.870	15366.400[b]	3.000	592.000	.000	.987
	Roy's最大根	77.870	15366.400[b]	3.000	592.000	.000	.987
A性別	Pillai's追蹤	.005	.999[b]	3.000	592.000	.393	.005
	Wilks'Lambda(λ)	.995	.999[b]	3.000	592.000	.393	.005
	Hotelling's追蹤	.005	.999[b]	3.000	592.000	.393	.005
	Roy's最大根	.005	.999[b]	3.000	592.000	.393	.005
B年級	Pillai's追蹤	.032	3.197	6.000	1186.000	.004	.016
	Wilks'Lambda(λ)	.968	3.218[b]	6.000	1184.000	.004	.016
	Hotelling's追蹤	.033	3.239	6.000	1182.000	.004	.016
	Roy's最大根	.033	6.495[c]	6.000	593.000	.000	0.32
A性別*B年級	Pillai's追蹤	.025	2.465	6.000	1186.00	.023	0.12
	Wilks'Lambda(λ)	.976	2.461[b]	6.000	1184.000	.023	0.12
	Hotelling's追蹤	.025	2.457	6.000	1182.000	.023	0.12
	Roy's最大根	.014	2.704[c]	3.000	593.000	.045	0.13

② ③

Levene's錯誤共變異等式檢定[a]

	F	df1	df2	顯著性
數學	.759	5	594	.579
英文	.212	5	594	.957
國文	1.469	5	594	.198

④

圖28-6（續）

主旨間效果檢定

來源	因變數	第III類平方和	df	平均值平方	F	顯著性	局部Eta方形
修正的模型	數學	1549.108[a]	5	309.822	3.222	.007	.026
	英文	1227.653[b]	5	245.534	2.364	0.39	.020
	國文	930.733[c]	5	196.147	1.936	.087	.016
截距	數學	1547672.882	1	1547672.882	16094.776	.000	.964
	英文	1544931.527	1	1544931.527	14873.211	.000	.962
	國文	1565295.527	1	1565295.527	16278.402	.000	.965
A性別	數學	.882	1	.882	.009	.924	.000
	英文	311.040	1	311.040	2.994	.084	.005
	國文	.427	1	.427	.004	.947	.000
B年級	數學	827.363	2	413.682	4.302	.014	.014
	英文	606.403	2	303.202	2.919	.055	.3010
	國文	526.003	2	263.002	2.735	.066	.009
A性別*B年級	數學	720.863	2	360.432	3.748	.024	.012
	英文	310.210	2	155.105	1.493	.225	.005
	國文	404.303	2	202.152	2.102	.123	.007
錯誤	數學	57119.010	594	96.160			
	英文	61700.820	594	103.873			
	國文	57117.740	594	96.158			
總計	數學	1606341.000	600				
	英文	1607860.000	600				
	國文	1623344.000	600				
校正後總數	數學	58668.118	599				
	英文	62928.473	599				
	國文	58048.473	599				

效果

誤差df

⑤   ⑥

圖28-6（續）

多重比較

因變數		(I)B年級	(J)B年級	平均差異 (I-J)	標準錯誤	顯著性	95%信賴區間 下限	95%信賴區間 上限
數學	Tukey HSD	1	2	2.3850[a]	.98061	.040	.0810	4.6890
			3	2.5850[a]	.98061	.023	.2810	4.8890
		2	1	-2.3850[a]	.98061	.040	-4.6890	-.0810
			3	.2000	.98061	.977	-2.1040	2.5040
		3	1	-2.5850[a]	.98061	.023	-4.8890	-.2810
			2	-.2000	.98061	.977	-2.5040	2.1040
	Scheffe法	1	2	2.3850	.98061	.053	-.0214	4.7914
			3	2.5850[a]	.98061	.032	-1786	4.9914
		2	1	-2.3850	.98061	.053	-4.7914	.0214
			3	.2000	.98061	.0979	-2.2064	2.6064
		3	1	-2.5850[a]	.98061	.032	-4.9914	-.1786
			2	-.2000	.98061	.979	-2.6064	2.2064
英文	Tukey HSD	1	2	2.1200	1.01918	.095	-.2747	4.5147
			3	2.1450	1.01918	.090	.2497	4.5397

――――――――――（中間略）――――――――――

⑦

進入編輯模式後，點兩下縱軸，可改變縱軸最大值和最小值等等

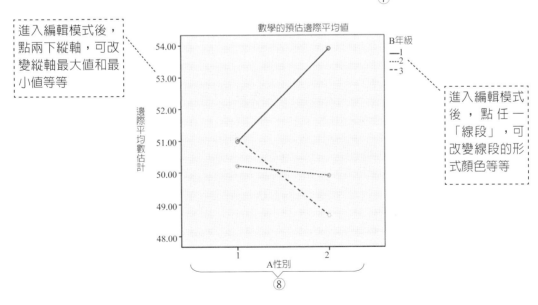

數學的預估邊際平均值

B年級
―― 1
······· 2
‑‑‑ 3

邊際平均數估計

54.00
53.00
52.00
51.00
50.00
49.00
48.00

1　　　　2
A性別

⑧

進入編輯模式後，點任一「線段」，可改變線段的形式顏色等等

圖28-6（續）

28-3 MANOVA ── 統計報表解讀

分析結果報表（圖28-6）中的各項數值意義如下（請注意，以下的①、②⋯⋯數字，和圖28-6統計報表中的①、②⋯⋯是相對應的，互相參照就可以解讀統計報表）：

① 【描述統計】：包含各組的樣本數（N）、平均值（Mean）、標準差（Std. Deviation）。解讀這個描述統計表時，**請注意我們標註灰底的那些數據**，SPSS報表省略了這些灰底的數據（即各變項的組別編號），這常常造成解讀資料的困難。在解讀描述統計時，我們建議你手動把這些編號寫上去，這樣在解讀描述統計時，你會比較輕鬆，也不容易犯錯。

② 【MANOVA結果】

- 要看SPSS報表中的「多變數檢定」（Multivariate Tests）那個表格。這是一次分析自變項（性別、年級）對多個依變項（數學、英文、國文）的效果之統計結果。

- 最左邊的縱行標示各個效果項；主要是要看自變項（「性別」、「年級」、「性別*年級」）對應的那些橫排的數值。

- 每一欄都有四個橫排數值，只要看「Pillai's」那一行就可以了。包含：「F」是檢定值，「假設df／Hypothesis df」和「錯誤df／Error df」是自由度，「顯著性／sig.」是p值。若「顯著性／sig.」＜.05，表示有顯著效果；若「顯著性／sig.」≧.05，表示無顯著效果。

- 論文的撰寫形式是，「F（假設df, 錯誤df）＝ xxx，p ＝ xxx」，以圖28-6②為例，性別的主效果「F (3, 592) = 0.99，p = .39」（3是假設df，592是誤差df），沒有顯著效果。「性別*年級」的交互作用「F (6, 1186) = 2.46，p = .023」；因此性別和年級對依變項有顯著交互作用效果。

③ 【MANOVA效果量】：「局部Eta方形」(Partial Eta Squared)，指的是SPSS提供partial eta square作為MANOVA檢定的效果量（以η_p^2符號表示）。若$.01 \leq \eta_p^2 < .058$為小效果；$.058 \leq \eta_p^2 < .138$為中效果；$.138 \leq \eta_p^2$是大效果[註1]。

④ 【變異數同質性檢定結果】：MANOVA必須在變異數同質的前提下，才能進行。

註1 Cohen, J. (1988). *Statistical power analysis for the behavioral sciences. NJ*: Lawrence Erlbaum Associates.

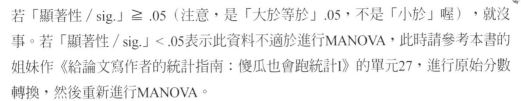

若「顯著性／sig.」≧ .05（注意，是「大於等於」.05，不是「小於」喔）,就沒事。若「顯著性／sig.」< .05表示此資料不適於進行MANOVA,此時請參考本書的姐妹作《給論文寫作者的統計指南：傻瓜也會跑統計I》的單元27,進行原始分數轉換,然後重新進行MANOVA。

⑤ 【ANOVA結果】：要看SPSS報表中的「主旨間效果檢定」（Tests of Between-Subjects Effects）表格。MANOVA提供多個依變項的整體分析結果,但沒辦法讓我們看到自變項對每個依變項各自的效果,因此SPSS執行MANOVA後,會再對各個依變項各自執行一次ANOVA（也就是數學、英文、國文各跑一次ANOVA）,這是MANOVA常見的（但並非唯一）一種後續統計程序,也是最簡單易於執行的,因此本書指引讀者使用這個方法。若你對其他方式有興趣,可參考附錄「★你不想知道的統計知識(28-2)★」。

· 最左邊的縱行標示各個效果項,和誤差項；主要是要看自變項（「性別」、「年級」、「性別*年級」）及誤差項（Error, SPSS報表中翻譯作「錯誤」）,那些橫排的數值。

· 每一橫排都包含下列數值：其中「第III類平方和／Type III Sum of Squares」是離均差平方和（SS）,「df」是自由度,「平均值平方／Mean Square」是均方,「F」是檢定值,「顯著性／sig.」是p值。若「顯著性／sig.」< .05,表示X對Y有顯著效果；若「顯著性／sig.」≧ .05,表示X對Y無顯著效果。

· 論文的撰寫形式是,「F（效果df, 誤差df）= xxx,p = xxx」,以圖28-6⑤為例,性別在數學上的「F (1, 594) = 0.009,p = .92」（1是效果df,594是誤差df）,因此性別對數學沒有顯著效果。「性別*年級」的交互作用「F (2, 594) = 3.74,p = .024」；因此性別和年級對數學有顯著交互作用效果。

⑥ 【ANOVA效果量】：同前面第③點的說明。

⑦ 【事後比較】：兩兩比較1、2、3年級之間的差異。事後檢定有非常多種方法,最常用的是Tukey HSD和Scheffe法；本範例兩種方式都跑。Scheffe法是最嚴格的事後檢定,所以如果顯著就非常威,若顯著可考慮優先報這個檢定結果；Tukey HSD屬於百搭型的,因此在大部分情況下,報這種檢定結果都很安全。兩種檢定只要報告其中一種即可。主要是看「顯著性／sig.」,若「顯著性／sig.」< .05,表示某兩組有顯著差異；若「顯著性／sig.」≧ .05,表示某兩組無顯著差異。以圖28-6⑦為例；Tukey HSD中,數學1、2年級的「顯著性／sig.」= .040（小於.05）,表示1、2年級在數學上有顯著差異；2、3年級的「顯著性／sig.」= .977（大於.05）,表

示2、3年級在數學上沒有顯著差異，其他科目依此類推。SPSS的事後比較中，有好幾組訊息會是重複的，例如：1、2年級（「顯著性／sig.」＝.040）的比較和2、1年級（「顯著性／sig.」＝.040）的比較訊息是完全重複的，論文書寫只要呈現一次即可。請注意，若自變項只有兩組（如性別），無須進行事後比較，因為此時ANOVA顯著就表示一定是這兩組之間有差異，所以你在圖28-6⑦中只會看到「年級」的事後比較，不會有「性別」的事後比較。只有三組以上，才必須進行事後比較。

⑧【交互作用圖】：請特別注意兩件事：(1)只有⑤的**A*B交互作用**顯著才需要在論文中呈現交互作用圖；否則不論圖看起來如何厲害，都不需要在論文中呈現它。(2) SPSS的交互作用圖一定要做進一步編輯，才能放入論文中，不能直接剪貼。在SPSS結果檔中，對圖快速點兩下，會進入編輯模式，然後你可以改變座標軸的單位，或是線段的形式（見圖28-6⑧旁邊的說明）。其中，線段形式是一定要編輯的；以本範例來說，由於SPSS是以線的顏色來表示1, 2, 3年級，但你的論文應該不會印彩色的，在黑白的情況，讀者不太容易看出哪條線分別代表1, 2, 3年級的，因此要調整線段的形式（如實線、虛線），讀者才能看懂圖（雖然有時你寧可讀者，也就是你的指導教授和口委，不要看懂）。圖28-6⑧的交互作用圖，就是經過編輯的。

28-4 單純效果檢定

如果你的交互作用不顯著，那麼你可以跳過這一子單元。若是交互作用顯著，必須進行單純效果的檢定；由於不同研究設計，其單純效果檢定的細節有差異，我們無法在書中一一介紹。關於單純效果如何做，請參考本書姐妹作《給論文寫作者的統計指南：傻瓜也會跑統計I》，書中單元25之說明及做法。

28-5 MANOVA —— 表格呈現

在論文中，若需要用表格的方式來呈現MANOVA結果，由於MANOVA檢定值的運算和一般人所熟悉的ANOVA不同，因此我們建議MANOVA的檢定結果不以表格呈現，而是直接論文中用文字呈現即可。表格部分只呈現(1)描述統計；(2)單純效果檢定（如果有交互作用效果，且顯著）。

其中單純效果檢定，如前所說，因為各種設計不同，我們無法在此單元一一介紹，請參考本書姐妹作《給論文寫作者的統計指南：傻瓜也會跑統計I》單元25之說明及指示；你也可以依該書指示找到所需表格。

表格範例28-1是描述統計表，對照圖28-6①填入相關數據即可（表格範例可於本書封底找到下載網址）。由於篇幅，圖28-6①省略了部分數值，請對照你實際跑出來的SPSS報表，會更為清晰。

表格範例28-1

各細格描述統計

填入圖28-6①數據統計

		一年級B1		二年級B2		三年級B3	
		n	M (SD)	n	M (SD)	n	M (SD)
數學	女生A1	100	50.98 (9.45)	100	50.21 (9.80)	100	51.06 (9.06)
	男生A2	100	53.91 (10.28)	100	49.91 (9.66)	100	48.66 (10.51)
英文	女生A1	100	51.27 (9.96)	100	50.28 (9.91)	100	48.52 (10.27)
	男生A2	100	53.06 (11.01)	100	49.81 (10.01)	100	51.52 (9.95)
國文	女生A1	100	52.80 (10.23)	100	49.28 (9.78)	100	51.07 (8.88)
	男生A2	100	52.00 (9.23)	100	51.63 (11.00)	100	49.68 (9.57)

28-6 MANOVA──分析結果的撰寫

MANOVA的分析結果是一層層往下寫的，以本單元範例的二因子MANOVA來說，論文中二因子MANOVA的結果，可能會需要書寫以下內容：

(0) MANOVA統計的概述（一定要寫）。

(1)ANOVA主效果

　(1-1) 主效果分析。

　(1-2) 事後比較（若主效果顯著，且該變項下包含三組以上，才要寫）。

(2)ANOVA交互作用（自變項不只一個才要寫）

　(2-1) 交互作用分析。

　(2-2) 單純效果（若交互作用顯著，才要寫）。

這是以二因子MANOVA為例的寫法。至於其他不同設計時的寫法也都大同小異，若需進一步瞭解，請參考《給論文寫作者的統計指南：傻瓜也會跑統計I》單元16至單元21）。書寫時，請務必注意以下事項：

1. 在書寫時的順序「依序」是(0), (1-1), (1-2), (2-1), (2-2)。也就是依上面所條列的內容，由上而下的順序書寫。

2. 特別注意，你並不需要每一個效果都寫，請依照你論文中所關注的問題（如果你不清楚，應該和指導教授討論），選取你需要書寫的部分，然後搭配以下書寫範例，組合出你所需的二因子MANOVA分析結果。

3. 書寫範例中的A, B, Y，請依據你的研究內容，填入適切的變項及組別名稱。

4. 在論文中書寫各種效果時，可能會需要填寫描述統計數值（平均值、標準差），而如前所述，由於SPSS描述報表省略了組別編號資料，常造成解讀不易，我們建議你如圖28-6①所示，手動將SPSS省略的編號（即圖中灰底處）填上，這樣在填寫數值時，比較不會犯錯。

　　以下書寫範例中，標楷體的部分是論文中應該要書寫的內容，【　】內的敘述，是對書寫方式的說明。而書寫範例中的①、②、③……符號，都和統計報表圖中的①、②、③……是可以直接對應的。

(0)【對MANOVA的概述書寫】（一開始一定要寫）

　　以MANOVA分析A、B對依變項之效果，各細格描述統計如表xxx【論文中附上表格範例28-1】。分析結果顯示：A對依變項無顯著之主要效果【或是「有顯著效果」，視分析結果而定】，$F(3, 592) = 0.99$，$p = .39$，$\eta_{p}^{2} = .005$。【對照並填入圖28-6②③的數值】B對依變項……。【依同樣格式，將所有主效果的分析結果寫完】A和B對依變項有顯著的交互作用效果……。【依同樣格式，將所有交互作用的分析結果寫完】【如果前面的每一個主要效果、交互作用效果分析都不顯著，則寫到這邊為止，以下都不必再寫；若有任一效果顯著，才往下寫】進一步對各個依變項進行ANOVA分析。【以下開始是以依變項為層次去寫，先寫Y1的所有效果、接下來寫Y2的所有效果，以此類推，直到所有依變項都寫完】對Y1的ANOVA發現……【接下來視需要寫Y1的1-1, 1-2, 2-1, 2-2結果】對Y2的ANOVA發現……【接下來視需要寫Y2的1-1, 1-2, 2-1, 2-2結果】【以此類推，直到把所有依變項的ANOVA寫完】。

(1-1)【ANOVA主效果分析】（論文關注主效果才要寫；以B對Y1爲例）

　　B對Y1有顯著效果【或是「沒有顯著效果」，視分析結果而定】，$F(2, 599)$ = 4.30，p = .014，η_p^2 = .014。【對照並填入圖28-6⑤⑥的數值】【若不顯著，以下可以不用寫。若顯著且B有三組，請接著寫範例(1-2)。若顯著且B只有兩組，則接著寫出描述統計及方向，如下：】B1（M = 52.44, SD = 9.95）顯著地大於B2（M = 50.06, SD = 9.70）……【填入圖28-6①，主效果的描述統計值】【這是以B對Y1爲例，若有其他自變項也是模仿此格式寫】。

(1-2)【事後比較】（若關注的主效果顯著，且該變項下包含三組以上，才要寫；以B對Y1爲例）

　　Scheffe事後比較顯示【或「Tukey HSD」，視你選擇報告哪一種檢定而定，只要報告一種】：B1（M = 52.44, SD = 9.95）顯著地大於B2（M = 50.06, SD = 9.70）$(p$ = .040)、B1顯著地大於B3（M = 49.86, SD = 9.85）$(p$ = .023)、B2與B3無顯著差異$(p$ = .97)【填入圖28-6①，主效果的描述統計值】【填入圖28-6⑦的「顯著性」】【若顯著須說明方向，大於或小於】【各組描述統計只需要填註一次，兩兩比較的結果也只要呈現一次。亦見「單元28-3：說明⑦」】【這是以B對Y1爲例，若有其他自變項也包含三組以上，模仿此格式寫】。

(2-1)【交互作用分析】（若關注交互作用才要，以Y1爲例）

　　「A*B」在Y1上有顯著交互作用（interaction）效果【或是「沒有顯著交互作用效果」，視分析結果而定】，$F(2, 594)$ = 3.74，p = .024，η_p^2 = .012【對照並填入圖28-6⑤⑥的數值】【若交互作用不顯著，寫到這即結束】【若交互作用顯著，請接著寫範例(2-2)】。

(2-2)【單純主效果分析】（若關注的二因子交互作用顯著，才要寫）

　　交互作用圖如圖xxx【論文中附上交互作用圖，見單元28-3⑧之說明】。進一步進行單純主效果（simple main effect）檢定，結果如表xxx【此表格之呈現，請參考單元28-4之說明】。【開始寫單純主要效果】【開始寫A at B1】，對B1來說，A

有顯著單純主效果【或是「沒有顯著單純主效果」，視分析結果而定」】，$F(1, 594) =4.46$，$p = .03$，$\eta_p^2 = .007$【此數值之運算，請參考單元28-4之說明】：A1B1（$M =50.98$, $SD =9.45$）小於A2B1（$M = 53.91$, $SD = 10.28$）【由於單純主效果顯著，故呈現表格範例28-1中的描述統計數值，然後描述方向（大於、小於）。若不顯著，可以不必寫描述統計】。【開始寫A at B2】對B2來說，A沒有顯著單純主效果……【依前述格式書寫】【以下開始寫B at A1, B at A2, B at A3，寫法均同前。】【若多組單純主效果都不顯著，也可以簡單寫「B在A1、A2的單純主效果均不顯著。」即可，不必一一去寫】。

Unit 29

邏吉斯迴歸

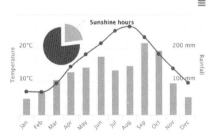

※請參考本書封底之說明，下載本單元中所使用的統計範例檔及工具檔。

29-1 邏吉斯迴歸概述

使用時機	邏吉斯迴歸（logistic regression），是用來檢驗一個或多個連續變項X_i，和另一個二分變項Y之間是否具有顯著關係的統計方法。
邏吉斯迴歸的例子	例如：課堂參與度（X1，連續變項）、社團參與度（X2，連續變項）、打工時間（X3，連續變項）這三個變項，與修課結果（Y，二分變項：1=通過、0=被當）是否有顯著關係。

29-2 邏吉斯迴歸——SPSS操作

以下操作請使用本書所附範例檔「logistic.sav」（本書資料下載方式詳見書的封底）。我們以「課堂參與度（X1，連續變項）、社團參與度（X2，連續變項）、打工時間（X3，連續變項）這三個變項，與修課結果（Y，二分變項：1=通過、0=被當）是否有顯著關係」為例。

Step 0　邏吉斯迴歸分析

1. 在分析前，請特別注意，你的依變項要以1,0的方式編碼。以本範例來說，依變項是修課結果，這個變項只有兩種編碼：1=通過、0=被當。

2. 本例子是以一般情況下的邏吉斯迴歸進行示範，若是你需要進行階層邏吉斯迴歸，或是有交互作用項的邏吉斯迴歸，請參考本書姐妹作《給論文寫作者的統計指南：傻瓜也會跑統計I》單元8至單元12，依照該單元做法，結合本單元，就可完成分析。

Step 1　邏吉斯迴歸分析

點選【分析 / Analysis】→【迴歸 / Regression】→【二元Logistic / Binary Logistic】。（如圖29-1）

圖29-1

Step 2 邏吉斯迴歸分析（如圖29-2）

1. 將依變項（Y修課結果）放入【因變數／Dependent】欄位中。

2. 將自變項（X1課堂參與、X2社團參與、X3打工時間）放入【共變量／Co-variates】欄位中。

3. 點擊【確定／OK】，即完成分析。分析結果如圖29-3。

圖29-2

~~~~~~~~~~~~~~~~（前略）~~~~~~~~~~~~~~~~ ①

區塊1：方法＝輸入

模型係數的Omnibus測試

		卡方	df	顯著性
步驟1	步驟	37.603	3	.000
	區塊	37.603	3	.000
	模型	37.603	3	.000

②

圖29-3

模型摘要

步驟	-2對數概似	Cox & Snell R 平方	Nagelkerke R 平方
1	523.290[a]	.089	.118

③

a.估計在疊代號3處終止，因為參數估計的變更小於.001。

分類表[a]

觀察值		預測值		
		修課結果		
		0	1	正確百分比
步驟1	修課結果　0	113	82	57.9
	1	68	142	67.6
	整體百分比			63.0

a.分割值.500

方程式中的變數

		B	S.E.	Wald	df	顯著性	Exp(B)
步驟1[a]	課堂參與	.143	.048	9.087	1	.003	1.154
	社團參與	-.118	.049	5.845	1	.016	.888
	打工時間	-.022	.045	.247	1	.619	.978
	常數	.106	.651	.026	1	.871	1.111

a.步驟1上輸入的變數：【1%:, 1:

④　　　　　　　　　　　　⑤

圖29-3（續）

29-3　邏吉斯迴歸──統計報表解讀

分析結果報表（圖29-3）中的各項數值意義如下（請注意，以下的①、②……數字，和圖29-3統計報表中的①、②……是相對應的，互相參照，就可以解讀統計報表）：

①報表區塊：SPSS邏吉斯迴歸的統計報表有兩個區塊，分別是「區塊0：開始區

塊」（Block 0: Beginning Block）和「區塊1：方法=輸入」（Block 1: Method = Enter）。只要看「區塊1：方法=輸入」那個部分。圖29-3也是只呈現區塊1的部分，報表前半部的區塊0在本書中是省略的（關於區塊的意義，請參考附錄「★你不想知道的統計知識(29-1)★」）。

② 【整體迴歸模式的檢定】：檢定「課堂參與、社團參與、打工時間，對修課結果」的合計解釋力是否顯著。有三行數值，除非是做階層邏吉斯迴歸（此時請參考附錄「★你不想知道的統計知識(29-1)★」），否則只要看「模型」（model）那一行就可以了。其中「卡方」是檢定值，「df」是自由度，「顯著性」是p值。若「顯著性」< .05，表示「課堂參與、社團參與、打工時間，對修課結果的合計解釋力」是顯著的；若「顯著性」≧ .05，表示不顯著。

③ 【整體迴歸模式的解釋力】：亦即X1課堂參與、X2社團參與、X3打工時間，對Y修課結果的「合計解釋力」有多大。SPSS提供了Cox & Snell R^2和Nagelkerke R^2兩種模式解釋力的指標，我們建議報告Nagelkerke R^2（關於Cox & Snell R^2和Nagelkerke R^2之差異，請參考附錄「★你不想知道的統計知識(29-2)★」）。

④ 【邏吉斯迴歸係數】：亦即X1課堂參與、X2社團參與、X3打工時間，這三個變項「各自」對Y修課結果的解釋力。其中B是非標準化邏吉斯迴歸係數，Wald是檢定值，df是自由度，「顯著性 / sig.」是p值。若「顯著性 / sig.」< .05，表示某一自變項的解釋力是顯著的；若「顯著性 / sig.」≧ .05，表示不顯著。

⑤ 【效果量】：Exp(B)是邏吉斯迴歸的效果量指標，稱作勝算比（odds ratio, OR）。

29-4 邏吉斯迴歸──分析結果的表格呈現

在論文中，若需要用表格的方式來呈現邏吉斯迴歸分析結果，則可以依據表格範例29-1，對照圖29-3填入相對應數據（表格範例可於本書網頁下載，下載方式，詳見書的封底處）。

表格範例29-1

課堂參與、社團參與、打工時間對修課結果的邏吉斯迴歸

預測變項	B	$SE\ B$	Wald's χ^2	df	p	odds ratio
課堂參與	0.14	0.04	9.08	1	.003	1.15
社團參與	-0.11	0.04	5.84	1	.016	0.88
打工時間	-0.02	0.04	0.24	1	.619	0.97

整體模型	R^2		χ^2	df	p	
	.118		37.60	3	< .001	

注：$N = 400$，本處使用的R^2為$Nagelkerke\ R^2$

填入圖29-3③數據

填入圖29-3②數據

填入圖29-3④⑤數據

29-5 邏吉斯迴歸——分析結果的撰寫

依據圖29-3的統計報表，可以用書寫範例29-1的格式來撰寫論文。以下書寫範例中，標楷體的部分是論文中應該要書寫的內容，【】內的敘述，是對書寫方式的說明。而書寫範例中的①、②、③……符號，都和統計報表圖中的①、②、③……是可以直接對應的。

書寫範例29-1

以邏吉斯迴歸檢定課堂參與、社團參與、打工時間與修課結果之關係，結果如表XX【我們建議學位論文應呈現如「單元29-4」所示之統計表格】。結果顯示【以下均對照並填入圖29-3④的迴歸係數「B」、「顯著性／sig.」】，課堂參與和修課結果有顯著關係，$B = 0.14, p = .003$，課堂參與愈高，其修課通過的機率也愈高，課堂參與每增加一個單位，修課通過的勝算比會增加為原先的1.15倍【若顯著，當B值為正時，寫：「X愈高，Y=1（在本範例中，1=「修課通過」）發生的機率也愈高」；當B值為負時，寫：「X

愈高，Y=1發生的機率也愈低」。倍數則是填圖29-3⑤的Exp(B)數值」。】。社團參與和修課結果有顯著關係，$B = -0.11, p = .016$，社團參與愈高，其修課通過的機率也愈低，社團參與每增加一個單位，修課通過的勝算比會降低為原先的0.88倍【同前】。打工時間和修課結果無顯著關係，$B = -0.02, p = .619$【若不顯著，無須報告變項間的方向性】。

Unit 30

典型相關分析

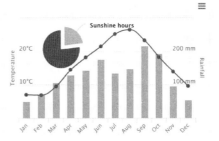

※請參考本書封底之說明，下載本單元中所使用的統計範例檔及工具檔。

30-1 典型相關分析概述

使用時機	典型相關（canonical correlation）是用來分析多個連續變項Xs和多個連續變項Ys之間的相關。
典型相關的例子	例如：我們想知道高中學測成績，和大學後的學業表現是否有關。其中高中學測有「X1國文」、「X2英文」、「X3數學」、「X4社會」、「X5自然」（多個連續變項Xs），大學後學業表現有「Y1社會學」、「Y2心理學」、「Y3統計學」（多個連續變項Ys）。典型相關就是去分析這多個Xs和多個Ys之間的關係。
什麼是「多變量」？	典型相關屬於「多變量」統計的一種。關於統計上「多變量」一詞的意思，請參考附錄「★你不想知道的統計知識(28-1)★」
典型相關、複相關、簡單相關	典型相關、複相關、簡單相關這幾種相關之間，有一些有趣的關係，請見附錄「★你不想知道的統計知識(30-1)★」。

30-2 典型相關——SPSS操作

請特別注意，由於SPSS在做典型相關分析時，只能用語法，不能用視窗操作，所以**變項名稱不要有中文**。以下操作，請使用本書所附範例檔「CC_data.sav」（本書資料下載方式詳見書的封底）。我們分析高中學測的「X1國文」、「X2英文」、「X3數學」、「X4社會」、「X5自然」，和大學後學業表現「Y1社會學」、「Y2心理學」、「Y3統計學」之間的關係。（在資料檔中，實際變項名稱是用英文標示，X1, X2, X3, X4, X5, Y1, Y2, Y3，後面那些中文，只是為了方便理解而放上去的）。

Step 1　典型相關

請先確認變項名稱。如果你認為兩組變項之間是因果次序的，如某一組變項影響另一組，請將視為原因那組變項以X命名（X1, X2……），而視為結果的那組變項以Y命名（Y1, Y2……）。如果兩組變項沒有特定因果順序，則可以任意指定一組為X1, X2……、另一組為Y1, Y2……。以下本章節把命名為X的變項（X1, X2……）稱之為「預測變項」；把命名為Y的變項（Y1, Y2……）稱之為「效標變項」，這在執行統計和解讀報表時，會有影響。

Step 2　典型相關

點選【檔案 / File】→【開啟 / Open】→【語法 / Syntax】。（如圖30-1）

圖30-1

Step 3　典型相關

1. 找到本書所附語法「CC_syntax.sps」（本書資料下載方式見書之封底），開啟它，會看到如圖30-2畫面。

2. 語法檔的第二行，請依你的變項名稱修改；效標變項（Y）放WITH之前、預測變項（X）放WITH之後。如本範例是：「Y1 Y2 Y3 WITH X1 X2 X3 X4 X5」。請注意，變項之間要空一格、Y要在X之前、且變項名稱不可以有中文。

3. 【用滑鼠或「Ctrl+A」】將語法全選→【按右鍵】→【執行全部範圍 / Run All】。即完成分析。

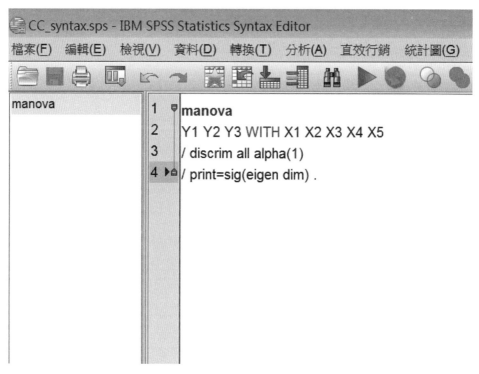

圖30-2

30-3 典型相關──統計報表解讀

在解讀典型相關分析結果時，一邊參考圖30-4，你會更容易理解。預測變項X1~X5會形成一個或多個高層的典型因素，這我們稱之為「預測典型因素」，如圖30-4的U1, U2；也就是X1~X5和U1, U2有關聯（如X1和U1之間有箭頭、X2和U1之間有箭頭，以此類推）。同樣地，效標變項Y1~Y3也會形成典型因素，這我們稱之為「效標典型因素」，如圖30-4的V1, V2；而Y1~Y3和V1, V2有關聯。典型因素一定是成對的，這些成對之間的相關，就是典型相關；如U1和V1之間的雙箭頭、U2和V2之間的雙箭頭，就是表示典型相關。[注1]

分析結果報表如圖30-3，請注意統計報表中當出現「COVARIATES」或

注1　有些研究者以φ與η（或Z與W）分別表示預測典型因素與效標典型因素，你可以選擇自己熟悉的表達方式。

「COV」就表示這些數據是「預測變項X」的，當出現「DEPENDENT」或「DEP」就表示這些數據是「效標變項Y」的。以下的①、②……數字，和圖30-3統計報表中的①、②……是相對應的，互相參照就可以解讀統計報表。

①②【典型因素數目和典型相關結果】：要先看圖30-3②來決定應該取幾對典型因素。請看最右邊有多少個「**sig. of F**」小於**.05**，就要取幾對典型因素；以本範例來說，有兩個「sig. of F」小於.05，因此要取兩對典型因素。此外，最下面一個小於.05的「sig. of F」那一排的數據，就是你寫論文未來要用的數據。其中「F」是檢定值、「Hypoth. DF」是效果自由度、「Error DF」是誤差自由度、「sig. of F」是顯著值。書寫時是寫成F（效果自由度, 誤差自由度）= xxx，p = xxx。以本範例來說，最下面一個小於.05的「sig. of F」在第二排，根據那排數據寫成F (8, 986) = 35.01, p < .001。特別注意，當p呈現.000時，只是表示它非常小，並不真的是零，此時要寫p < .001，不可以寫p = .000。

決定要取幾對典型因素後，接下來要看①，這邊呈現的是典型相關係數的值。在本範例由於我們決定要取兩對典型因素，所以在①中就是看前兩排數值（若決定取三對典型因素，則是看前三排數值，以此類推）。而①的前兩排數值分別是.85、.62，這就是兩個典型相關的值；即圖30-4中U1和V1的典型相關 = .85、U2和V2的的典型相關 = .62。

③【效標變項典型權重係數】：報表③上面的標題有「Standardized canonical coefficients for <u>**DEPENDENT**</u> variables」表示這是描述效標變項的數據。這些數值是描述「效標變項」（如Y1, Y2, Y3）和其「典型因素」（如圖30-4中的V1, V2）間關係的數值，可以想成迴歸係數；即圖30-4中Y1和V1之間的箭頭、Y2和V1之間的箭頭，以此類推。請注意：(1)SPSS報表提供原始係數和標準化係數，請認明標準化的係數才是論文中要報告的（就是標題**Standardized** canonical coefficients for DEPENDENT variables的那些數據，不是Raw canonical coefficients的數據）。(2)雖然總共有三個直欄的數據，但是由於我們只取兩個效標典型因素，所以論文中只要呈現第一和第二直欄的數據，第三直欄的數據（即-.72299和它以下的數據）不必呈現。

④【效標典型因素解釋變異】：報表④上面的標題是「Variance in **dependent** variables explained by canonical variables」表示這是描述效標變項的數據。這數值表示某個典型因素可以解釋其下變項多少變異量。在本範例中，第一個效標典型因素（即圖

30-4中的V1）可以解釋Y1~Y3 54.93%的變異量、第二個效標典型因素（即圖30-4中的V2）可以解釋Y1~Y3 29.65%的變異量，而由於我們只取兩個典型因素，因此論文中只要呈現前兩個百分比即可，第三個不必呈現。

⑤【預測變項典型權重係數】：報表⑤上面的標題是「Standardized canonical coefficients for **COVARIATES**」表示這是描述預測變項的數據。這數值是描述「預測變項」（X1~X5）和其「典型因素」（如圖30-4中的U1, U2）間關係的數值，即圖30-4中X1和U1之間的箭頭、X2和U1之間的箭頭，以此類推。請注意：(1)SPSS報表提供原始係數和標準化係數，請認明標準化的係數才是論文中要報告的（就是標示**Standardized** canonical coefficients for COVARIATES的那些數據，不是**Raw canonical coefficients**的數據）。(2)雖然總共有三個直欄的數據，但是由於我們只取兩個預測典型因素，所以論文中只要呈現第一和第二直欄的數據，第三直欄的數據（即.50533和它以下的數據）不必呈現。

⑥【預測典型因素解釋變異】：報表⑥上面的標題是「Variance in **covariates** explained by canonical variables」表示這是描述預測變項的數據。這數值表示某個典型因素可以解釋其下變項多少變異量。在本範例中，第一個預測典型因素（即圖30-4中的U1）可以解釋X1~X5 42.90%的變異量、第二個預測典型因素（即圖30-4中的U2）可以解釋X1~X5 31.36%的變異量，而由於我們只取兩個典型因素，因此論文中只要呈現前兩個百分比即可，第三個不必呈現。

~~~~~~~~~~~~~~~~~~~~~~~~~~（前略）~~~~~~~~~~~~~~~~~~~~~~~~~~

- -

Eigenvalues and Canonical Correlations

Root No.	Eigenvalue	Pct.	Cum. Pet	Canoe	Sq. Cor	①
1	2.65582	80.44162	80.44162	.85233	.72646	
2	.64073	19.40710	99.84871	.62491	.39052	
3	.00499	.15129	100.00000	.07050	.00491	

- -

圖30-3

Dimension Reduction Analysis

Roots	Wilks L.	F	Hypoth. DF	Error DF	Sig. of F	
1 TO 3	.16589	83.05436	15.00	1358.60	.000	
2 TO 3	.60645	35.01615	8.00	986.00	.000	②
3 TO 3	.99503	.82247	3.00	494.00	.482	

~~~~~~~~~~~~~~~~~~~~~~~（中間略）~~~~~~~~~~~~~~~~~~~~~~~
- -

Standardized canonical coefficients for DEPENDENT variables Function NO.

Variable	1	2	3	
Y1	-.15930	.86594	-.72229	
Y2	-.77952	-.65667	-.52494	③
Y3	-.25667	.27495	1.19774	

- -
~~~~~~~~~~~~~~~~~~~~~~~（中間略）~~~~~~~~~~~~~~~~~~~~~~~
- -

Variance in dependent variables explained by canonical variables

CAN. VAR.	Pct Var DEP	Cum Pct DEP	Pct Var COV	Cum Pct COV	④
1	54.93206	54.93206	39.90614	39.90614	
2	29.65526	84.58732	11.58088	51.48702	
3	15.41268	100.00000	.07660	51.56362	

- -
~~~~~~~~~~~~~~~~~~~~~~~（中間略）~~~~~~~~~~~~~~~~~~~~~~~
- -

Standardized canonical coefficients for COVARIATES CAN. VAR.

COVARIATE	1	2	3	
X1	-.09408	.45182	.50533	
X2	-.17063	.37200	-.90639	⑤
X3	-.42715	-.20008	-1.26262	
X4	-.14442	.42343	.19468	
X5	-.49783	-.35201	1.21294	

- -
~~~~~~~~~~~~~~~~~~~~~~~（中間略）~~~~~~~~~~~~~~~~~~~~~~~

圖30-3（續）

Variance in covariates explained by canonical variables

CAN. VAR.	Pct Var DEP	Cum Pct DEP	Pct Var COV	Cum Pct COV	
1	31.16968	31.16968	42.90605	42.90605	⑥
2	12.24671	43.41639	31.36024	74.26629	
3	.03265	43.44904	6.56929	80.83558	

———————（以下略）———————

圖30-3（續）

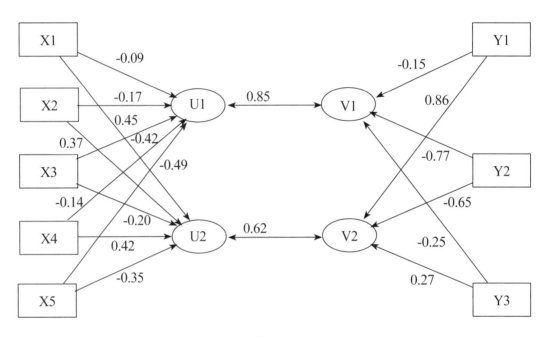

圖30-4

30-4 典型相關──表格呈現

我們建議在論文中要用表格呈現典型相關結果，請對照圖30-3，將數據填入表格範例30-1，其中預測典型因素用U1、U2去表示，效標典型因素用V1、V2去表示，這邊無須修改。但我們標示X1、X2、Y1、Y2等等的地方，你應該置換成你的變項名稱（各種表格範例下載方式，見本書封底）。

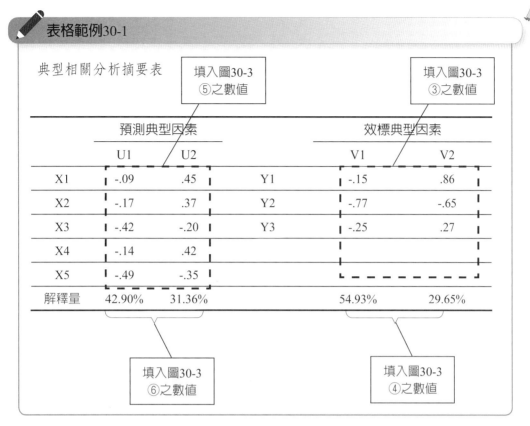

表格範例30-1

典型相關分析摘要表

	預測典型因素			效標典型因素	
	U1	U2		V1	V2
X1	-.09	.45	Y1	-.15	.86
X2	-.17	.37	Y2	-.77	-.65
X3	-.42	-.20	Y3	-.25	.27
X4	-.14	.42			
X5	-.49	-.35			
解釋量	42.90%	31.36%		54.93%	29.65%

填入圖30-3⑤之數值

填入圖30-3③之數值

填入圖30-3⑥之數值

填入圖30-3④之數值

30-5 典型相關分析的圖示

學位論文做典型相關分析後，常會附上模型圖。SPSS並沒有提供典型相關分析的繪圖，所以你必須自己用文書軟體畫。圖的範例如圖30-4。其中X到U間的單箭頭旁，請填上圖30-3⑤之數值；Y到V間的單箭頭旁，請填上圖30-3③之數值；U和V間的雙箭頭旁，請填上圖30-3①之數值。

30-6 典型相關分析——結果的撰寫

典型相關分析的書寫如「書寫範例30-1」。其中我們寫「預測變項」、「效標變項」的地方，你可以視情況填入你實際的變項名稱。以下書寫範例中，標楷體的部分是論文中應該要書寫的內容，【】內的敘述，是對書寫方式的說明。而書寫範例中的①、②、③……符號，都和統計報表圖中的①、②、③……是可以直接對應的。

✏ **書寫範例30-1**

　　典型相關分析結果如表XXX【論文中附上表格範例30-1】。分析結果顯示，應取兩對典型因素，$F(8, 986) = 35.01$, $p < .001$【依據單元30-3①寫出應該取幾對典型相關，並填入單元30-3②所指示之數值】【如果沒有任何一組典型相關顯著，則接著寫：「分析結果顯示典型相關均不顯著，因此自變項與依變項的線性組合間並無顯著關聯。」然後以下就都不用寫了】【若有至少一組典型相關顯著，才要寫下面這些】在預測變項上，第一個典型因素可以解釋預測變項42.90%的變異，第二個典型因素可以解釋預測變項31.36%的變異【填入單元30-3⑥所指示之數值】【依此格式將所有預測典型因素的解釋百分比寫完】：合計可解釋變異74.26%【將前面的百分比相加】。在效標變項上，第一個典型因素可以解釋效標變項54.93%的變異，第二個典型因素可以解釋效標變項29.65%的變異【填入單元30-3④所指示之數值】【依此格式將所有效標典型因素的解釋百分比寫完】：合計可解釋變異84.58%【將前面的百分比相加】。在相關上，第一組典型相關為.85，第二組典型相關為.62【填入單元30-3①所指示之數值】。顯示預測變項和效標變項之間有明顯相關。典型相關分析模型如圖XXX。【附上單元30-5的圖】

Unit **31**

組內相關係數

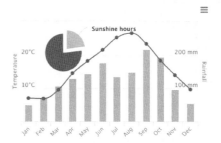

※請參考本書封底之說明，下載本單元中所使用的統計範例檔及工具檔。

31-1 組內相關係數概述

使用時機	組內相關係數（intraclass correlation coefficient），簡稱ICC；是一種計算評分者信度的統計方法。當有多個評分者，以連續量尺（如五點量表），對多個受評對象進行評分時，ICC可以算出這些評分者之間的評分一致程度。 除了上述最常使用的狀況，ICC也可以用來評估資料再測的穩定性，作為再測信度的另一種指標，請參考「★你不想知道的統計知識(31-1)★」。 ICC另一個用法是評估同一組內不同個體彼此間的相似程度，關於這部分，請參見單元43：階層線性模型。
ICC的例子	例如：我們找了10位評分者，用五點量表，去評估20個人長得好看的程度。然後我們想知道，這10位評分者評分結果的一致程度（此稱之為評分者信度）。

31-2 組內相關係數──資料的格式

在執行ICC之前，請務必確認你的資料格式和本單元所說的一致。資料格式必須如圖31-1所示，每一評分者各自的評分結果在縱欄、每一被評者的受評結果在橫排。如果你的資料結構的欄、排和圖31-1剛好倒置，可以參考單元31-6，用SPSS的轉置功能做轉換。

NO		評分者1	評分者2	評分者3	評分者4	評分者5	評分者6	評分者7	評分者8	評分者9	評分者10
1	被評者1	1.00	2.00	1.00	1.00	1.00	1.00	2.00	2.00	1.00	2.00
2	被評者2	3.00	3.00	2.00	4.00	2.00	1.00	1.00	3.00	3.00	2.00
3	被評者3	3.00	2.00	2.00	5.00	4.00	4.00	3.00	2.00	2.00	4.00
4	被評者4	3.00	2.00	3.00	5.00	3.00	2.00	4.00	4.00	3.00	4.00
5	被評者5	4.00	1.00	3.00	3.00	3.00	2.00	1.00	3.00	1.00	1.00
6	被評者6	2.00	1.00	2.00	3.00	1.00	2.00	4.00	2.00	2.00	2.00
7	被評者7	4.00	4.00	5.00	5.00	5.00	4.00	2.00	3.00	5.00	5.00
8	被評者8	4.00	4.00	4.00	3.00	3.00	3.00	4.00	4.00	1.00	4.00
9	被評者9	4.00	3.00	3.00	3.00	3.00	3.00	4.00	4.00	3.00	3.00
10	被評者10	3.00	3.00	3.00	5.00	3.00	4.00	2.00	3.00	3.00	4.00
11	被評者11	1.00	1.00	3.00	3.00	1.00	1.00	3.00	3.00	3.00	1.00
12	被評者12	2.00	1.00	2.00	2.00	3.00	5.00	3.00	2.00	3.00	4.00
13	被評者13	3.00	3.00	3.00	3.00	4.00	4.00	3.00	5.00	4.00	4.00
14	被評者14	4.00	2.00	3.00	3.00	4.00	3.00	1.00	5.00	1.00	3.00
15	被評者15	4.00	4.00	4.00	4.00	3.00	3.00	3.00	3.00	2.00	4.00
16	被評者16	3.00	2.00	3.00	5.00	3.00	4.00	1.00	3.00	4.00	2.00
17	被評者17	1.00	1.00	2.00	3.00	3.00	3.00	1.00	1.00	1.00	2.00
18	被評者18	1.00	2.00	3.00	3.00	2.00	1.00	2.00	1.00	3.00	2.00
19	被評者19	2.00	3.00	4.00	1.00	2.00	5.00	1.00	4.00	2.00	1.00
20	被評者20	3.00	2.00	4.00	2.00	3.00	3.00	1.00	3.00	4.00	3.00

圖31-1

31-3 組內相關係數——SPSS操作

以下操作請使用本書所附範例檔「ICC.sav」（本書資料下載方式，詳見書的封底）。我們以「10位評分者，用五點量表，去評估20個人長得好看的程度」為例，說明ICC的操作。

Step 1　組內相關係數（ICC）

點選【分析 / Analysis】→【尺度 / Scale】→【可靠度分析 / Reliability analysis】。（如圖31-2）

圖31-2

Step 2　組內相關係數（ICC）

1. 將所有評分者放進【項目 / Items】欄位中（可用shift+滑鼠全部選取）。
2. 點擊【統計資料 / Statistics】。（如圖31-3）

可靠度分析

項目(I)：

✎ 評分者1
✎ 評分者2
✎ 評分者3
✎ 評分者4
✎ 評分者5
✎ 評分者6

統計資料(S)...

模型(M)： Alpha 值

尺度標籤：

確定　貼上(P)　重設(R)　取消　說明

圖31-3

📖 Step 3　　組內相關係數（ICC）

1. 勾選畫面下方的【組內相關係數 / Intraclass correlation coefficient】。（如圖 31-4）

2. 點擊【繼續 / Continue】，畫面將返回圖31-3。

3. 點擊【確定 / OK】，即完成。結果如圖31-5。

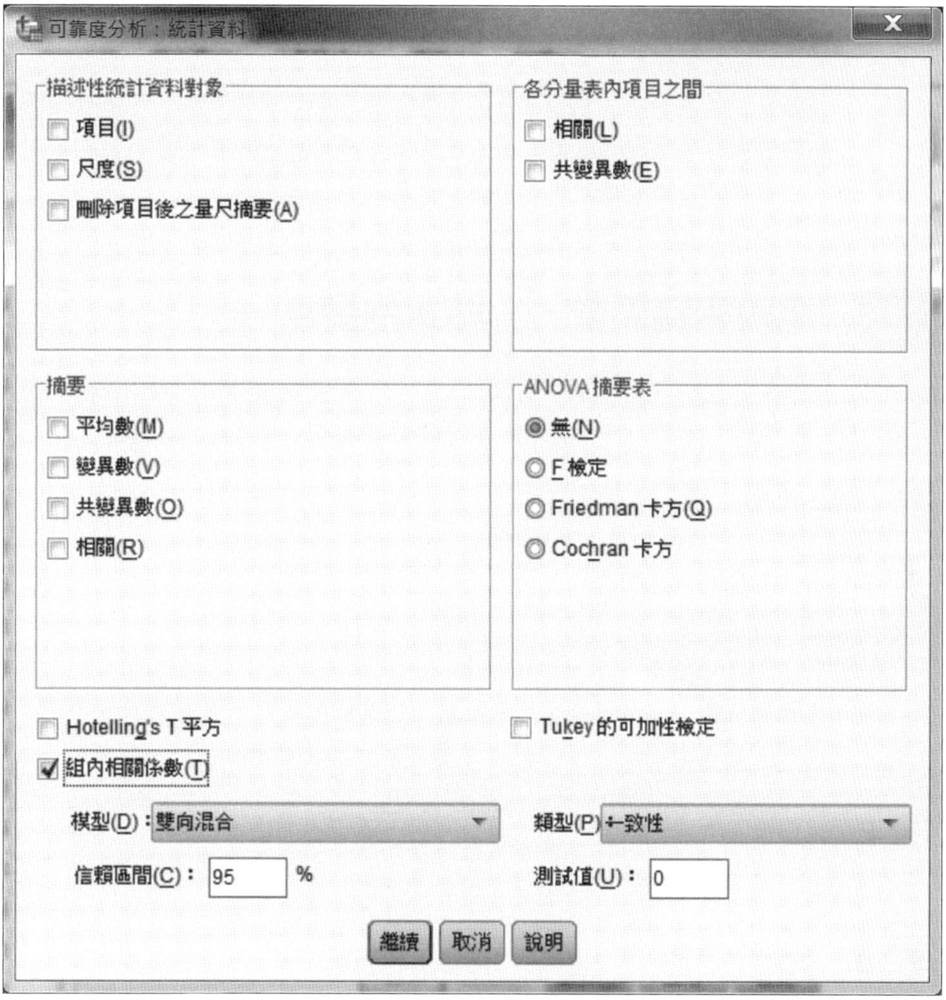

圖31-4

Intraclass Correlation Coefficient

	Intraclsaa Correlation[b]	95% Confidence Interval		F Test with True Value 0			
		Lower Bound	Upper Bound	Value	df1	df2	Sig
Single Mwasures	.334[a]	.189	.548	6.016	19	171	.000
Average Measures	.834[c]	.699	.924	6.016	19	171	.000

①

圖31-5

31-4 組內相關係數──統計報表解讀

分析結果報表（圖31-5）中的①就是組內相關係數，也就是評分者信度。（關於報表中Single Measures與Average Measures的區別，參見「★你不想知道的統計知識(31-2)★」）。

31-5 組內相關係數──結果的撰寫

你可以用書寫範例31-1的格式來撰寫論文。以下書寫範例中，標楷體的部分是論文中應該要書寫的內容，【】內的敘述，是對書寫方式的說明。而書寫範例中的①、②、③……符號，都和統計報表圖中的①、②、③……是可以直接對應的。

✎ 書寫範例31-1

以組內相關係數（intraclass correlation coefficient, ICC）進行評分者信度之檢驗，分析結果顯示評分者信度為.83【填入圖31-5 ①的數字】；具不錯的信度。【底線的這句結論，請參見★你不想知道的統計知識(31-3)★】。

31-6 將資料轉置為ICC所需格式

如果你的資料格式剛好和SPSS執行ICC所需的格式倒置（見單元31-2之說明），才需要讀這一單元，否則請不要理會這單元。

以SPSS執行ICC時，每一評分者各自的評分結果必須在縱欄、每一被評者的受評結果必須在橫排（如圖31-1所示）；但有時你的資料結構剛好是倒置的，如圖31-6（請比較圖31-6和31-1，應可理解我們在說什麼）。此時可以利用SPSS的轉置功能，將資料轉換成SPSS所需格式。步驟如下。

※資料轉置：

1. 點選【資料 / data】→【轉置 / Transpose】。（如圖31-7）
2. 將所有變項放入【變數 / Variable(s)】欄位，點擊【確定 / OK】，即完成。（如圖31-8）
3. 轉置後，SPSS會幫你產生一個新的資料檔（而不是覆蓋舊檔），我們建議你

　　要將這個資料檔另存新檔。

　　轉置結果如圖31-9。其中var001那一欄即是第一個評分者的評分、var002為第二個評分者的評分，以此類推。接下來，你就可以用本單元前面所指示的方法，進行ICC的分析了。

NO	受評者1	受評者2	受評者3	受評者4	受評者5	受評者6	受
評分者1	1.00	3.00	3.00	3.00	4.00	2.00	
評分者2	2.00	3.00	2.00	2.00	1.00	1.00	
評分者3	1.00	2.00	2.00	3.00	1.00	2.00	
評分者4	1.00	4.00	5.00	5.00	3.00	3.00	
評分者5	1.00	2.00	4.00	3.00	3.00	1.00	
評分者6	1.00	1.00	4.00	2.00	2.00	2.00	
評分者7	2.00	1.00	3.00	4.00	1.00	4.00	
評分者8	2.00	3.00	2.00	4.00	3.00	2.00	
評分者9	1.00	3.00	2.00	3.00	1.00	2.00	
評分者10	2.00	2.00	4.00	4.00	1.00	2.00	

圖31-6

(V)	資料(D)	轉換(T)	分析(A)	直效行銷	統計圖(G)

　　定義變數內容(V)…

　　設定未知的測量層級(L)…

　　複製資料內容(C)…

　　新自訂屬性(B)…

　　定義日期(A)…

　　定義多重回應集(M)…

　　驗證(L)　　　　　　　▶

　　識別重複觀察值(U)…

　　識別特殊觀察值(I)…

　　比較資料集(P)…

　　觀察值排序(O)…

　　排序變數(B)…

　　轉置(N)…

　　合併檔案(G)　　　　▶

　　重新架構(R)…

	被評者3
)0	3.00
)0	2.00
)0	2.00
)0	5.00
)0	4.00
)0	4.00
)0	3.00
)0	2.00
)0	2.00
)0	4.00

圖31-7

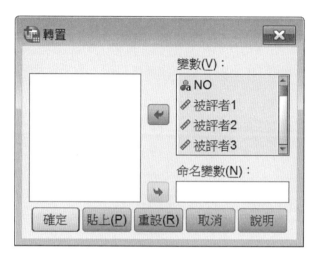

圖31-8

圖31-9

Unit **32**

群集分析

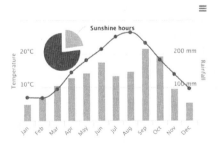

※請參考本書封底之說明，下載本單元中所使用的統計範例檔及工具檔。

32-1 群集分析概述

使用時機	群集分析（cluster analysis），也有翻譯為集群分析、叢集分析或類聚分析。是依據多個變項Xs，將受試者分類為k類；分類的目的是利用Xs分數的組合高低，將分數組合同質性較高的受試者集成一組（此稱之cluster）。群集分析可用於連續變項或類別變項，但是較普遍用於連續變項，因此本單元是處理連續變項時的群集分析。
群集分析的例子	例如：我們對100個人，測量其「X1男性化特質」、「X2女性化特質」兩個變項的分數高低，然後利用群集分析去對這100個人做分類。分類結果可能發現，這100個人可以分成三種類型：「剛烈型」（X1高分、X2低分）、「溫柔型」（X1低分、X2高分）和「剛柔並濟型」（X1、X2均高分）（分析結果也可能告訴我們100人只能分成兩種人、或是可以分成四種人、五種人，視分析結果而定）。
其他	SPSS所提供的群集分析功能有些不完整，這使得我們在本單元用了一些組合方式來彌補這種不完整，有興趣者可參考「★你不想知道的統計知識(32-1)★」。

32-2 決定群集數──SPSS操作

　　群集分析區分為兩個步驟：(1)決定群集數（先知道要將人分為幾類）、(2)根據(1)的結果設定群集數，進行群集分析。這個單元操作的是「(1)決定群集數」。如果你因為某些理由（如理論依據、實務需求），已經決定要把人分為幾類了，那麼你可以跳過本單元，直接進入下一單元（單元32-3）開始操作群集分析。如果你不知道該把人分為幾類，要交由資料來決定這件事，才需要操作本單元（關於決定群集數的方法，請見「★你不想知道的統計知識(32-2)★」）。

　　以下操作，請使用本書所附範例檔「Cluster.sav」（本書資料下載方式，詳見書的封底）。我們將以人們對伴侶的愛情態度，來對人做分類。假設我們測量了人們對伴侶的「A親密」、「B熱情」、「C承諾」的程度，然後我們想知道，根據這三個向度，我們應該把人分成幾類呢？（例如：有些人可能是A低、B高、C低──空有熱情；有些人可能是A低、B低、C高──只因為承諾才在一起；也有些人是對伴侶A、B、C均高的，像本書兩位作者這種好男人……我們藉由資料來判斷究竟根據這三向度，把人分成幾類是適切的）。

點選【分析 / Analyze】→【分類 / Classify】→【Two Step叢集 / Two-Step Clus-tering】。（如圖32-1）

圖32-1

1. 將你要用來做群集分析的變項（在本例中是「A親密」、「B熱情」、「C承諾」，放進【連續變項 / Continuous Variables】欄位中（如圖32-2）。

2. 點擊【確定 / OK】，即完成。

3. 到統計結果的輸出報表去，其中「集群 / Clusters」那一欄，就是資料可能的群集數，以本範例來說是4，也就是建議你在進行群集分析時，可以將人分成四組（如圖32-3）。

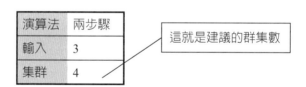

圖32-2

模型摘要

演算法	兩步驟
輸入	3
集群	4

這就是建議的群集數

集群品質

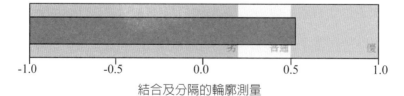

結合及分隔的輪廓測量

圖32-3

32-3 群集分析──SPSS操作

　　前面說過,群集分析區分為兩個步驟:(1)決定群集數(先知道要將人分為幾類)、(2)根據(1)的結果設定群集數,進行群集分析。如果你已經決定要把人分為幾類了,那麼你可以依本單元開始操作群集分析,如果你還不知道該把人分為幾類,請先前往「單元32-2決定群集數」。

　　以下操作,請使用本書所附範例檔「Cluster.sav」(本書資料下載方式,詳見書的封底)。我們將以人們對伴侶的愛情態度,來對人做分類。假設我們測量了人們對伴侶的「A親密」、「B熱情」、「C承諾」的程度,而根據單元32-2的結果(或是某些理論想法),我們已經知道群集數可以設定為4,也就是我們打算依上述三個向度將人分為四類。

Step 1　群集分析

　　點選【分析 / Analyze】→【分類 / Classify】→【K平均數叢集 / K-means Clustering】。(如圖32-4)

	A親密	B熱情	C承諾
1	9.00	6.00	11.
2	2.00	6.00	4.
3	12.00	10.00	11.
4	10.00	6.00	10.
5	2.00	5.00	5.
6	14.00	4.00	10.
7	7.00	4.00	11.
8	6.00	8.00	7.
9	5.00	5.00	6.
10	9.00	13.00	10.
11	8.00	6.00	11.
12	7.00	4.00	8.
13	10.00	11.00	11.
14	3.00	4.00	5.

圖32-4

Step 2 　群集分析

1. 將所要分析的變項放進【變數 / Variables】欄位，並將【叢集個數 / Number of Clusters】的數值變更成你要設定的數目（在本範例中是4，如圖32-5）。

2. 如果你的【叢集個數 / Number of Clusters】設定值是使用「單元32-2」的程序所得的結果，要注意，「單元32-2」所提供的只是一個建議值，而不是必然值。你可以在接下來進行群集分析時，先將群集數設定為這個建議值（在本範例中是4），然後看看在這個組數下，分析結果好不好解釋、對應到現實有無意義。若發現它不易解釋，則可以試著以建議值增或減一組（如改成3或5），再看看分析結果的可解釋度如何，以此類推。不過這些程序都要在論文寫作中清楚報告（放心，我們有書寫範例給你參考，請見「單元32-6」）。

圖32-5

Step 3　群集分析

選右上角【疊代／iterate】→將【最大疊代／Maximum Iterations】改為100→將【使用可動平均數／Use running means】打勾→按【繼續／Continue】（如圖32-6）。

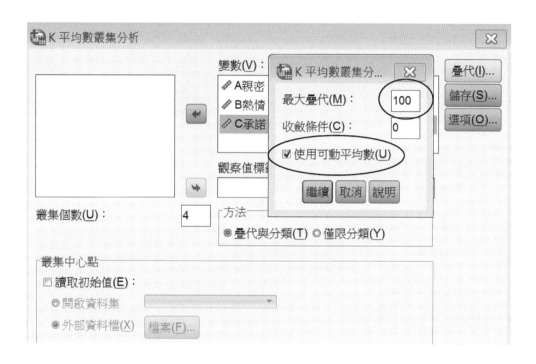

圖32-6

Step 4　群集分析

選右上角【儲存／Save】→將【各叢集組員／Cluster membership】打勾→按【繼續／Continue】（如圖32-7）。

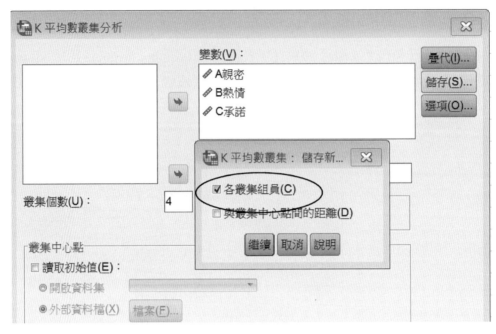

圖32-7

 Step 5　群集分析

1. 選右上角【選項／Options】→將【ANOVA摘要表／ANOVA table】打勾→按【繼續／Continue】（如圖32-8）。
2. 按【確定／OK】即完成分析。

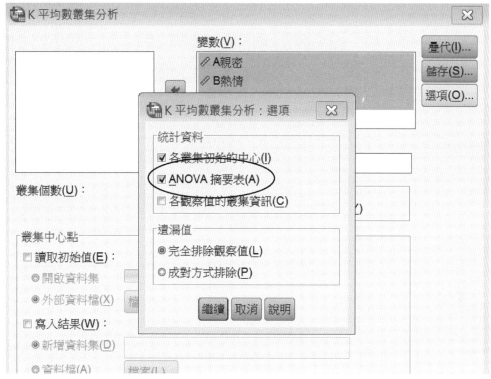

圖32-8

32-4 群集分析──統計報表解讀

1. 資料檔中新增了一個變項

執行完群集分析後，請先檢查你的資料檔，會發現新增了一個變項「QCL_1」（如圖32-9）。這個變項指的是每一個受試者被分到的那個組別，例如：圖32-9中的第一個受試者被分到第4組、第二個受試者被分到第2組，以此類推，如果你後續需要利用組別進一步做其他分析，就是利用這個變項。特別注意，如果同一筆資料執行多次群集分析，則會一直新增變項。第一次執行會新增「QCL_1」、第二次會新增「QCL_2」、第三次新增「QCL_3」，以此類推。所以如果你用同一筆資料執行多次群集分析，那麼你得在每次執行群集分析之前，先刪除舊的QCL變項，或是自己記住每個QCL變項對應到的分析是什麼。

圖32-9

2. 統計結果檔

　　分析結果報表（圖32-10）中的各項數值意義如下（請注意，以下的①、②……數字，和圖32-10統計報表中的①、②……是相對應的，互相參照就可以解讀統計報表）：

①【分類結果】：這是群集分析的主要結果，包含分類後的各組人在各向度上的平均得分。例如：由圖32-10①可見，我們將人分成四類，其中第一類在「A親密」的分數平均值為4.59、「B熱情」為12.39、「C承諾」為5.46，以此類推。通常我們要根據這些分數來為各類型的人命名。此時請你這樣做：

　‧一次只看某一「橫排」的分數，比較看看，某一數值和同一「橫排」的數值比起來如何，並寫上「高」、「中」或「低」。例如：「A親密」那一橫排分數是4.59、3.93、9.83、8.92，於是我們在旁邊寫上「低、低、高、高」。依此做法，把每一橫排都做完（我們建議你練習，並寫在圖32-10①的每個數值旁）。

　‧此時每個數據應該都被標上高、中或低了，然後每一「縱行」地看，就很容易為各類型的人命名了。例如：第一「縱行」應該是「低、高、低」，表示親密

低、熱情高、承諾低，所以我們命名爲「熱情組」；第二縱行可能是「低、低、低」，也就是對伴侶的親密低、熱情低、承諾低，所以我們命名爲狼心狗肺……啊不，是「冷淡組」。以此類推，完成四組命名。

② 【變異數分析結果】：這是檢驗不同組別的人在各向度上是否有顯著差異；如果有，表示我們的分類方式是有效的，可以把人區分開來。圖32-10②左邊的df是組別所造成的效果的自由度、右邊的df是誤差的自由度，F是檢定值，顯著性（Sig.）是機率值。若顯著性小於.05，表示各組之間有顯著差異。在書寫時，會寫成「F(效果的自由度,誤差的自由度) = 檢定值，p = 機率值」。以本範例來說，對「A親密」的變異數分析，其$F(3, 226) = 124.14$，$p < .001$，顯著性小於.05，表示四組人在對伴侶的親密性上有顯著差異，因此分類結果可以有效地把四組人對伴侶的親密性區分開來。熱情、承諾的變異數分析結果之意義也是以此類推。特別注意，當顯著性呈現.000時，只是表示它非常小，不是眞的是零，要寫成$p < .001$，不可以寫$p = .000$。

③ 【分組後各組人數】：這是分組後各組人數，例如：第一組有70人、第二組也是70人，以此類推。

———————————————（前略）———————————————

最終叢集中心

	叢集			
	1	2	3	4
A親密	4.59	3.93	9.83	8.92
B熱情	12.39	5.10	12.15	5.22
C承諾	5.46	5.54	11.70	9.80

①

變異數分析

	叢集		錯誤			
	平均值平方	df	平均值平方	df	F	顯著性
A親密	479.588	3	3.863	226	124.143	.000
B熱情	978.607	3	3.852	226	254.048	.000
C承諾	510.106	3	3.315	226	153.888	.000

②

F檢定應只用於敘述目的，因爲已經選擇叢集來最大化不同叢集中觀察值之間的差異。沒有爲此而更正觀察的顯著層次，因此無法解釋爲叢集平均值相等的假設檢定。

圖32-10

每一個叢集中的觀察值數目

叢集	1	70.000
	2	70.000
	3	40.000
	4	50.000
有效		230.000
遺漏		.000

③

圖32-10（續）

32-5 群集分析──表格呈現

在論文中，若需要用表格的方式來呈現群集分析結果，則可以對照圖32-10，將各數據填入表格範例32-1中（表格範例下載方式，見書之封底）。其中特別注意：(1)在表格中我們的組別是用數字表示，你可以填上你為各組別的命名，如「熱情組」、「冷淡組」等等。(2)平均值下面的括弧要填的是標準差；而不幸的是，以【K平均數叢集 / K-means Clustering】執行群集分析之後，SPSS報表並沒有提供各組的標準差。如果你的指導教授不要求，或許你可以不要報告標準差；而如果你想要知道各組標準差，請依照本書的「單元28多變量變異數分析」操作，以QCL_1為自變項、各向度（在本範例中是「A親密」、「B熱情」、「C承諾」）為依變項，進行MANOVA，分析完後參照圖28-6①，你就能看到各組在各向度上的標準差了。

表格範例32-1

群集分析摘要表

填入圖32-10③的人數

組別不要用數字，而是填上你為各組別的命名

向度	組別 M (SD)				F (df)	p
	1 N = 70	2 N = 70	3 N = 40	4 N = 50		
親密	4.59 (2.03)	3.93 (1.67)	9.83 (2.14)	8.92 (2.08)	124.14 (3, 226)	< .001
熱情	12.39 (2.15)	5.10 (1.72)	12.15 (1.86)	5.22 (2.06)	254.04 (3, 226)	< .001
承諾	5.46 (1.96)	5.54 (1.84)	11.70 (1.72)	9.80 (1.62)	153.88 (3, 226)	< .001

填入圖32-10②的數值

填入圖32-10①的平均值，或圖28-6①的平均值、標準差

32-6 群集分析——分析結果的撰寫

依據圖32-10的統計報表，可以用書寫範例32-1、32-2的格式來撰寫論文：

1. 如果你的群集分析結果有較佳的結果（圖32-10②的「顯著性／Sig.」小於.05），請用「書寫範例32-1」來寫論文。

2. 如果你的群集分析結果並沒有好的結果（設定各種可能群集數後，圖32-10② 的「顯著性／Sig.」都仍大於.05），請用「書寫範例32-2」來寫論文。

以下書寫範例中，標楷體的部分是論文中應該要書寫的內容，【】內的敘述 是對書寫方式的說明。而書寫範例中的①、②、③……符號，都和統計報表圖中的 ①、②、③……是可以直接對應的。

書寫範例32-1（群集分析有好的結果）

　　依據「親密」、「熱情」、「承諾」三個變項，進行群集分析（cluster analysis）【寫出你用來做群集分析的變項名稱】。先以BIC法（Bayesian information criterion）決定群集數，結果顯示應取四個群集【寫出群集數及你使用的方式。如果你是依「單元32-2操作」來決定群集數的，就照這樣寫；如果你是用其他方法（如理論決定、實務需求等等），就寫出你的決定方式】【如果在決定群集數後，你沒有做任何更改，接下來底線這段話跳過不用寫】<u>然而以此群集數進行群集分析後，發現資料不易解釋【寫出更改群集數的理由】，因此改取X個群集。</u>以此群集數進行群集分析，結果如表XXX【呈現表格範例32-1】。變異數分析顯示四個群集在「親密」向度上有顯著差異，$F(3, 226) = 124.14, p < .001$【填上圖32-10②數據，並說明是否顯著】；在「熱情」向度上⋯⋯【依前述寫法，把所有向度寫完】；顯示此群集分析能有效區辨各組人。由描述統計可見，第一組在「熱情」向度為高分，而在另外二個向度上為低分，因此命名為「熱情組」【依據圖32-10①的平均值型態，寫出你對各組的命名及理由】；第二組⋯⋯【同上，直到把所有組別寫完】。

書寫範例32-2（群集分析沒有好的結果）

　　依據「親密」、「熱情」、「承諾」三個變項，進行群集分析（cluster analysis）【寫出你用來做群集分析的變項名稱】。先以BIC法（Bayesian information criterion）決定群集數，結果顯示應取四個群集【寫出群集數及你使用的方式。如果你是依「單元32-2操作」來決定群集數的，就照這樣寫；如果你是用其他方法（如理論決定、實務需求等等），就寫出你的決定方式】。然而以此群集數進行群集分析，並無法區分出各組人在各變項上之差異。此外，研究者嘗試各種群集數，均無法獲得較佳解，顯示此資料不適於進行群集分析【請確認你設定各種群集數後，圖32-10②的「顯著性／Sig.」都仍大於.05，才能這樣寫】。

Unit **33**

區辨分析

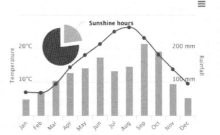

※請參考本書封底之說明，下載本單元中所使用的統計範例檔及工具檔。

33-1 區辨分析概述

使用時機	區辨分析（discriminant analysis），也譯作區別分析、判別分析，是我們已知一群樣本被分成幾種類別了，也就是我們有一個已知的間斷變項Y；接下來，我們對這些樣本的多個連續變項Xs進行分析，找出怎麼樣的Xs組合起來，可以對Y有最大的區辨力，進而在將來有新樣本時，我們可以根據這新樣本在Xs上的組合，預測他應該被歸類在Y下的哪一組。
區辨分析的例子	例如：我們有一群樣本已歸類為臺灣人、美國人和肯亞人三種人（間斷變項Y），我們蒐集了這些人的身高（X1）、體重（X2）、眼睛大小（X3）和下巴長度（X4），以區辨分析來找出這些個X能幫助我們區辨Y（國籍）的最佳組合，未來當有新的未知的人時，我們可以根據他的身高（X1）、體重（X2）、眼睛大小（X3）和下巴長度（X4）的組合，去猜測他是哪一國人（Y）。
與其他統計方法的關係	關於區辨分析與MANOVA、邏吉斯迴歸、典型相關的關係，請見附錄「★您不想知道的統計知識(33-1)★」。

33-2 區辨分析——SPSS操作

　　以下操作，請使用本書所附範例檔「discriminant.sav」（本書資料下載方式，詳見書的封底）。假設我們測量了人們的身高（X1）、體重（X2）、眼睛大小（X3）、下巴長度（X4），以及國籍（Y，包含：1臺灣人、2美國人、3肯亞人、4俄羅斯人）。要根據這資料來建立未來可以用X1～X4，去預測Y的區辨函數。

Step 1　區辨分析

　　點選【分析 / Analyze】→【分類 / Classify】→【區別 / Discriminant】。（如圖33-1）

圖33-1

Step 2　區辨分析

　　將類別變項（在本範例中是Y）放進【分組變數／Grouping Variable】欄位，
將連續變項（在本範例中是X1～X4）放進【自變項／Independents】欄位（如圖33-2）。

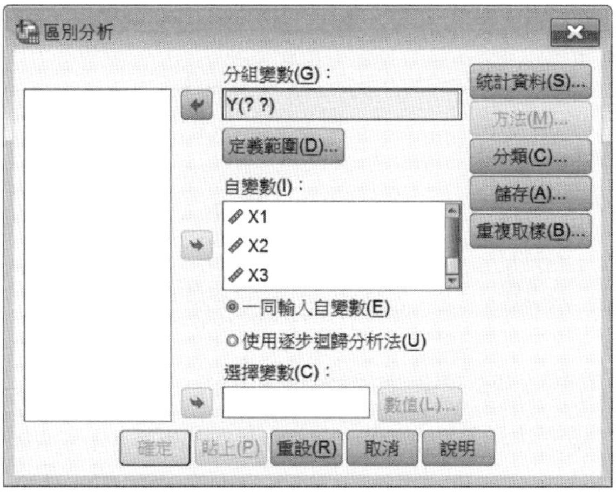

圖33-2

Step 3 　區辨分析

1. 先點【分組變數 / Grouping Variable】欄位，然後再點擊它下方的【定義範圍 / Define Range】，然後輸入類別變項的最大值（Maximum）和最小值（Minimum），例如：在本範例中因為Y是介於1～4之間，故輸入1、4（如圖33-3）。

2. 點擊【繼續 / Continue】，會返回前一視窗。

3. 點擊【確定 / OK】，即完成分析。

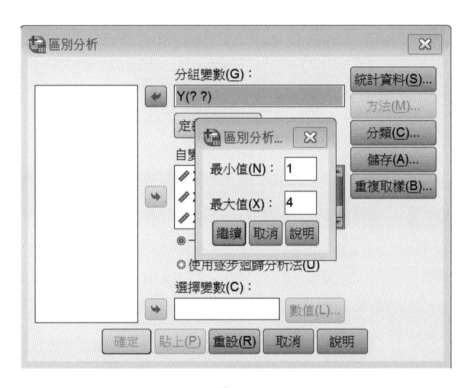

圖33-3

33-3　區辨分析──統計報表解讀

分析結果報表（圖33-4）中的各項數值意義如下（請注意，以下的①、②……數字，和圖33-4統計報表中的①、②……是相對應的，互相參照，就可以解讀統計報表囉）：

① 【各區辨函數的解釋變異量】：這是指X1~X4的組合，合計對Y造成之組間變異量的解釋百分比。主要看「累加% / Cumulative %」那一欄。以本範例來說，如果取一個區辨函數，可以解釋78.8%的變異量；如果取兩個區辨函數，則可以解釋99.6%的變異量。

② 【決定區辨函數數目】：要看圖33-4②來決定應該取幾個區辨函數。請看最右邊有多少個「顯著性 / Sig.」小於.05，就要取幾個區辨函數；以本範例來說，有兩個「顯著性 / Sig.」小於.05，因此要取兩個區辨函數，也就是使用兩個區辨函數就可以根據X1~X4的組合去區辨出Y的各組人。此外，最下面一個「顯著性 / Sig.」小於.05的那一排的數據，就是你未來寫論文要用的數據。其中「Wilks' Lambda(λ)」和「卡方 / Chi-square」是檢定值、「df」是自由度。以本範例來說，最下面一個小於.05的「顯著性 / Sig.」在第二排，根據那排數據寫成Wilks' λ=.976, $\chi^2(6) = 24.62$, $p < .001$；因為取兩個區辨函數，所以論文中只需要呈現這排數據。特別注意，當p呈現.000時，只是表示它非常小，並不真的是零，此時要寫成$p <$ .001，不可以寫$p = .000$。

③ 【區辨函數的意義】：區辨分析結果會有好幾個表格，請看「群組重心的函數 / Functions at Group Centroids」那個表格（圖33-4③）。這是用來解釋不同區辨函數的分類結果。表中的數字是標準化分數的平均值，你可以單純地把它們想像成是Y的四組人，在三個函數上的平均得分。這些數字要縱著看，當某兩組分數差異愈大時，表示某一區辨函數可以把這兩組人分得愈開。例如：以函數1下面的四個縱行數字來看，函數1可以有效地區分Y=2（0.385）和Y=3（-0.299）兩組人（相較於其他各組差異，0.385減去-0.299的絕對值很大）；而以函數2下面的四個縱行數字來看，函數2可以有效地區分Y=1（-0.322）和Y=4（0.287）兩組人；以此類推。由於圖33-4②的分析結果顯示應該取兩個區辨函數，因此論文中也只要呈現「群組重心的函數 / Functions at Group Centroids」的前兩個縱行（即函數1和函數2的縱行）即可。

~~~~~~~~~~~~~~~~~~~~~~~~~~~~~~~（前略）~~~~~~~~~~~~~~~~~~~~~~~~~~~~~~~

典型區別函數的摘要

特徵值 ①

函數	特徵值	變異的%	累加%	典型相關性
1	.093[a]	78.8	78.8	.292
2	.025[a]	20.7	99.6	.155
3	.000[a]	.4	100.00	.022

a.前3個典型區別函數用於分析

Wilks' Lambda(λ) ②

函數的檢定	Wilks' Lambda(λ)	卡方	df	顯著性
1至3	.893	113.441	12	.000
2至3	.976	24.624	6	.000
3	1.000	.496	2	.780

~~~~~~~~~~~~~~~~~~~~~~~~~~~~~~~（中間略）~~~~~~~~~~~~~~~~~~~~~~~~~~~~~~~

群組重心的函數 ③

Y	函數		
	1	2	3
1	.193	-.322	-.023
2	.385	.048	.026
3	-.299	.015	.004
4	.242	.287	-.050

以群組平均值求值的非標準化典型區別函數

圖33-4

33-4 區辨分析——表格呈現

　　我們建議在論文中，要用表格的方式來呈現區辨分析結果，這可以對照圖33-4，將各數據填入表格範例33-1中（表格範例下載方式，見書之封底）。其中特別注意：(1)在表格中我們的類別變項Y下面的各組是用數字1～4表示，你可以填上各組別的名稱，如以本範例來說是「臺灣人」、「美國人」等等。(2)由於在本範

例中，分析結果顯示應該取兩個區辨函數，所以表格也就只呈現兩個區辨函數的數值。以此類推。

✏️ **表格範例33-1**

區辨分析摘要表

分組變項（Y）	標準化分數平均數	
	區辨函數1	區辨函數2
1	0.193	-0.322
2	0.385	0.048
3	-0.299	0.015
4	0.242	0.287
解釋變異量	78.8%	20.7%
累計解釋變異量		99.6%
檢定值	Wilks' λ= 0.976, $\chi^2(6)$ = 24.62, p < .001	

填入圖33-4③的數值。

填入圖33-4①的數值。由於取兩個區辨函數，所以只填前兩個函數的數值。其中累計解釋變異量只需填最後一個區辨函數的即可。

填入圖33-4②的數值，由於取兩個區辨函數，所以是填第二行的數值。詳見單元33-3②之說明。

33-5 區辨分析——分析結果的撰寫

依據圖33-4的統計報表，可以用書寫範例33-1的格式來撰寫論文。以下書寫範例中，標楷體的部分是論文中應該要書寫的內容，【】內的敘述是對書寫方式的說明。而書寫範例中的①、②、③……符號，都和統計報表圖中的①、②、③……是可以直接對應的。

書寫範例33-1

　　依據身高、體重、眼睛大小和下巴長度，進行對國籍的區辨分析（discriminant analysis）【寫出你用來做區辨分析的變項名稱】。分析結果顯示應取兩個區辨函數【依單元33-3②寫出應取幾個區辨函數；如果沒有任何一個區辨函數顯著，則寫：「分析結果顯示所有區辨函數均不顯著，因此自變項的組合對依變項並無顯著的解釋力。」然後以下就都不用寫了】，Wilks' λ = .976, $\chi^2(6) = 24.62$, $p < .001$【依單元33-3②的指示填入數值】，描述統計如表XXX【呈現表格範例33-1】。由表XXX可見，函數1可以有效地區分出Y=2（標準化分數平均值 = 0.385）和Y=3（標準化分數平均值 = -0.299）兩組人；而函數2則可以有效地區分Y=1（標準化分數平均值 = -0.322）和Y=4（標準化分數平均值 = 0.287）兩組人【依單元33-3③的指示解釋並填入數值；此外，不要用「Y=1」這樣的敘述，而是要用各組別名稱，如「臺灣人」、「美國人」等等】。此二區辨函數共可解釋99.6%的變異量【依單元33-3①的指示，填入累加百分比】。

Unit 34

使用R之前，你必須先知道的事

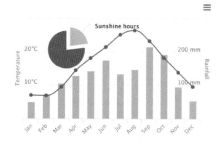

※請參考本書封底之說明，下載本單元中所使用的統計範例檔及工具檔。

34-1　R是什麼

　　R是一套免費且自由度很高的統計軟體（事實上它更像是一套程式語言），它可以處理很多基礎版SPSS所不能處理的問題。若要比喻，SPSS就像是一艘裝載著常用武器的航空母艦，而R則像是召喚獸。當一般武器不夠用時，就必須叫出召喚獸。本書的主要目標是希望能讓不懂統計的人，也能按書中指引去完成統計、寫完論文；就這個目的來說，SPSS算是親和力很高的統計軟體，因此凡是能用SPSS處理的統計，我們都儘量指引讀者以SPSS去完成；只有當遇到SPSS無法處理的問題時，我們才會建議讀者使用R。

　　讀到這邊，你可能會有點擔心；「什麼，要寫程式？！」不必擔心，我們已經幫你寫好了；你只需要把程式叫出來，然後做小小的修改，就可以駕馭R來解決你的統計難題。但是在使用**R**之前，請你務必要閱讀以下基礎知識。

34-2　下載與安裝R──必須安裝3.6版以上的R

　　只要Google 「CRAN」，就可以找到R的程式下載介面。它是免費的。R的網站上會有拉拉雜雜的各種訊息，請找到"download R"的連結，然後依自己電腦的作業系統點進去，找到"install R for the first time"；然後下載、安裝R。**請務必要安裝3.6版以上的R**。

　　以上是依本書撰寫時R的官網狀況去寫的，由於R的官網未必永遠不變，因此若你進入R的網站後，發現和上面的指示有些不一樣，稍微找一下，應該可以找到下載R的連結。此外，若是你下載後安裝不順利，請先檢查下載的R版本和系統是否一致（如Mac版、Windows版）；若版本沒問題卻仍無法安裝……請把那台電腦丟掉，換一台新的。

34-3　開啓R及關閉R

　　每次開啓R時，一定要以「按右鍵，然後點選【以系統管理員身分執行】」的方式執行（很重要、很重要、很重要！）。如圖34-1。

　　關閉R時，若出現詢問你是否要儲存「工作空間」，按「否」，不要理它。

圖34-1

34-4 進入R後，一定要做的事──改變預設工作路徑

每次進入R之後，一定要先重新設定R的預設工作路徑（很重要、很重要、很重要！），步驟如下：

1. 點選【檔案】→【變更現行目錄】，如圖34-2。

2. 把R的工作路徑設定到某個你指定的資料夾，然後按【確定】。例如圖34-3，是將R的工作路徑指定到C碟或D碟下面一個叫「data for R」的資料夾。這個資料夾的名稱、位置都是自訂的（所以你的電腦中不會有「data for R」這個資料夾，別找了），你要自己產生一個給R的工作資料夾。這相當於告訴R：「以後要執行統計，就到這個資料夾找檔案。」未來你必須將統計資料檔丟進這個工作資料夾中，這樣R才能讀取到你的檔案。記住，將工作資料夾放在C碟或D碟，不要放在桌面上。

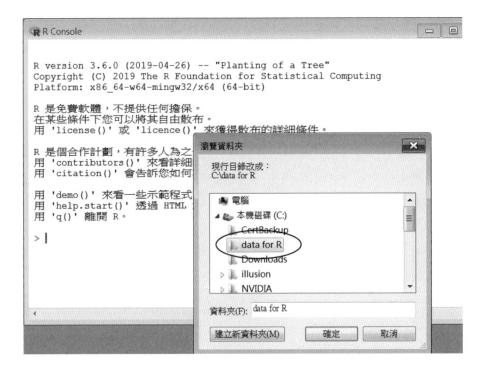

圖34-2

圖34-3

34-5 R的介面簡介

R的介面主要有兩個區域：

1. **R Console視窗——R和你互動的地方**

    (1) R介面的第一主要的區域，是R Console視窗；即圖34-4左邊的視窗。打開R時，你只會看到這個視窗，不會看到其他視窗；這是呈現統計結果的地方，也可以用來寫程式指令。本書並不會要你直接在R Console上寫程式指令，因此你可以把它單純地想像成是呈現統計結果的地方。

    (2) 每一次執行統計的結果，都會呈現在R Console視窗上，如果你執行很多次統計，這多次統計結果會全部「累積」在R Console視窗上。因此，如果你執行多次統計，R Console視窗上的訊息就會很多，你可能分不清楚哪一段才是你最需要的資訊。Ctrl+L可以把R Console視窗清乾淨，跑統計之前，先用Ctrl+L清理R Console視窗，比較有利於統計報表的解讀；但清除前請確認你已經把需要的統計結果保存下來了（統計結果的保存，見單元34-7）。

2. **R編輯器——程式的撰寫、讀取與修改**

    R介面的第二主要的區域，是R編輯器；即圖34-4右邊的視窗。這是用來寫程式的地方。一開啟R的時候，不會有這個視窗，你必須把它叫出來。你可以開啟一個新檔，或是開啟一個過去寫好的舊檔。

    (1) 開啟新程式檔

      ① 點擊R介面左上角【檔案】。

      ② 點擊【建立新的命令稿】。

      就會出現編輯視窗，然後可以在空白處寫程式，但是……「可以不要自己寫程式嗎？」可以的，請往下讀。

    (2) 開啟舊程式檔

      ① 點擊R介面左上角【檔案】。

      ② 點擊【開啟命令稿】。

這樣就可以叫出過去曾經寫好的程式。本書提供了各種進階統計的程式指令，我們都幫你處理好了，買這本書很划得來。不過，由於每個人的資料不同，這些程式仍要根據你自己的資料（如變項名稱等等），做一些調整才能執行。在每個章節中，我們都有詳細告訴你需要修改的地方。請依書中指示

操作即可（本書之相關資料下載方式，詳見書之封底處）。

(3) 程式的存檔

不論你是自己寫程式，或是修改本書提供的程式，最後都得存檔方便未來再使用。將程式存檔的方式如下。

① 請務必確認「R編輯器」這個視窗位處於所有視窗的最上層（如果你不確定，就是先用滑鼠左鍵點一下「R編輯器」這個視窗的任何位置，再往下操作）。

② 點擊R介面左上角【檔案】。

③ 點擊【另存為】。就可以存檔了。

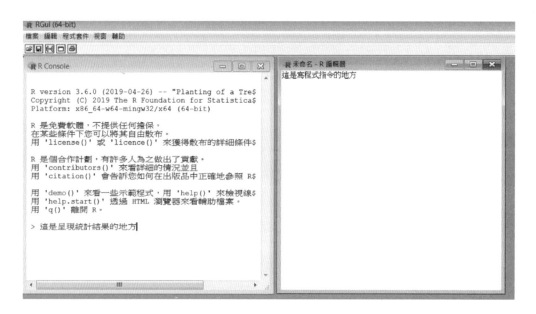

圖34-4

34-6 程式的執行

在叫出程式檔後，先用滑鼠選取寫好的程式（也可用Ctrl+A全選），然後按右鍵，點擊【執行程式列或選擇項】就會執行程式，並且在R Console視窗看到執行結果。

34-7　統計結果的存檔

　　如前所說，R的統計結果會呈現於R Console視窗。然而，要如何把這統計結果保存下來呢？由於R Console視窗上的統計結果無法直接存檔保存，我們建議你將所需要的統計結果用最原始的「滑鼠選取（或用「Ctrl+A」全選）、複製、貼上」功能，貼到你想保存的txt或word檔上再存檔。這樣雖然感覺很遜，但非常安全；就如同帥的男人通常不可靠，還是挑長得無害的男人比較安全一些（本書兩位作者除外，他們又帥又可靠）。我們建議你用保守但安全的方法來保存資料。如果你一定要強制R輸出檔案，也是可以用指令來處理這件事（相關指令可參考附錄「★你不想知道的統計知識(34-1)★」）；但再次強調，如果你對R不熟，最好不要這樣做。

34-8　準備R所需的資料檔

1. **前置處理**

   在使用R讀取資料之前，你的資料可能需要進行一些前置處理，如反向題轉換、分數的加總等等。這些動作R也能做……只要你會寫程式，但你應該不會希望這麼做。因此能用更具親和力的軟體就不要用R，沒必要用召喚獸去打小怪和雜魚。我們建議先用SPSS做完各種反向題轉換、加總等前置作業後，才使用R來進行後續的統計分析（若你對這些前置作業不熟，可參考《傻瓜也會跑統計I》的單元1：「論文中的SPSS基本操作」，完成各種必要的轉換、加總）。

2. **轉換檔案為csv格式**

   R可以讀多種檔案格式（如SPSS的sav檔案格式），但是讀取時很容易出錯（例如：SPSS的標籤欄位有中文、名稱過長、純文字檔有遺漏值時等等）。我們建議將資料存成csv檔，並且將變項名稱都改成英文，變項名稱不要太長，再讀取。本書中R檔案的讀取，都是預設你的資料是csv檔。如果你的資料是csv檔，則可以跳過此段，直接讀下一段「3.用R讀取csv檔」。

   如果你的資料不是csv格式，則要將它轉換為csv檔。你可以用本書的範例檔案「read_data.sav」，並依照以下步驟，練習如何將SPSS的資料檔轉為csv檔（本書之相關資料下載方式，詳見書之封底處）。

   (1) 先用SPSS開啟你的資料檔（如果你不知道該怎麼做，請參考《傻瓜也會跑統計I》的單元1-1, 1-2）。

(2) 點擊【檔案 / File】→【另存新檔 / Save as】（如圖34-5）。

(3) 此時會出現一個新視窗，在「儲存類型」欄位選擇「逗點分隔（*.csv）」，然後點擊右方【儲存 / Save】即會產生csv檔（如圖34-6）。

(4) 用Excel打開這個csv檔，會看到第一行是變項名稱，將所有變項名稱改為英文，且長度不要超過八個字元。一定要將變項名稱改為英文，很重要！

(5) 用Excel將改好的csv檔再次存檔，這個csv檔，就是未來R讀取資料所需的檔案。

3. **用R來讀csv檔**

依上述步驟產生R所需的csv檔後，就可以利用R來讀這個檔了。本書所提供的各種跑統計時的R程式碼，都包含了讀檔的指令，所以你是不需要自己處理讀檔問題的。只要將你的csv檔命名為本書所指定的檔案名稱、放在本書所指定的資料夾，你就可以使用本書所附的程式檔來完成讀檔，並跑完統計（這些流程在本書各單元中，都有詳細交代，所以你按照各單元指示操作時，自然就會知道該怎麼做）。沒錯，本書提供的是一鏡到底、一氣呵成、一勞永逸的服務，而這是兩位作者一生懸命、一無反顧完成的（我們知道應該是「義」無反顧，這純粹是為了文字對仗而故意犯的錯）。

圖34-5

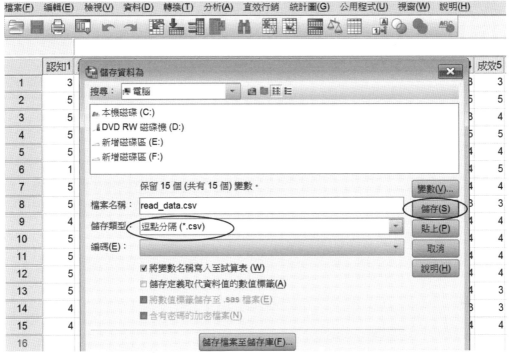

圖34-6

34-9 安裝套件——一定要執行

　　R的一個重要概念是套件（package）。之前曾經提過，SPSS像是一艘載滿各式武器的航空母艦，完成統計任務所需的各式武器它都已經放在這艘戰艦上了，你不需要做什麼額外的動作，SPSS就可以幫你完成多數統計。而R則像是一艘「空的」戰艦，你必須在跑統計前，自己去掛載需要的武器——也就是統計套件——才能開始跑統計。

　　簡單來說，R雖然有內建部分基礎統計功能，但是在執行一些較進階的統計前（也就是本書中會用到的那些統計），R都要先安裝「套件」、呼叫套件，才開始執行統計。所以，**請務必依照以下的指示，安裝本書所需的所有套件，才能使用我們為你寫的語法完成統計。**

　　1. 請確定你已經閱讀過前面的各子單元，對R的基礎操作有所理解。

　　2. 請務必依單元34-3的指示，以「按右鍵，然後點選【以系統管理員身分執

行】」的方式執行R。

3. 進入R之後：(1)點擊R介面左上角【檔案】。(2)點擊【開啓命令稿】。(3)開啓本書所提供的Packages.R這個程式檔。

4. 按【Ctrl+A】全選指令，然後按右鍵，點擊【執行程式列或選擇項】就會開始安裝套件。

5. **此時可能會跳出畫面詢問你要從哪裡下載套件，如圖34-7；原則上選第一個「0-Cloud」然後按「確定」就可以了。如果未來你使用本書程式碼遇到同樣詢問，也是這樣處理**。這個動作是在選擇想要下載套件的伺服器所在地。

6. 安裝速度視每個人的電腦不同，可能需要一些時間，要一直到訊息視窗出現「>」符號才表示安裝結束。

7. 如果你的安裝失敗，很有可能是上面的第2步驟，你沒有照著做。

圖34-7

34-10 關於R的其他重要概念

R的另一個重要概念是物件（object），這是R的基礎，但是它對一般人來說，有些抽象，而使用本書，你也未必一定要知道這個概念，因此我們放在附錄「★你不想知道的統計知識(34-2)★」中，請有興趣的讀者，自行參考。

Unit **35**

驗證性因素分析

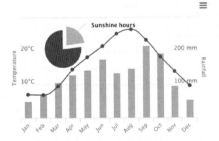

※請參考本書封底之說明，下載本單元中所使用的統計範例檔及工具檔。

本單元可使用本書所附程式檔cfa_code.R和資料檔cfa_data_ex.csv練習（相關資料下載方式，詳見書之封底處）。

35-1 簡介

使用時機	驗證性因素分析（confirmatory factor analysis），簡稱CFA，是用來檢驗多個測量變項的因素結構是否與觀察資料一致。
例子	例如：你認為某個領導量表測量了「人情取向領導」和「工作取向領導」兩個因素，且認為第1~10題是測「人情取向」、第11~20題是測「工作取向」；於是你施測這個問卷得到實際的資料，然後用驗證性因素分析去分析此量表是否真的如你所想，是測兩個因素，且1~10題為同一因素、11~20題為另一因素（也就是去檢驗量表的因素結構與觀察資料是否一致）。
CFA所需樣本數	請使用本書所附的Excel檔「35-1_CFA決定樣本數.xls」，來決定CFA所需最低樣本數（本書之相關資料下載方式，詳見書之封底處）。關於如何決定CFA所需樣本數，請參考「★你不想知道的統計知識(35-1)★」。
CFA與EFA之差異	與「驗證性因素分析」相對的是「探索性因素分析」（EFA）。若以上面例子來說，你不確定這20個題目究竟測量幾個因素，或不確定哪些題目是測量哪些因素，此時你應該執行探索性因素分析，交由統計來幫你「探索」資料的因素結構。關於探索性因素分析之操作，請參考本書之姐妹作《傻瓜也會跑統計I》之單元14、單元15。

35-2 統計操作——前置作業

1. 請確定你的R版本是3.6.0以上版本。
2. 請確定你已經閱讀本書的單元34，對R的基礎操作有所理解。
3. 請確定你已經依照單元34-9操作，安裝好所有套件。
4. 請在電腦C碟或D碟產生一個叫作「R_data」的資料夾（可自行命名，但我們建議你用這個名字，以下提及工作資料夾時，都會使用這名字）。
5. 請依本書單元34-8的指示，將你的資料轉換為csv檔並命名為「cfa_data」，且變項的名稱均為英文。若你是使用本書的範例檔做練習，則資料檔名為「cfa_data_ex.csv」，無須變更。
6. 請將上面所說的資料檔（「cfa_data.csv」或是「cfa_data_ex.csv」）、以及本

書所提供的程式檔「cfa_code.R」，這兩個檔案複製到R_data資料夾內（本書之相關資料下載方式，詳見書之封底處）。

7. 請務必依本書單元34-3的指示，以「按右鍵，然後點選【以系統管理員身分執行】」的方式執行R。

8. 進入R之後，依單元34-4操作，將R的工作路徑設定到R_data資料夾。

9. 接下來：(1)點擊R介面左上角【檔案】。(2)點擊【開啓命令稿】。(3)開啓cfa_code.R。如果你找不到cfa_code.R，可能是上述步驟的4、6或8出了問題。

35-3　統計操作──程式碼

以下是以本書所附檔案cfa_data_ex.csv來說明CFA的操作。在這例子中，我們有一個愛情態度量表，這量表包含兩個向度（因素），浪漫愛（有五個題目，變項名稱爲rom1~rom5）和友伴愛（也有五個題目，變項名稱爲com1~com5）。

1. 程式指令如〈程式碼**35-1**〉。請注意標示「*****需注意處*****」和「*****需修改處*****」底下的程式碼，那是你必須根據你的資料現況修改的地方。

程式碼35-1

```
#本程式碼之使用請參考《傻瓜也會跑統計Ⅱ》單元35

#每次執行本程式前，都請先按Ctrl+L，清空R console視窗，再執行程式

#***** 需注意處 *****
#說明：讀檔
dta <- read.csv(file='cfa_data.csv', header=T, fileEncoding = 'UTF-8-BOM')

#說明：呼叫CFA所需套件lavaan
library(lavaan)

#***** 需修改處 *****
#說明：設定因素模型，並將結果指定給一個叫作model的物件
model <-
'X1 =~ rom1+rom2+rom3+rom4+rom5
 X2 =~ com1+com2+com3+com4+com5'

#說明：執行CFA，並將結果指定給一個叫result的物件
result<-sem(model, data=dta, std.ov=T, std.lv=T)
```

```
#說明：輸出結果
summary(result, fit.measure=T)

#說明：輸出填註「表格範例35-1」所需資訊
parTable <- parameterEstimates(result,ci=F)
parTable[,4:6] <- round(parTable[,4:6],3)
write.csv(parTable[parTable$op=="=~",1:7],'CFA_table.csv')

#說明：呼叫計算AVE與CR所需套件semTools
library(semTools)

#說明：計算 AVE 與 construct reliability
result2<-sem(model, data=dta, std.lv=T)
reliability(result2)

#說明：呈現修模型所需指標
modindices(result)

#說明：呼叫畫CFA圖所需套件semPlot
library(semPlot)

#說明：畫CFA圖
#執行後到資料所在的資料夾，就能找到圖，檔名是cfa_plot.png
png('cfa_plot.png',width=1920,height=1080)

semPaths(result, whatLabels='std',residual=F,
fixedStyle=c('black',lty=1),
freeStyle=c('black',lty=1),
edge.label.position=.4)
dev.off()
```

2. 需注意處（請對照〔程式碼35-1〕中的「*****需注意處*****」）

(1) 請確定你已完成單元35-2「前置作業」中的所有事項。

(2) 每次執行程式前，請先按Ctrl+L，清空R console視窗，否則每次統計結果會一直「累積」在R console視窗上，最後你會分不清哪些資料是你需要的統計結果。

(3) 若你是使用自己的資料檔進行分析，且已將它命名為「cfa_data.csv」，則請跳過本點，直接讀下一點。若你是使用本書提供的範例檔做練習，請將「*****需注意處*****」下方指令中的檔名「cfa_data.csv」更改為「cfa_data_ex.csv」。

3. 需修改處（請對照〈程式碼35-1〉中的「*****需修改處*****」）

(1) 「model <- 」是產生一個物件，然後將因素分析模型指定給這個物件。此處不必修改。

(2) 「model <- 」下面兩行，是因素模型的設定。以本書範例來說，研究者認為有五個題目，在資料檔中叫rom1~rom5，它們測量X1這個因素；另外五個題目，在資料檔中叫com1~com5，測量X2這個因素。因此寫成：

X1 =~ rom1+rom2+rom3+rom4+rom5

X2 =~ com1+com2+com3+com4+com5

特別注意，R會把大小寫視為不同，所以資料檔中的變項名稱大小寫，一定要和程式碼中的大小寫一致（如rom1不可以寫成Rom1）。你可以根據自己有多少因素、各因素下包含哪些題目，以類似方式去修改程式碼，每一個因素須各自寫成一行。有幾個因素，就應該有幾行，在這個例子中，應該有兩行。

(3) 因素名稱（X1、X2）是自行命名的，可以用中文名稱；但不要超過兩個中文字。

(4) 需注意，在模型設定的前後（即「model <- 」下面第一行之首、第二行之末），有英式括弧（' '）不可刪去。且這英式括弧一定要在R編輯器下寫，若從別的地方寫好程式碼再貼過去，有時R會無法辨識。

4. 執行程式

先用滑鼠選取寫好的程式（也可用Ctrl+A全選），然後按右鍵，點擊【執行程式列或選擇項】就會執行程式，依每個人的電腦不同，可能需要一些時間，要一直到訊息視窗出現「>」符號才表示程式執行完了。然後會在R Console視窗看到執行結果。關於統計結果的存檔，請參考單元34-7之說明。

35-4 報表解讀

統計報表請參考圖35-1。在解讀統計結果時，本書所有報表中的①、②、③……符號，都和說明文字中的①、②、③……是可以直接對應的。

1. 模型適配的評估（請對照圖35-1）

這部分主要是去評估，你所蒐集到的資料的統計結果，是否支持你本來預期的因素結構。

①卡方值：其中Model Fit Test Statistic爲卡方值，Degree of freedom爲自由度，P-value（Chi-square）爲卡方之顯著性機率值。特別注意，當顯著性機率值呈現.000時，論文中不可以寫成p = .000，而是要寫p < .001。驗證性因素分析通常會報告卡方值，不過最主要是看以下的幾個檢定值，來決定理論模型是否適切。

②④⑤適合度指標（請注意，這裡的編號跳過了③，③在別的地方才會用到）：驗證性因素分析主要依賴幾個重要的適合度指標（goodness of fit）來判斷你的資料的因素結構和理論模型是否一致。圖35-1中的：②CFI和TLI（後者又稱之爲NNFI）、④RMSEA、⑤SRMR是比較重要的指標。適合度指標要達到多少才顯示模型可以接受？標準眾說紛紜。比較常用的標準是，CFI和TLI高於.95、RMSEA低於.08而SRMR低於.06，表示模型可以接受（Hu & Bentler, 1999）。[注1]有些研究者採用較前者寬鬆的標準，例如：以TLI高於.90爲標準（Bentler & Bonett, 1980），[注2]CFI高於.90爲標準（Bentler, 1990），[注3]或是將RMSEA < .05視爲配適不錯，.05 ≦ RMSEA < .08視爲配適合理，.08 ≦ RMSEA < .10視爲配適尚可（Browne & Cudeck, 1993）。[注4]基本上使用本書上面建議的四個指標及標準，應該可以符合多數情境。適合度指標非常多，應該選取哪一些，標準又應該是多少，此一議題曾經紅極一時，如果對這段歷史感興趣，走過路過不要錯過，請看「★你不想知道的統計知識(35-2)★」。而有時各個指標的表現未必一樣好，可能出現某個指標通過標準、另一指標未通過標準的情況，此時請參考「★你不想知道的統計知識(35-3)★」。

2. **測量品質評估**（請對照圖35-1）

⑥因素負載（factor loading）估計值、標準誤與z值。這數值表達的是題目和構念之間的關係強度，可以想成是某一個題目測量到某一個構念的程度有多

注1　Hu, L. T., & Bentler, P. M. (1999). Cutoff criteria for fit indexes in covariance structure analysis: Conventional criteria versus new alternatives. *Structural Equation Modeling, 6*, 1-55.

注2　Bentler, P. M., & Bonett, D. G. (1980). Significance tests and goodness of fit in the analysis of covariance structures. *Psychological Bulletin, 88*, 588-606.

注3　Bentler, P. M. (1990). Comparative fit indexes in structural models. *Psychological Bulletin, 107*(2), 238-246.

注4　Browne, M. W., & Cudeck, R. (1993). Alternative ways of assessing model fit. In K. A. Bollen & J. S. Long (Eds.), *Testing structural equation models* (pp. 136-162). Beverly Hills, CA: Sage.

高？其中Estimate是標準化的因素負載估計值、Std.Err是標準誤、z-value是檢定值、P（＞|z|）是顯著與否的機率值，p＜.05表示題目和構念之間的因素負載是顯著的，這題目能有效地測量某一構念，若p＞.05則表示某一題目和某一構念之間的關係並不強。以圖35-1⑥的第一行為例，rom1這個題目在X1的因素負載為.462，z = 22.214，p＜.05，這表示rom1這個題目能有效地測量某一構念。評估測量品質時，p值應該要小於.05，標準化因素負載宜介於.5到.95間。[注5]

⑦構念之間的相關。其中Estimate是相關係數、Std.Err是標準誤、z-value是檢定值、p是顯著與否的機率值，p＜.05表示兩個構念之間有顯著相關，p＞.05表示兩個構念之間無顯著相關。以圖35-1⑦為例，X1和X2之間的相關為.738，p＜.05，兩個構念有顯著相關。

⑧構念信度。圖中的omega（請注意是omega，「不是」omega2或omega3），指的是CR〔構念信度（construct reliability），有時候也稱作組合信度（composite reliability）〕，avevar是AVE（average variance extraction，平均變異抽取量），這兩個都是測量品質的指標。CR是Cronbach α 之外的另一個信度指標，在驗證性因素分析模型下，會比Cronbach α 準確；AVE則是計算一個構念下的每個題目的變異數中，來自於構念的平均比率，比率愈高，表示測量品質愈好。以圖35-1⑧的第一行為例，X1的CR = .792，這是量表的信度，而AVE為.437，顯示rom1到rom5五題的變異中，平均43.7%變異來自於X1；以此類推。評估測量品質時，CR應在.6以上，AVE則應高於.5以上。[注6]

3. **模型修改**（請對照圖35-1）

⑨呈現的是模型修改所需的資訊，若你需要修改模型，請參考「★你不想知道的統計知識(35-4)★」。

4. **以圖呈現CFA的結果**

將CFA以適當的圖呈現，有助於讀者快速掌握統計模型與結果，而且也會讓論文看起來很厲害。在執行本書所提供的程式碼後，請你到資料所在的資料夾，應該會看到新增了一個叫作「cfa_plot.png」的圖檔，沒錯，在不知

注5　Bagozzi, R. P., & Yi, Y. (1988). On the evaluation of structural equation models. *Journal of the Academy of Marketing Science, 16*, 74-94.

注6　同注5。

不覺中，我們已經幫你把圖畫好了。如果畫出來的圖品質不錯，你可以貼到論文中，但如果品質不夠好（這尤其是會發生在你研究的構念很複雜、測量的題目很多時），我們建議你照著圖用其他軟體（例如：Word）重畫一次。如果你是自己重畫，圖中圓形和方格之間的數值，請填入圖35-1⑥的「Estimates」欄位的數字；圓形和圓形之間的數值，請填入圖35-1⑦的「Estimates」欄位的數字。請對照「cfa_plot.png」和圖35-1⑥⑦，應該可以明白如何畫圖。要特別注意，圖中圓形內應該要放你的因素名稱，不要用像X1, X2這類代號。

5. 模型之比較

如果你需要進行多個CFA模型之比較，則：(1)請用本書所附程式「cfa_code.R」執行CFA，每個模型執行一次。(2)每次執行完後，要記得依單元34-7之說明，將CFA結果存檔，每個模型各自一個結果檔。然後，請參考「圖35-1」③AIC那個數據，AIC較小的模型，是比較好的模型。

除了AIC之外，也可以對模型進行差異檢定。如果你要進行模型之間的差異檢定（通常是所謂卡方差異檢定，$\triangle\chi^2$檢定），請使用本書所附Excel「35-2_卡方差異檢定.xls」（本書之相關資料下載方式，詳見書之封底處），其詳細說明，請參考「★你不想知道的統計知識(35-5)★」。

在以AIC或卡方差異檢定進行模型比較時，須特別注意：(1)必須是分析同一筆資料，才能進行模型比較；不同筆資料之間，不能用AIC或卡方差異檢定進行比較。(2)只有當模型中的測量題目完全相同時，才可以進行比較。例如：模型一總共有20個測量題目，而模型二你拿掉了一個題目，所以只剩19個題目，或是你加入了一個題目，變成21個題目；此時模型一和模型二是不能用AIC或卡方差異檢定進行模型比較。

~~~~~~~~~~ （前略） ~~~~~~~~~~

```
                                              Used
  Number of observations                      2374

  Estimator                                     ML                ①
  Model Fit Test Statistic                 399.779 ┐
  Degrees of freedom                            34  ├
  P-value (Chi-square)                       0.000 ┘

Model Test Baseline Model:

  Minimum Function Test Statistic         9750.908
  Degrees of freedom                            45                ②
  P-value                                    0.000

User Model versus Baseline Model:

  Comparative Fit Index (CFI)                0.962 ┐
  Tucker-Lewis Index (TLI)                   0.950 ┘

Loglikelihood and Information Criteria:

  Loglikelihood user model (H0)          -29005.035               ③
  Loglikelihood unrestricted model (H1)  -28805.146

  Number of free parameters                     21
  Akaike (AIC)                            58052.071
  Bayesian (BIC)                          58173.290
  Sample-size adjusted Bayesian (BIC)     58106.568               ④

Root Mean Square Error of Approximation:

  RMSEA                                         0.067
  90 Percent confidence interval         0.061    0.073
  P-value RMSEA <= 0.05                         0.000            ⑤

Standardized Root Mean Square Residual:

  SRMR                                          0.031
```

~~~~~~~~~~ （中間略） ~~~~~~~~~~

圖35-1

```
Latent Variables:
                  Estimate  Std.Err  z-value  P(>|z|)
    X1 =~
      rom1          0.462    0.021   22.214    0.000 ⎫
      rom2          0.650    0.020   33.333    0.000 │
      rom3          0.792    0.018   43.398    0.000 │
      rom4          0.648    0.020   33.177    0.000 │
      rom5          0.812    0.018   44.925    0.000 │
    X2 =~                                            ⎬  ⑥
      com1          0.816    0.018   45.737    0.000 │
      com2          0.731    0.019   39.189    0.000 │
      com3          0.664    0.019   34.453    0.000 │
      com4          0.738    0.019   39.671    0.000 │
      com5          0.672    0.019   35.043    0.000 ⎭
```

⑦

```
Covariances:
                  Estimate  Std.Err  z-value  P(>|z|)
    X1 ~~
      X2            0.738    0.013   55.108    0.000
```

～～～～～～～～～～～～～～～～～～～ （中間略） ～～～～～～～～～～～～～～～～～

```
> #計算：AVE與construct reliability
> #說明：呼叫計算AVE與CR所需套件semTools，第一次使用時會自動安裝
> p_load(semTools)
> result2<-cfa(model, data=dta, std.lv=T)
> reliability(result2)
               X1          X2         total
alpha   0.7913596   0.8385024   0.8711821 ⎫
omega   0.7921025   0.8398408   0.8868150 │
omega2  0.7921025   0.8398408   0.8868150 ⎬  ⑧
omega3  0.7864305   0.8400210   0.8818228 │
avevar  0.4374437   0.5133824   0.4787911 ⎭
>
> #說明：呈現修模型所需指標
> modindices(result)
```

圖35-1（續）

	lhs	op	rhs	mi	epc	sepc.lv	sepc.all	sepc.nox
24	X1	=~	com1	0.121	-0.010	-0.010	-0.010	-0.010
25	X1	=~	com2	1.979	0.043	0.043	0.043	0.043
26	X1	=~	com3	7.713	-0.088	-0.088	-0.088	-0.088
27	X1	=~	com4	6.525	0.078	0.078	0.078	0.078
28	X1	=~	com5	1.736	-0.042	-0.042	-0.042	-0.042
29	X2	=~	rom1	2.381	0.054	0.054	0.054	0.054
30	X2	=~	rom2	10.039	0.103	0.103	0.103	0.103
31	X2	=~	rom3	28.127	-0.166	-0.166	-0.166	-0.166
32	X2	=~	rom4	0.882	0.030	0.030	0.030	0.030
33	X2	=~	rom5	1.514	0.039	0.039	0.039	0.039
34	rom1	~~	rom2	55.143	0.113	0.113	0.168	0.168
35	rom1	~~	rom3	11.362	-0.046	-0.046	-0.086	-0.086
36	rom1	~~	rom4	1.521	0.019	0.019	0.028	0.028
37	rom1	~~	rom5	17.089	-0.056	-0.056	-0.109	-0.109
38	rom1	~~	com1	0.433	0.008	0.008	0.016	0.016
39	rom1	~~	com2	0.923	-0.013	-0.013	-0.022	-0.022
40	rom1	~~	com3	0.167	-0.006	-0.006	-0.009	-0.009
41	rom1	~~	com4	1.439	0.016	0.016	0.027	0.027
42	rom1	~~	com5	1.556	0.018	0.018	0.028	0.028
43	rom2	~~	rom3	7.834	0.037	0.037	0.080	0.080

～～～～～～～～～～～～～（以下略）～～～～～～～～～～～～～

圖35-1（續）

35-5 CFA──表格呈現

1. 因素負載量及信度摘要表

圖35-1⑧的第一行為例，X1的CR = .792，這是量表的信度，而AVE為.437，顯示rom1到rom5五題的變異中，平均43.7%變異來自於X1；以此類推。評估測量品質時CR應在.6以上，AVE 則應高於.5以上。[注7]（某些新版本的R可能沒最後一欄「total」那個欄位）我們建議在論文中，以表格呈現CFA的結果。這可以依據表格範例35-1，對照圖35-1填入相關數據即能完成……但是那數據實在很多啊，所以如果我們只做到這樣，那就太沒道義了。雖然我們一向行事低調而為善不欲人知，但有件事你一定想知道──在執行本書所提供的

注7 Bagozzi, R. P., & Yi, Y. (1988). On the evaluation of structural equation models. *Journal of the academy of marketing science*, 16, 74-94.

程式碼後，請你到資料所在的資料夾，應該會看到新增了一個叫作「CFA_table.csv」的檔案；沒錯，在不知不覺中，我們已經幫你把數據都輸出了，你只要用Excel程式打開「CFA_table.csv」，把數據剪貼進表格範例35-1就可以了。特別注意：(1)表格範例35-1中的文字部分（因素名稱、題目名稱）你仍要自己輸入。(2)使用我們的程式輸出的CFA_table.csv時，只要複製它「數字」的部分，貼到表格範例35-1中即可，CFA_table.csv內一些奇奇怪怪的符號、英文等，不要理它。(3)數據貼上後，可能會有部分數值沒有列到小數點後第二位或第三位，請你自行補上。我們建議表格範例35-1中的數據填到第二位或第三位，且全表統一。(4) CFA_table.csv輸出的是「標準化因素負載」、「標準誤」、「z」、「p」四個欄位，表格範例35-1中的AVE和CR，請參考單元35-4⑧填註。(5)表格範例35-1中的題目那一欄，本書填的是變項名稱，實際操作時，你可以填題目內容或題目編號（如「浪漫愛1」），這樣會更易於解讀CFA結果值。 (6)當p值呈現0時，表格中要呈現「<.001」，不可以呈現「.000」（本書有提供各種表格範例之電子檔，下載方式，請見書的封底）。

表格範例35-1

*CFA*因素負載量及構念信度摘要表

因素	題目	標準化因素負載	標準誤	z	p	AVE	CR
X1	rom1	0.462	0.021	22.214	<.001	0.437	0.792
	rom2	0.650	0.020	33.333	<.001		
	rom3	0.792	0.018	43.398	<.001		
	rom4	0.648	0.020	33.177	<.001		
	rom5	0.812	0.018	44.925	<.001		
X2	com1	0.816	0.018	45.737	<.001	0.513	0.840
	com2	0.731	0.019	39.189	<.001		
	com3	0.664	0.019	34.453	<.001		
	com4	0.738	0.019	39.671	<.001		
	com5	0.672	0.019	35.043	<.001		

2. **CFA模型比較的表格**

如果你沒有進行多個CFA模型比較，可以跳過此小節。若有進行多個CFA模型的比較，則我們建議：(1)前一段的「因素負載量及信度摘要表」，可以只呈現你最主要的那個模型即可，未必要每個模型都呈現。(2)但是要另外呈現「表格範例35-2模型比較摘要表」（各種表格範例之電子檔下載方式，請見書的封底）。

前面提過，當進行多個模型比較時：(1)先用本書所附程式「cfa_code.R」執行分析，每個模型執行一次。(2)每次執行完後，要記得依單元34-7之說明，將分析結果存檔，每個模型各自一個結果檔。接下來要呈現這些不同模型的比較摘要表。請依照表格範例35-2，對照圖35-1填入相關數據，其中卡方值、自由度與p值對應圖35-1的①數字，CFI、NNFI、RMSEA與SRMR分別對應圖35-1的②④⑤數字，其中TLI就是NNFI。AIC則對應圖35-1的③數字。

請注意，(1)雖然我們在表格範例35-2模型那一欄，只寫了模型1、模型2，不過你可以加上一些關於模型的簡單描述，例如：「模型1：單因素模型」、「模型2：二因素模型」等等。(2)表中卡方值那一欄有些數據標示了星號，如果你有做卡方差異檢定（見單元35-4「(5)模型之比較」）才需要根據檢定結果做星號的標示（*p < .05, **p < .01, ***p < .001），如果你沒有做卡方差異檢定，則表中不要標示星號。而在進行卡方差異檢定時，通常是一個主要模型和其他模型相比。所以表格範例35-2中的每個星號，指的都是模型1和其他模型的卡方差異檢定結果。你應該根據自己的差異檢定的配對組合方式，對那個表格做調整。(3)如果你有作過刪題或增題，使得不同模型間的題數並不相等，則要把表格範例35-2中的AIC欄位拿掉。在寫論文時（即後面的「書寫範例35-2」中），關於AIC的部分也都不用寫。只有在不同模型題數都相等時，才能使用AIC。

表格範例35-2

模型比較摘要表

模型	卡方值	*df*	*p*	CFI	NNFI	RMSEA	SRMR	AIC
模型1	399.77	34	<.001	.962	.950	.067	.031	58052.07
模型2	1386.18***	35	<.001	.861	.821	.128	.064	59036.47
模型3	641.843***	38	<.001	.938	.926	.082	.078	58286.13

注：表中星號為模型1與其他模型之卡方差異檢定結果*p < .05, **p < .01, ***p < .001。

35-6 書寫範例

　　本節說明驗證性因素分析結果之撰寫。請注意，在書寫範例中，我們用X1、X2的部分，你應該改成你的因素或變項名稱。以下書寫範例中，標楷體的部分是論文中應該要書寫的內容，【】內是對書寫方式的說明。而書寫範例中的①、②、③……符號，都和統計報表圖中的①、②、③……是可以直接對應的。

　　1. **CFA的一般性書寫**（沒有進行模型比較）

　　　　如果你沒有進行模型比較，那麼CFA的論文書寫如「書寫範例35-1」。

書寫範例35-1

　　　　設定二個因素，包含X1五題、X2五題【請依你的因素名稱及題數寫】，進行驗證性因素分析，分析結果如表XXX及圖XXX【呈現表格範例35-1；至於用本書程式碼（或你自己另外）畫出來的因素分析圖，你可以自己選擇是否要呈現】。分析結果顯示二因素模式【請依你的因素數目寫】具相當不錯的適合度【或是適合度不佳；關於適合度之標準請參考單元35-4「(1)模型適配的評估」那一小節】，$\chi^2(34) = 399.77$, $p < .001$【填注圖35-1的①數字，其中$\chi^2(\ )$括弧內是填自由度】, CFI = .962, NNFI = .950, RMSEA = .067, SRMR = .031【填注圖35-1的②④⑤數字，其中TLI就是NNFI】；此結果顯示觀察資料與理論模型具有相當不錯的適配性【或適配性不佳】。

　　　　在測量品質上，測量X1的五個題目，標準化因素負載量在.462到.812間【填注圖35-1⑥中X1因素Estimate的最小值和最大值】，AVE為.437【填注圖35-1⑧的avevar中X1那一欄的數值】，低於.5【或高於.5】，CR為.792【填注圖35-1⑧的omega中X1那一欄的數值】，高於.6【或低於.6】，顯示測量品質尚佳【或測量品質不佳。關於測量品質之標準請參考單元35-4「(2)測量品質評估」那一小節】。測量X2的五個題目……【接下來依同樣格式寫第二個因素、第三個因素，直到把所有因素寫完】。

　　　　在因素間相關方面，X1與X2的因素間相關為.738（$p < .001$）【填注表35-1⑦的Estimate和P(>|z|)】，顯示兩因素有顯著相關【或沒有顯著相關】。【如果還有其他因素間相關，則依前述格式繼續往下寫】。

　　2. **有模型比較時的CFA書寫**

　　　　如果你有進行模型比較，那麼CFA的論文書寫如「書寫範例35-2」。

書寫範例35-2

　　設定兩個模型，分別為二因素（Model 1，包含X1五題、X2五題）、單一因素（Model2，所有題目均為同一因素）、……【請依你要比較的模型有幾個、模型內容是什麼去寫】，各自進行驗證性因素分析，模型比較摘要如表XXX【呈現表格範例35-2的模型比較摘要表】。由表中AIC可見，Model 1是適配最佳的模型【若你有做卡方差異檢定，其書寫請見「★你不想知道的統計知識(35-5)★」】。

　　【接下來是對個別模型的適配性做描述，一般來說，除非有其他原因，否則以下只要寫最佳的那個模型即可】Model 1【寫出個別模型名稱】的驗證性因素分析結果如表XXX及圖XXX【呈現表格範例35-1；至於用本書程式碼（或你自己另外）畫出來的因素分析圖，你可以自己選擇是否要呈現】。分析結果顯示二因素模式【請依你的因素數目寫】具相當不錯的適合度【或是適合度不佳：關於適合度之標準請參考單元35-4「(1)模型適配的評估」那一小節】，$\chi^2 (34) = 399.77$, $p < .001$【填注圖35-1①的數字，其中χ^2 ( )括弧內是填自由度】, CFI = .962, NNFI = .950, RMSEA = .067, SRMR = .031【填注圖35-1②④⑤的數字，其中TLI就是NNFI】；此結果顯示觀察資料與理論模型具有相當不錯的適配性【或適配性不佳】。

　　在測量品質上，測量X1的五個題目，標準化因素負載量在.462到.812間【填注圖35-1⑥中X1因素Estimate的最小值和最大值】，AVE為.437【填注圖35-1⑧的avevar中X1那一欄的數值】，低於.5【或高於.5】，CR為.792【填注圖35-1⑧的omega中X1那一欄的數值】，高於.6【或低於.5】，顯示測量品質尚佳【或測量品質不佳，關於測量品質之標準請參考單元35-4「(2)測量品質評估」那一小節】。測量X2的五個題目……【接下來依同樣格式寫第二個因素、第三個因素，直到把所有因素寫完】。

　　在因素間相關方面，X1與X2的因素間相關為.738 （p < .001）【填注表35-1⑦的Estimate和P（>|z|）】，顯示兩因素有顯著相關【或沒有顯著相關】。【如果還有其他因素間相關，則依前述格式，繼續往下寫】。

Unit **36**

結構方程模型

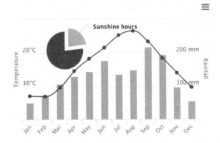

※請參考本書封底之說明，下載本單元中所使用的統計範例檔及工具檔。

　　本單元可使用本書所附程式檔sem_code.R和資料檔sem_data_ex.csv練習（相關資料下載方式，詳見書之封底處）。

36-1　簡介

使用時機	結構方程模型（structural equation modeling），簡稱SEM，是在考慮測量誤差的情況下，去檢驗多個潛在變項（latent variables）之間的關係是否與觀察資料一致。
例子	例如：你有一個研究架構如下： 浪漫愛 友伴愛　→　婚姻滿意度　→　幸福感 於是你施測這四個變項的問卷得到實際的資料，然後用SEM去檢驗這四個變項之間的關係是否真的如你所想（也就是去檢驗理論模型與觀察資料是否一致）。
SEM所需樣本數	請使用本書所附的Excel檔「36-1_SEM決定樣本數.xls」，來決定SEM所需最低樣本數（本書之相關資料下載方式，詳見書之封底處）。關於如何決定SEM所需樣本數，請參考「★你不想知道的統計知識(35-1)★」。
其他	若想對SEM有進一步的理解，請參考「★你不想知道的統計知識(36-1)★」。

36-2　統計操作──前置作業

1. 請確定你的R版本是3.6.0以上版本。
2. 請確定你已經閱讀本書的單元34，對R的基礎操作有所理解。
3. 請確定你已經依照單元34-9操作，安裝好所有套件。
4. 請在電腦C碟或D碟產生一個叫作「R_data」的資料夾（可自行命名，但我們建議你用這個名字，以下提及工作資料夾時，都會使用這名字）。
5. 請依本書單元34-8的指示，將你的資料轉換爲csv檔並命名爲「sem_data」，且變項的名稱均爲英文。若你是使用本書的範例檔作練習，則資料檔名爲「sem_data_ex.csv」，無須變更。
6. 請將上面所說的資料檔（「sem_data.csv」或是「sem_data_ex.csv」）、以及本書所提供的程式檔「sem_code.R」，這兩個檔案複製到R_data資料夾內

（本書之相關資料下載方式，詳見書之封底處）。

7. 請務必依本書單元34-3的指示，以「按右鍵，然後點選【以系統管理員身分執行】」的方式執行R。

8. 進入R之後，依單元34-4操作，將R的工作路徑設定到R_data資料夾。

9. 接下來：(1)點擊R介面左上角【檔案】。(2)點擊【開啓命令稿】。(3)開啓sem_code.R。如果你找不到sem_code.R，可能是上述步驟的4、6或8出了問題。

36-3 統計操作——程式碼

以下是以本書所附檔案sem_data_ex.csv來說明SEM的操作。在這例子中，我們有四個構念，它們的關係如圖36-1。

圖36-1

X1和X2之間有關聯（箭頭(1)），而它們都透過M去影響Y（箭頭(2)、(3)、(4)）。

其中浪漫愛（X1）用了五個題目去測量，變項名稱為rom1~rom5。友伴愛（X2）也用了五個題目去測量，變項名稱為com1~com5。婚姻滿意度（M）用了六個題目去測量，變項名稱為sat1~sat6。幸福感（Y）用了四個題目去測量，變項名稱為wb1~wb4。

1. 程式指令如〔程式碼36-1〕。請注意標示「*****需注意處*****」和「*****需修改處*****」底下的程式碼，那是你必須根據你的資料現況修改的地方。

程式碼36-1

```
#本程式碼之使用請參考《傻瓜也會跑統計II》單元36

#每次執行本程式前，都請先按Ctrl+L，清空R console視窗，再執行程式

#***** 需注意處 *****
#說明：讀檔
dta <- read.csv(file='sem_data.csv', header=T, fileEncoding = 'UTF-8-BOM')

#說明：呼叫SEM所需套件lavaan
library(lavaan)

#***** 需修改處1 *****
#說明：設定測量模型，並將結果指定給一個叫作model的物件
model<-
'X1=~rom1+rom2+rom3+rom4+rom5
X2=~com1+com2+com3+com4+com5
M=~sat1+sat2+sat3+sat4+sat5+sat6
Y=~wb1+wb2+wb3+wb4

#***** 需修改處2 *****
#說明：設定潛在變項之間的關係
X1~~X2
M~X1+X2
Y~M'

#說明：執行SEM並將結果指定給一個叫作result的物件
result <- sem(model, data=dta, std.ov=T, std.lv=T)

#說明：輸出結果
summary(result, fit.measure=T)

#說明：輸出填註「表格範例36-1」所需資訊
parTable <- standardizedSolution(result,ci=F)
parTable[,4:6] <- round(parTable[,4:6],3)
write.csv(parTable[parTable$op=="=~",],'sem_table.csv')

#計算 AVE 與 construct reliability
#說明：呼叫計算AVE與CR所需套件semTools
library(semTools)
result2<-sem(model, data=dta, std.lv=T)
reliability(result2)
```

```
#輸出標準化徑路係數
parTable[parTable$op=="~",1:7]

#輸出構念間相關
parTable[(parTable$op=="~~" & parTable$lhs!=parTable$rhs),1:7]

#呈現修模型所需指標
modindices(result)

#說明：呼叫畫SEM圖所需套件semPlot
library(semPlot)

#說明：畫SEM圖
#執行後到資料所在的資料夾，就能找到圖，檔名是sem_plot.png
png('sem_plot.png',width=1920,height=1080)
semPaths(result, whatLabels='std',residual=F,
fixedStyle=c('black',lty=1),
freeStyle=c('black',lty=1),
edge.label.position=.4)
dev.off()
```

2. **需注意處**（請對照〈程式碼36-1〉中的「*****需注意處*****」）：

   (1) 請確定你已完成單元36-2「前置作業」中的所有事項。

   (2) 每次執行程式前，請先按Ctrl+L，清空R console視窗，否則每次統計結果會一直「累積」在R console視窗上，最後你會分不清哪些資料是你需要的統計結果。

   (3) 若你是使用自己的資料檔進行分析，且已將它命名為「sem_data.csv」，則請跳過本點，直接讀下一點。若你是使用本書提供的範例檔做練習，請將「*****需注意處*****」下方指令中的檔名「sem_data.csv」更改為「sem_data_ex.csv」。

3. **需修改處1**（請對照〈程式碼36-1〉中的「*****需修改處1*****」）

   (1) 這個部分主要是SEM的測量模型，其實就是，驗證性因素分析模型，程式碼中的「model <- 」是產生一個物件，然後將模型指定給這個物件。此處不必修改。

   (2) 「model <- 」下面四行，是測量模型的設定。以本書範例來說，X1用了五個題目去測量，變項名稱為rom1~rom5，所以寫成「X1=~rom1+rom2+rom3+rom4+rom5」。X2用了五個題目去測量，變項

名稱為com1~com5，所以寫成「X2=~com1+com2+com3+com4+com5」。M、Y也是以此類推。**特別注意R會把大小寫視為不同，所以資料檔中的變項名稱大小寫，一定要和程式碼中的大小寫一致（如rom1不可以寫成Rom1）**。你可以根據自己有多少構念、各構念下包含哪些題目，以類似方式去修改程式碼，為了容易讀，每一個因素寫成一行。有幾個因素，就應該有幾行，在這個例子中應該有四行。

(3) 因素名稱（X1、X2、M、Y）是自行命名的，可以用中文名稱；但不要超過兩個中文字。

4. **需修改處2**（請對照〔程式碼36-1〕中的「*****需修改處2*****」）

(1) 這邊開始設定構念之間的關係。這裡你必須知道R的幾個符號的用法：

～ 表示相關（沒有方向性）。如X2～～X1，表示X1和X2之間有相關。

~ 表示因果，「~ 之後的變項」影響「~之前的變項」。如Y~M，表示M影響Y。

+ 用來簡述多個變項的效果。如M~X1+X2，表示X1和X2各自影響M（都有一個箭頭指向M）。

因此整個程式碼的意義會是：

X1～～X2〔這是描述圖36-1(1)的箭頭〕

M~X1+X2〔這是描述圖36-1(2) (3)的箭頭〕

Y~M〔這是描述圖36-1(4)的箭頭〕

(2) 你可以根據自己研究架構中的變項關係，以類似方式去修改程式碼。注意，**每一個以「～～」或「~」連接的構念間關係，須各自寫成一行**，例如：上面的程式碼就寫成了三行。我們建議你先在紙上，根據研究架構畫好變項間的關係圖（如圖36-1），然後依照上述語法，寫出變項間關係。

(3) **特別注意R會把大小寫視為不同，所以資料檔中的變項名稱大小寫，一定要和程式碼中的大小寫一致（如X1不可以寫成x1）**。

(4) 需注意，在「*****需修改處1*****」的「model <- 」下面的第一行之首，及「*****需修改處2*****」的最後一行之末，各自有一個英式括弧（ ' ）不可刪去。且這英式括弧一定要在R編輯器下寫，從別的地方寫好程式碼再貼過去，有時R會無法辨識。

5. 執行程式

先用滑鼠選取寫好的程式（也可用Ctrl+A全選），然後按右鍵，點擊【執行

程式列或選擇項】就會執行程式，依每個人的電腦不同，可能需要一些時間，要一直到訊息視窗出現「>」符號，才表示程式執行完了。然後會在R Console視窗看到執行結果。關於統計結果的存檔，請參考單元34-7之說明。

36-4 報表解讀

統計報表請參考圖36-2。在解讀統計結果時，本書所有報表中的①、②、③……符號，都和說明文字中的①、②、③……是可以直接對應的。

1. **模型適配的評估**（請對照圖36-2）

這部分主要是去評估，你所蒐集到的資料的統計結果，是否支持你本來預期的理論模型。

①卡方值：其中Model Fit Test Statistic為卡方值，Degree of freedom為自由度，P-value（Chi-square）為卡方之顯著性機率值。特別注意，當顯著性機率值呈現.000時，論文中不可以寫p = .000，而是要寫p < .001。結構方程模型通常仍會報告卡方值，不過最主要是看以下的幾個檢定值，來決定理論模型是否適切。

②④⑤**適合度指標**（請注意，這裡的編號跳過了③，③在別的地方才會用到）：結構方程模型主要依賴幾個重要的適合度指標（goodness of fit）來判斷你的資料和理論模型是否一致。圖36-2中的：②CFI和TLI（後者又稱之為NNFI）、④RMSEA、⑤SRMR是比較重要的指標。適合度指標要達到多少才顯示模型可以接受？標準眾說紛紜，比較常用的標準是，CFI和TLI高於.95、RMSEA低於.08而SRMR低於.06表示模型可以接受（Hu & Bentler, 1999）。[注1]有些研究者採用較前者寬鬆的標準，例如：以TLI高於.90為標準（Bentler & Bonett, 1980），[注2]以CFI高於.90為標準（Bentler, 1990），[注3]或是將RMSEA <.05視為配適不錯，.05 ≦ RMSEA < .08視為配適合理，.08 ≦ RM-

---

注1　Hu, L. T., & Bentler, P. M. (1999). Cutoff criteria for fit indexes in covariance structure analysis: Conventional criteria versus new alternatives. *Structural Equation Modeling, 6*, 1-55.

注2　Bentler, P. M., & Bonett, D. G. (1980). Significance tests and goodness of fit in the analysis of covariance structures. *Psychological Bulletin, 88*, 588-606.

注3　Bentler, P. M. (1990). Comparative fit indexes in structural models. *Psychological Bulletin, 107*(2), 238-246.

SEA < .10視爲配適尚可（Browne & Cudeck, 1993）。[注4]基本上使用本書上面建議的四個指標及標準，應該可以符合多數情境。適合度指標非常多，應該選取哪一些，標準又應該是多少，此一議題曾經紅極一時，如果對這段歷史感興趣，走過路過不要錯過，請看「★你不想知道的統計知識(35-2)★」。而有時各個指標的表現未必一樣好，可能出現某個指標通過標準、另一指標未通過標準的情況，此時請參考「★你不想知道的統計知識(35-3)★」。

2. **測量品質評估**（請對照圖36-2）

⑥因素負載（factor loading）估計值、標準誤與z值。這數值表達的是題目和構念之間的關係強度，可以想成是某一個題目測量到某一個構念的程度有多高？例如：rom1這個題目，可以有效地測量「浪漫愛」這個構念嗎？其中Estimate是標準化的因素負載估計值、Std.Err是標準誤、z-value是檢定值、P（> |z|）是顯著與否的機率值，p < .05表示題目和構念之間的因素負載是顯著的，這題目能有效地測量某一構念，若p > .05則表示某一題目和某一構念之間的關係並不強。以圖36-2⑥的第一行爲例，rom1這個題目在X1的因素負載爲.815，z = 46.117，p < .05，這表示rom1這個題目能有效地測量某一構念。評估測量品質時，p值應該要小於.05，標準化因素負載宜介於.50到.95間。[注5]

⑦構念信度。圖中的omega（請注意是omega，「不是」omega2或omega3），指的是CR〔構念信度（construct reliability），有時候也稱作組合信度（composite reliability）〕，avevar是AVE（average variance extraction，平均變異抽取量），這兩個都是測量品質的指標。CR是Cronbach α 之外的另一個信度指標，在結構方程模型下，會比Cronbach α 準確；AVE則是計算一個構念下的每個題目的變異數中，來自於構念的平均比率，比率愈高，表示測量品質愈好。以圖36-2⑦的第一行爲例，X1的CR = .840，這是量表的信度，而AVE爲.513，顯示rom1到rom5五題的變異中，平均51.3%變異來自於X1；以此類推。評估測量品質時CR應在.6以上，AVE則應高於.5以上。[注6]

注4　Browne, M. W., & Cudeck, R. (1993). Alternative ways of assessing model fit. In K. A. Bollen & J. S. Long (Eds.), *Testing structural equation models* (pp. 136-162). Beverly Hills, CA: Sage.

注5　Bagozzi, R. P., & Yi, Y. (1988). On the evaluation of structural equation models. *Journal of the Academy of Marketing Science, 16*, 74-94.

注6　同注5。

3. **構念間關係評估**（請對照圖36-2）

⑧標準化徑路係數（path coefficient）估計值、標準誤與z值。標準化徑路係數是某一構念對另一構念的影響強度，例如：「浪漫愛」會影響「婚姻滿意度」嗎？可以想成是迴歸分析時的標準化迴歸係數。請特別認明統計報表中有「#輸出標準化徑路係數」字樣下面的那些數據，才是你所需的數據。其中est.std是標準化徑路係數估計值，se是標準誤、z是檢定值、pvalue是顯著與否的機率值（就是一般檢定的p值），p < .05表示某一構念對另一構念的影響是顯著的，若p >= .05則表示某構念對另一構念的影響並不顯著。以圖36-2⑧的第一行為例，X1這個構念對M的徑路係數是0.656，z = 22.19，p < .05，這表示X1對M的影響顯著。

4. **模型修改**（請對照圖36-2）

⑨⑩呈現的是模型修改所需的資訊，若你需要修改模型，請參考「★你不想知道的統計知識(35-4)★」和「★你不想知道的統計知識(36-2)★」。其中⑨是測量模型的修改指標、⑩是結構模型的修改指標。

5. **模型之比較**

如果你需要進行多個SEM模型之比較，則：(1)請用本書所附程式「sem_code.R」執行SEM，每個模型執行一次。(2)每次執行完後，要記得依單元34-7之說明，將SEM結果存檔，每個模型各自一個結果檔。在一般情境下，請參考「圖36-2」③AIC那個數據，AIC較小的模型，是比較好的模型。

除了AIC之外，也可以對模型進行差異檢定。如果你要進行模型之間的差異檢定（通常是所謂卡方差異檢定，$\triangle\chi^2$檢定），請使用本書所附Excel「36-2_卡方差異檢定.xls」（本書之相關資料下載方式，詳見書之封底處），其詳細說明請參考「★你不想知道的統計知識(35-5)★」。

在以AIC或卡方差異檢定進行模型比較時，須特別注意：(1)必須是分析同一筆資料，才能進行模型比較；不同筆資料之間不能用AIC或卡方差異檢定進行比較。(2)只有當模型中的測量題目完全相同時，才可以進行比較。例如：模型一總共有20個測量題目，而模型二你拿掉了一個題目，所以只剩19個題目了，或是你加入了一個題目，變成21個題目了；此時模型一和模型二是不能用AIC或卡方差異檢定進行模型比較的。

~~~~~~~~~~~~~~~~~~~~~~ （前略） ~~~~~~~~~~~~~~~~~~~~~~

```
Number of observations                        2375

Estimator                                      ML          ①
Model Fit Test Statistic                  2665.332 ⌐
Degrees of freedom                             166  }
P-value (Chi-square)                         0.000 ⌐

Model Test Baseline Model:

Minimum Function Test Statistic          30311.137
Degrees of freedom                             190
P-value                                      0.000          ②

User Model versus Baseline Model:

Comparative Fit Index (CFI)                  0.917 ⌐
Tucker-Lewis Index (TLI)                     0.905 ⌐

Loglikelihood and Information Criteria:

Loglikelihood user model (H0)            -53566.676
Loglikelihood unrestricted model (H1)    -52234.010          ③

Number of free parameters                       44
Akaike (AIC)                            107221.352
Bayesian (BIC)                          107475.353
Sample-size adjusted Bayesian (BIC)     107335.556
                                                             ④
Root Mean Square Error of Approximation:

RMSEA                                        0.080
90 Percent confidence interval     0.077     0.082
P-value RMSEA <= 0.05                        0.000          ⑤

Standardized Root Mean Square Residual:

SRMR                                         0.045
```

~~~~~~~~~~~~~~~~~~~~ （中間略） ~~~~~~~~~~~~~~~~~~~~

圖36-2

Latent Variables:

	Estimate	Std.Err	z-value	P(>|z|)
X1 =~				
rom1	0.815	0.018	46.117	0.000
rom2	0.730	0.019	39.429	0.000
rom3	0.658	0.019	34.329	0.000
rom4	0.733	0.018	39.632	0.000
rom5	0.684	0.019	36.061	0.000
X2 =~				
com1	0.464	0.021	22.304	0.000
com2	0.654	0.019	33.596	0.000
com3	0.791	0.018	43.354	0.000
com4	0.648	0.020	33.203	0.000
com5	0.809	0.018	44.783	0.000
M =~				
sat1	0.603	0.014	43.544	0.000
sat2	0.606	0.014	43.885	0.000
sat3	0.652	0.014	48.241	0.000
sat4	0.663	0.013	49.290	0.000
sat5	0.650	0.014	48.004	0.000
sat6	0.609	0.014	44.176	0.000
Y =~				
wb1	0.453	0.015	29.941	0.000
wb2	0.498	0.015	33.512	0.000
wb3	0.665	0.014	47.387	0.000
wb4	0.654	0.014	46.618	0.000

⑥

～～～～～～～～～～～～～～ （中間略） ～～～～～～～～～～～～～～

```
> #說明：呼叫計算AVE與CR所需套件semTools
> library(semTools)

###################################################################
This is semTools 0.5-2
All users of R (or SEM) are invited to submit functions or ideas
for functions.
###################################################################
Warning message:
package 'semTools' was built under R version 3.6.1
> result2<-sem(model, data=dta, std.lv=T)
> reliability(result2)
```

圖36-2（續）

```
              X1         X2          M          Y      total
alpha   0.8384714  0.7914099  0.9387071  0.8428771  0.9240312
omega   0.8401168  0.7927562  0.9415381  0.8220815  0.9469959
omega2  0.8401168  0.7927562  0.9415381  0.8220815  0.9469959
omega3  0.8407587  0.7880758  0.9415581  0.7869871  0.9172942
avevar  0.5139907  0.4384412  0.7315052  0.5369665  0.5797535
>
> #輸出標準化徑路係數
> parTable[parTable$op=="~" ,1:7]
   lhs op rhs est.std    se     z pvalue
22  M  ~  X1   0.656 0.030 22.19  0.000
23  M  ~  X2   0.022 0.032  0.68  0.496
24  Y  ~   M   0.659 0.014 48.62  0.000
>
> #輸出構念間相關
> parTable[(parTable$op=="~~" & parTable$lhs!=parTable$rhs),1:7]
   lhs op rhs est.std    se      z pvalue
21  X1 ~~ X2   0.738 0.013 55.138      0
>
> #呈現修模型所需指標
> modindices(result)
     lhs op rhs      mi    epc sepc.lv sepc.all sepc.nox
49   X1 =~ com1  2.809  0.058   0.058    0.059    0.059
50   X1 =~ com2 15.320  0.126   0.126    0.126    0.126
51   X1 =~ com3 30.618 -0.172  -0.172   -0.172   -0.172
52   X1 =~ com4  0.782  0.028   0.028    0.028    0.028
53   X1 =~ com5  0.659  0.025   0.025    0.025    0.025
```

~~~~~~~~~~~~~~~~ （中間略） ~~~~~~~~~~~~~~~~

```
297  wb2 ~~  wb4  72.673  0.102  -0.102   -0.275   -0.275
298  wb3 ~~  wb4 221.306  0.247   0.247    1.069    1.069
300  X1 ~~   Y     1.604  0.029   0.029    0.029    0.029
302  X2 ~~   Y     9.170  0.059   0.059    0.059    0.059
303  M  ~~   Y    37.502 -0.241  -0.241   -0.241   -0.241
304  M  ~    Y    37.502 -0.241  -0.237   -0.237   -0.237
305  Y  ~   X1    36.830  0.217   0.163    0.163    0.163
306  Y  ~   X2    34.398  0.176   0.132    0.132    0.132
308  X1 ~    Y     1.604  0.029   0.039    0.039    0.039
311  X2 ~    Y     9.170  0.059   0.079    0.079    0.079
```

~~~~~~~~~~~~~~~~ （以下略） ~~~~~~~~~~~~~~~~

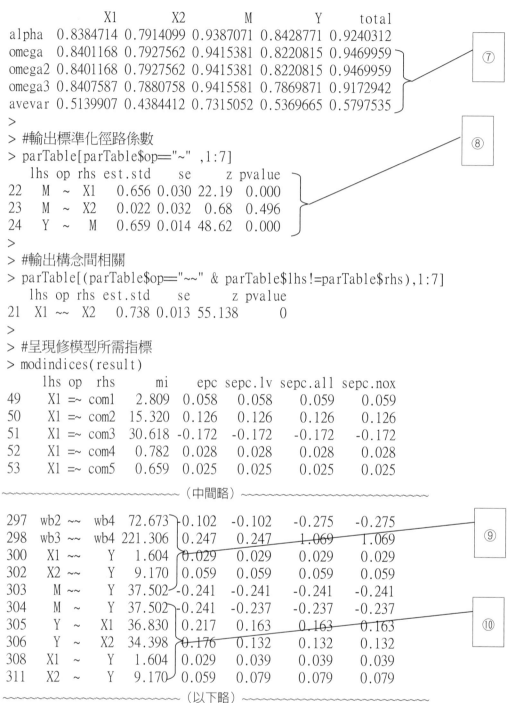

圖36-2（續）

36-5 SEM —— 表格呈現

　　我們建議在論文中以表格呈現SEM的結果。在一般狀況下，這包含兩個部分：1.因素負載量及信度摘要表（用來說明測量品質），和2.徑路係數摘要表（用來說明構念間關係）。而如果你有做模型間比較，則會再多一個3.模型間比較摘要表。分別說明如下。

1. 因素負載量及信度摘要表

　　這可以依據表格範例36-1，對照圖36-2填入相關數據即能完成……但是那數據實在很多啊，所以如果我們只做到這樣，那就太沒道義了。雖然我們一向行事低調而為善不欲人知，但有件事你一定想知道——在執行本書所提供的程式碼後，請你到資料所在的資料夾，應該會看到新增了一個叫作「sem_table.csv」的檔案；沒錯，在不知不覺中，我們已經幫你把數據都輸出了，你只要用Excel程式打開「sem_table.csv」，把數據剪貼進表格範例36-1就可以了。特別注意：(1)表格範例36-1中的文字部分（構念名稱、題目名稱）你仍要自己輸入。(2)使用我們的程式輸出的sem_table.csv時，只要複製它「數字」的部分，貼到表格範例36-1中即可，sem_table.csv內一些奇奇怪怪的符號、英文等不要理它。(3)數據貼上後，可能會有部分數值沒有列到小數點後第二位或第三位，請你自行補上。我們建議表格範例36-1中的數據填到第二位或第三位，且全表統一。(4) sem_table.csv輸出的是「標準化因素負載」、「標準誤」、「z」、「p」四個欄位，表格範例36-1中的AVE和CR，請參考單元36-4⑦填註。(5)表格範例36-1中的題目那一欄，本書填的是變項名稱，實際操作時，你可以填題目內容或題目編號（如「浪漫愛1」），這樣會更易於解讀SEM結果值。(6)當p值呈現0時，表格中要呈現「<.001」，不可以呈現「.000」（本書有提供各種表格範例之電子檔，下載方式，請見書的封底）。

表格範例36-1

因素負載量及構念信度摘要表

因素	題目	標準化因素負載	標準誤	z	p	AVE	CR
X1	rom1	0.815	0.009	91.855	<.001	.513	.840
	rom2	0.731	0.011	65.048	<.001		
	rom3	0.658	0.013	50.032	<.001		
	rom4	0.733	0.011	65.731	<.001		
	rom5	0.684	0.012	54.699	<.001		
X2	com1	0.464	0.018	26.088	<.001	.438	.792
	com2	0.654	0.014	47.971	<.001		
	com3	0.791	0.010	78.079	<.001		
	com4	0.648	0.014	47.017	<.001		
	com5	0.810	0.010	83.614	<.001		
M	sat1	0.814	0.008	107.301	<.001	.731	.941
	sat2	0.819	0.007	110.350	<.001		
	sat3	0.881	0.005	164.980	<.001		
	sat4	0.895	0.005	184.633	<.001		
	sat5	0.877	0.005	160.995	<.001		
	sat6	0.823	0.007	113.055	<.001		
Y	wb1	0.602	0.014	41.966	<.001	.536	.822
	wb2	0.663	0.013	51.653	<.001		
	wb3	0.884	0.007	124.210	<.001		
	wb4	0.869	0.007	116.898	<.001		

2. 徑路係數摘要表

這個表格是用來描述構念之間的關係。請對照圖36-2⑧，將數據填入表格範例36-2。其中表格中的「徑路」那一欄，請對照圖36-2⑧最左邊的符號去填，如「M~X1」在表格中寫成「X1→Y」，以此類推（你應該填上你的構念名稱，不要用X1、Y這類符號）。而表格中的「係數」、「標準誤」、「z」、「p」分別對應圖36-2⑧的est.std、se、z、pvalue的數值。特別注意，當p值呈現0時，表格中要呈現「<.001」，不可以呈現「.000」（本書有提供

各種表格範例之電子檔，下載方式，請見書的封底）。

接下來要注意了，如果在你的模型中，沒有中介效果（關於中介效果，請參考「★你不想知道的統計知識(36-3)★」），那麼請跳過以下說明。

如果模型有中介效果，那麼你的表格要增加下半部，如表格範例**36-2**中的「X1→M→Y」那些部分。你要把所有的中介效果列出來，然後利用本書所附的Excel檔「36-3_SEM_ Sobel test.xls」，進行檢定，並將數值填進表格下半部；在工作表中的橘色部分即是分析結果，請將那些數據填入表格範例41-1即可；以此類推。

除非你的模型和本書範例完全一樣，否則你必須依自己的模型去對本書所附表格做一些修改。例如：如果你的模型包含X1對Y的直接效果，則表格範例36-2會多一行「X1→Y」的數值。以此類推。

✏️ 表格範例36-2

SEM標準化徑路係數摘要表

徑路	係數	標準誤	z	p
X1→M	.656	0.030	22.19	<.001
X2→M	.022	0.032	0.68	.496
M→Y	.659	0.014	48.62	<.001
X1→M→Y[a]	.432	0.022	19.83	<.001
X2→M→Y	.014	0.021	0.687	.492

注：a中介效果利用Sobel test檢定。

---

3. **SEM模型比較的表格**

如果你沒有進行多個SEM模型比較，可以跳過此小節。若有進行多個SEM模型的比較，則我們建議：(1)前面的「因素負載量及信度摘要表」與「徑路係數摘要表」，可以只呈現你最主要的那個模型即可，未必要每個模型都呈現。(2)但是要另外呈現「表格範例36-3模型比較摘要表」（各種表格範例之電子檔下載方式，請見書的封底）。

前面提過，當進行多個模型比較時：(1)先用本書所附程式「sem_code.R」執行分析，每個模型執行一次。(2)每次執行完後，要記得依單元34-7之說明，

將分析結果存檔，每個模型各自一個結果檔。接下來要呈現這些不同模型的比較摘要表。請依照表格範例36-3，對照圖36-2填入相關數據，其中卡方值、自由度與p值對應圖36-2的①數字，CFI、NNFI、RMSEA與SRMR分別對應圖36-2的②④⑤數字，其中TLI就是NNFI。AIC則對應圖36-2的③數字。請注意，(1)雖然我們在表格範例36-3模型那一欄，只寫了模型1、模型2，不過你可以加上一些關於模型的簡單描述，例如：「模型1：完全中介模型」、「模型2：部分中介模型」等等。(2)表中卡方值那一欄有些數據標示了星號，如果你有做卡方差異檢定（見單元36-4「(6)模型之比較」）才需要根據檢定結果做星號的標示（*p < .05, **p < .01, ***p < .001），如果你沒有做卡方差異檢定，則表中不要標示星號。而在進行卡方差異檢定時，通常是一個主要模型和其他模型相比。所以表格範例36-3中的每個星號，指的都是模型1和其他模型的卡方差異檢定結果。你應該根據自己的差異檢定的配對組合方式，對那個表格做調整。(3)如果你有作過刪題或增題，使得不同模型間的題數並不相等，則要把表格範例36-3中的AIC欄位拿掉。在寫論文時（即後面的「書寫範例36-2」中），關於AIC的部分也都不用寫。只有在不同模型題數都相等時，才能使用AIC。

表格範例36-3

模型比較摘要表

模型	卡方值	df	p	CFI	NNFI	RMSEA	SRMR	AIC
模型1	2665.33	166	< .001	.917	.905	.080	.045	107221.35
模型2	3046.85***	167	< .001	.904	.891	.085	.076	107600.87
模型3	3842.31***	167	< .001	.878	.861	.096	.172	108396.33

注：表中星號為模型1與其他模型之卡方差異檢定結果*p < .05, **p < .01, ***p < .001。

36-6 以圖呈現SEM的結果

將SEM以適當的圖呈現，有助於讀者快速掌握統計模型與結果，而且也會讓論文看起來很厲害。在執行本書所提供的程式碼後，請你到資料所在的資料夾，應該會看到新增了一個叫作「SEM_plot.png」的圖檔，沒錯，在不知不覺中，我們已經

幫你把圖畫好了。如果你覺得這圖堪用，則可以直接貼在論文中（圖中用了X1, X2等代號，你應該要換成真正的變項名稱，不宜以這些代號直接呈現）。但我們建議你用Word或相關文書軟體，自行繪製較爲美觀的圖，尤其如果你論文寫得很心虛（誤），一張漂亮的圖很能增加論文的表面效度。以本單元爲例，以文書軟體繪製的圖如圖36-3；圖中的數值請參考圖36-2⑧的「est.std」欄位填入即可。特別注意，SEM由於包含測量模型（構念和測量題目之間的關係），和結構模型（構念和構念之間的關係），若二者都呈現，整個圖可能會非常複雜，因此圖36-3只呈現結構模型。通常這樣做是可被接受的，但如果你想要（或被迫）畫完整的SEM徑路圖，則請參考「SEM_plot.png」的畫法，完整的圖會多出一些方格（測量題目）以及圓形和方格之間的箭頭。其中圓形和方格之間的數值，請填入圖36-2⑥的「Estimates」欄位的數字；圓形和圓形之間的數值，請填入圖36-2⑧的「est.std」欄位的數字。請對照「SEM_plot.png」和圖36-2⑥⑧，應該可以明白如何畫圖。

圖36-3　SEM結構模型圖

36-7　書寫範例

　　本節說明結構方程模型結果之撰寫。請注意，在書寫範例中，我們用X1、X2、M、Y的部分，你應該改成你的構念名稱。以下書寫範例中，標楷體的部分是論文中應該要書寫的內容，【】內是對書寫方式的說明。而書寫範例中的①、②、③……符號，都和統計報表圖中的①、②、③……是可以直接對應的。

1. **SEM的一般性書寫**（沒有進行模型比較）

　　如果你沒有進行模型比較，那麼SEM的論文書寫如「書寫範例36-1」。

書寫範例36-1

依據所設定的模型進行結構方程模型分析，結果如表XXX和表YYY【呈現表格範例36-1、表格範例36-2】。結構模型圖如圖XXX【可自行決定是否附上如圖36-3的模型圖】。分析結果顯示模型具相當不錯的適合度【或是適合度不佳；關於適合度之標準請參考單元36-4「(1)模型適配的評估」那一小節】，χ^2 (166) = 2665.33, p < .001【填注圖36-2①的數字，其中χ^2 ( )括弧內是填自由度】，CFI = .917, NNFI = .905, RMSEA = .080, SRMR = .045【填注圖36-2②④⑤的數字，其中TLI就是NNFI】；此結果顯示觀察資料與理論模型具有相當不錯的適配性【或適配性不佳】。

在測量品質上，測量X1的五個題目，標準化因素負載量在.658到.815間【填注圖36-2⑥的數值中各構念Estimate的最小值和最大值】，AVE為.514【填注圖36-2⑦的avevar中X1那一欄的數值】，高於.5【或低於.5】，CR為.840【填注圖36-2⑦的omega中X1那一欄的數值】，高於.6【或低於.6】，顯示測量品質尚佳【或測量品質不佳。關於測量品質之標準請參考單元36-4「(2)測量品質評估」那一小節】。測量X2的五個題目……【接下來依同樣格式寫第二個因素、第三個因素，直到把所有因素寫完】。

由徑路係數摘要表可見，X1對M的標準化徑路係數為.656（p < .001）【填注圖36-2⑧的est.std和pvalue】，顯示X1對M有顯著影響【或沒有顯著影響】【如果還有其他徑路係數，則依前述格式繼續往下寫】。

【如果有中介效果，則加上這段】本研究關心X1透過影響M繼而影響Y的效果，由徑路係數摘要表可見，此中介效果的標準化效果量為.432（p<.001）【填注Excel檔「36-3_SEM_ Sobel test.xls」中橘框內「係數」和「p」的數值】【如果還有其他中介效果，則依前述格式繼續往下寫】。

2. 有模型比較時的**SEM**書寫

如果你有進行模型比較，那麼SEM的論文書寫如「書寫範例36-2」。

書寫範例36-2

　　設定三個模型，分別為M中介X1、X2二個變項和Y之關係（Model 1）、M只中介X1和Y之關係（Model2）、……【請依你要比較的模型有幾個、模型內容是什麼去寫】，各自進行結構方程模型分析，模型比較摘要如表XXX【呈現表格範例36-3的模型比較摘要表】。由表中AIC可見，Model 1是適配最佳的模型【若你有做卡方差異檢定，其書寫請見「★你不想知道的統計知識(35-5)★」】。

　　【接下來是對個別模型的適配性做描述，一般來說，除非有其他原因，否則以下只要寫最佳的那個模型即可】

　　Model1【寫出個別模型名稱】結構方程模型分析結果如表XXX和表YYY【呈現表格範例36-1、表格範例36-2】。結構模型圖如圖XXX【可自行決定是否附上如圖36-3的模型圖】。分析結果顯示模型具相當不錯的適合度【或是適合度不佳；關於適合度之標準請參考單元36-4「(1)模型適配的評估」那一小節】，$\chi^2 (166) = 2665.33$, $p < .001$【填注圖36-2①的數字，其中χ^2（　）括弧內是填自由度】，CFI = .917, NNFI = .905, RMSEA = .080, SRMR = .045【填注圖36-2②④⑤的數字，其中TLI就是NNFI】；此結果顯示觀察資料與理論模型具有相當不錯的適配性【或適配性不佳】。

　　在測量品質上，測量X1的五個題目，標準化因素負載量在.658到.815間【填注圖36-2⑥的數值中各構念Estimate的最小值和最大值】，AVE為.514【填注圖36-2⑦的avevar中X1那一欄的數值】，高於.5【或低於.5】，CR為.840【填注圖36-2⑦的omega中X1那一欄的數值】，高於.6【或低於.6】，顯示測量品質尚佳【或測量品質不佳。關於測量品質之標準，請參考單元36-4「(2)測量品質評估」那一小節】。測量X2的五個題目……【接下來依同樣格式寫第二個因素、第三個因素，直到把所有因素寫完】。

　　由徑路係數摘要表可見，X1對M的標準化徑路係數為.656（p < .001）【填注圖36-2⑧的est.std和pvalue】，顯示X1對M有顯著影響【或沒有顯著影響】【如果還有其他徑路係數，則依前述格式繼續往下寫】。

　　【如果有中介效果，則加上這段】本研究關心X1透過影響M繼而影響Y的效果，由徑路係數摘要表可見，此中介效果的標準化效果量為.432（p<.001）【填注Excel檔「36-3_SEM_ Sobel test.xls」中綠色欄位「係數」和「p」的數值】【如果還有其他中介效果，則依前述格式繼續往下寫】。

Unit 37

徑路分析（無交互作用）

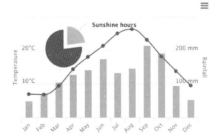

※請參考本書封底之說明，下載本單元中所使用的統計範例檔及工具檔。

　　本單元可使用本書所附程式檔pa0_code.R和資料檔pa0_data_ex.csv練習（相關資料下載方式，詳見書之封底處）。在使用本單元之前，請參照以下表格，確定你的情境是符合本單元所述的。也就是你的研究架構中沒有調節變項、沒有交互作用。否則，請從下表中找尋你該去的單元。

使用單元	有無中介效果	有幾個調節變項	有無二因子交互作用	有無三因子交互作用
37	X	0	X	X
37	O	0	X	X
38	X	>=1	O	X
39	X	>=1	X	O
39	X	>=1	O	O
40	O	1	O	X
41	O	2	O	X
42	O	2	X	O
42	O	2	O	O

注：O表示有、X表示無。

37-1 簡介

使用時機	徑路分析（path analysis），是在不考慮測量誤差的情況下，去檢驗多個變項之間的關係是否與觀察資料一致。
例子	例如：你有一個研究架構如下： 浪漫愛、友伴愛 → 婚姻滿意度 → 幸福感 於是你施測這四個變項的問卷，並算出每位受試者在這四個變項的總分，然後用徑路分析去檢驗這四個變項之間的關係是否真的如你所想（也就是去檢驗理論模型與觀察資料是否一致）。
徑路分析所需樣本數	請使用本書所附的Excel檔「37-1_徑路分析決定樣本數.xls」，來決定徑路分析所需最低樣本數（本書之相關資料下載方式，詳見書之封底處）。關於如何決定徑路分析所需樣本數，請參考「★你不想知道的統計知識(35-1)★」。

其他	若想對徑路分析有進一步的理解，以及它和結構方程模型有何不同？請參考「★你不想知道的統計知識(36-1)★」

37-2 統計操作──前置作業

1. 請確定你的R版本是3.6.0以上版本。

2. 請確定你已經閱讀本書的單元34，對R的基礎操作有所理解。

3. 請確定你已經依照單元34-9操作，安裝好所有套件。

4. 請在電腦C碟或D碟產生一個叫作「R_data」的資料夾（可自行命名，但我們建議你用這個名字，以下提及工作資料夾時，都會使用這名字）。

5. 請依本書單元34-8的指示，將你的資料轉換為csv檔並命名為「pa0_data」，且變項的名稱均為英文。若你是使用本書的範例檔做練習，則資料檔名為「pa0_data_ex.csv」，無須變更。

6. 請將上面所說的資料檔（「pa0_data.csv」或是「pa0_data_ex.csv」）、以及本書所提供的程式檔「pa0_code.R」，這兩個檔案複製到R_data資料夾內（本書之相關資料下載方式，詳見書之封底處）。

7. 請務必依本書單元34-3的指示，以「按右鍵，然後點選【以系統管理員身分執行】」的方式執行R。

8. 進入R之後，依單元34-4操作，將R的工作徑路設定到R_data資料夾。

9. 接下來：(1)點擊R介面左上角【檔案】。(2)點擊【開啟命令稿】。(3)開啟pa0_code.R。如果你找不到pa0_code.R，可能是上述步驟的4、6或8出了問題。

37-3 統計操作──程式碼

以下是以本書所附pa0_data_ex.csv來說明徑路分析的操作。在這例子中，我們有四個構念，它們的關係如圖37-1。

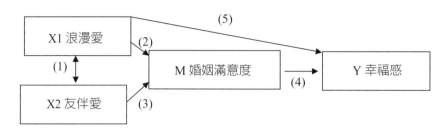

圖37-1

X1和X2之間有關聯（箭頭(1)），而它們都透過M去影響Y（箭頭(2)、(3)、(4)），其中X1還直接影響Y（箭頭(5)）。

每個構念可能都用了多個題目去測量，在執行徑路分析時，請你先用SPSS或其他軟體（如Excel）將每個構念在各題的得分加成總分。以上面的架構為例，在你的資料中，每個受試者都應該有浪漫愛的總分、友伴愛的總分、婚姻滿意度的總分、幸福感的總分，這四個分數。請你看看本書範例的pa0_data_ex.csv，應該可以理解我們在說什麼。如何用SPSS做加總，可參考本書的前作《傻瓜也會跑統計I》的單元1-7。

以下分析中，X1是浪漫愛加總後的變項名稱、X2是友伴愛、M是婚姻滿意度、Y是幸福感。

1. 程式指令如〔程式碼37-1〕。請注意標示「*****需注意處*****」和「*****需修改處*****」底下的程式碼，那是你必須根據你的資料現況修改的地方。

 程式碼37-1

```
#本程式碼之使用請參考《傻瓜也會跑統計II》單元37

#每次執行本程式前，都請先按Ctrl+L，清空R console視窗，再執行程式
#要先用SPSS或Excel加出各構念之總分。

#***** 需注意處 *****
#說明：讀檔
dta <- read.csv(file='pa0_data.csv', header=T, fileEncoding = 'UTF-8-BOM')

#說明：呼叫徑路分析所需套件lavaan
library(lavaan)
```

```
#***** 需修改處 *****
#說明：設定構念之間的關係。

model<-
'X1~~X2
M~X1+X2
Y~X1+M'

#說明：執行徑路分析並將結果指定給一個叫作result的物件
result <- sem(model, data=dta, std.ov=T, std.lv=T)

#說明：輸出結果
summary(result, fit.measure=T)

#呈現修模型所需指標
modindices(result)

#說明：呼叫畫圖所需套件semPlot
library(semPlot)

#說明：畫徑路分析圖
#執行後到資料所在的資料夾，就能找到圖，檔名是pa_plot.png
png('pa_plot.png',width=1920,height=1080)
semPaths(result, whatLabels='std',residual=F,
fixedStyle=c('black',lty=1),
freeStyle=c('black',lty=1),
rotation=2,
edge.label.position=.4)
dev.off()
```

2. 需注意處（請對照〔程式碼37-1〕中的「*****需注意處*****」）

(1) 請確定你有完成單元37-2「前置作業」中的所有事項。

(2) 每次執行程式前，請先按Ctrl+L，清空R console視窗，否則每次統計結果會一直「累積」在R console視窗上，最後你會分不清哪些資料是你需要的統計結果。

(3) 若你是使用自己的資料檔進行分析，且已將它命名為「pa0_data.csv」，則請跳過本點，直接讀下一點。若你是使用本書提供的範例檔做練習，請將「*****需注意處*****」下方指令中的檔名「pa0_data.csv」更改為「pa0_data_ex.csv」。

3. 需修改處（請對照〔程式碼37-1〕中的「*****需修改處*****」）

(1) 「model <- 」是產生一個物件，然後將徑路分析模型指定給這個物件。此處不必修改。

(2) 接下來開始設定構念之間的關係。這邊你必須知道R的幾個符號的用法：

∼∼ 表示相關（沒有方向性）。如X2∼∼X1，表示X1和X2之間有相關。

∼ 表示因果，「∼ 之後的變項」影響「∼之前的變項」。如Y∼M，表示M影響Y。

+ 用來簡述多個變項的效果。如M∼X1+X2，表示X1和X2各自影響M（都有一個箭頭指向M）。

因此整個程式語法的意義如下：

X1∼∼X2〔這是描述圖37-1(1)的箭頭〕

M∼X1+X2〔這是描述圖37-1(2)(3)的箭頭〕

Y∼X1+M〔這是描述圖37-1(4)(5)的箭頭〕

你可以根據自己研究架構中的變項關係，以類似方式去修改程式碼。注意，每一個以「∼∼」或「∼」連接的構念間關係須各自寫成一行，例如：上面的程式碼就寫成了三行。我們建議你先在紙上，根據研究架構畫好變項間的關係圖（如圖37-1），然後依照上述語法，寫出變項間關係。

(3) **特別注意R會把大小寫視為不同，所以資料檔中的變項名稱大小寫，一定要和程式碼中的大小寫一致（如X1不可以寫成x1）。**

(4) 構念名稱（X1、X2、M、Y）可以用中文名稱；但不要超過兩個中文字。

(5) 需注意，在「*****需修改處*****」的「model <- 」下面第一行之首，第三行之末，各自有一個英式括弧（' '）不可刪去。且這英式括弧一定要在R編輯器下寫，從別的地方寫好程式碼再貼過去，有時R會無法辨識。

4. 執行程式

先用滑鼠選取寫好的程式（也可用Ctrl+A全選），然後按右鍵，點擊【執行程式列或選擇項】就會執行程式，依每個人的電腦不同，可能需要一些時間，要一直到訊息視窗出現「>」符號才表示程式執行完了。然後會在R Console視窗看到執行結果。關於統計結果的存檔，請參考單元34-7之說明。

37-4　報表解讀

統計報表請參考圖37-2。在解讀統計結果時，本書所有報表中的①、②、③……符號，都和說明文字中的①、②、③……是可以直接對應的。

1. **模型適配的評估**（請對照圖37-2）

這部分主要是去評估，統計結果是否支持你本來預期的構念關係。

①卡方值：其中Model Fit Test Statistic為卡方值，Degree of freedom為自由度，P-value（Chi-square）為卡方之顯著性機率值。特別注意，當顯著性機率值呈現.000時，論文中不可以寫p = .000，而是要寫p < .001。徑路分析通常會報告卡方值，不過最主要是看以下的幾個檢定值，來決定理論模型是否適切。

②④⑤**適合度指標**（請注意，這裡的編號跳過了③，③在別的地方才會用到）：徑路分析主要依賴幾個重要的適合度指標（goodness of fit）來判斷你的資料和理論模型是否一致。圖37-2中的：②CFI和TLI（後者又稱之為NNFI）、④RMSEA、⑤SRMR是比較重要的指標。適合度指標要達到多少才顯示模型可以接受？標準眾說紛紜，比較常用的標準是，CFI和TLI高於.95、RMSEA低於.08而SRMR低於.06表示模型可以接受（Hu & Bentler, 1999）。[注1]有些研究者採用較前者寬鬆的標準，例如：以TLI高於.90為標準（Bentler & Bonett, 1980），[注2]以CFI高於.90為標準（Bentler, 1990），[注3]或是將RMSEA < .05視為配適不錯，.05 ≦ RMSEA < .08視為配適合理，.08 ≦ RMSEA < .10視為配適尚可（Browne & Cudeck, 1993）。[注4]基本上使用本書上面建議的四個指標及標準，應該可以符合多數情境。適合度指標非常多，應該選取哪一些，標準又應該是多少，此一議題曾經紅極一時，如果對這段歷史感興趣，走過路過不要錯過，請看「★你不想知道的統計知識(35-2)★」。而有時各個指標的表現未必一樣好，可能出現某個指標通過標準、另一指標未

注1　Hu, L. T., & Bentler, P. M. (1999). Cutoff criteria for fit indexes in covariance structure analysis: Conventional criteria versus new alternatives. *Structural Equation Modeling, 6*, 1-55.

注2　Bentler, P. M., & Bonett, D. G. (1980). Significance tests and goodness of fit in the analysis of covariance structures. *Psychological Bulletin, 88*, 588-606.

注3　Bentler, P. M. (1990). Comparative fit indexes in structural models. *Psychological Bulletin, 107*(2), 238-246.

注4　Browne, M. W., & Cudeck, R. (1993). Alternative ways of assessing model fit. In K. A. Bollen & J. S. Long (Eds.), *Testing structural equation models* (pp. 136-162). Beverly Hills, CA: Sage.

通過標準的情況，此時請參考「★你不想知道的統計知識(35-3)★」。

2. **構念間關係評估**（請對照圖37-2）

⑥標準化徑路係數（path coefficient）估計值、標準誤與z值。標準化徑路係數是某一構念對另一構念的影響強度，例如：「浪漫愛」會影響「婚姻滿意度」嗎？可以想成是迴歸分析時的標準化迴歸係數。其中Estimate是標準化徑路係數估計值，Std.Err是標準誤、z-value是檢定值、P（>|z|）是顯著與否的機率值（就是一般檢定的p值），$p < .05$表示某一構念對另一構念的影響是顯著的，若$p >= .05$則表示某構念對另一構念的影響並不顯著。以圖37-2⑥的第一行為例，X1這個構念對M的徑路係數是.510，$z = 24.74$，$p < .05$，這表示X1對M的影響顯著。如果你的模型包含了變項間的相關，也就是你的程式碼曾經使用「~~」，則⑥會多出一區「Covariances」，裡面的數值表示兩個變項之間的相關，其顯著與否判斷方式同上。

3. **模型修改**（請對照圖37-2）

⑦呈現的是模型修改所需的資訊，若你需要修改模型，請參考「★你不想知道的統計知識(36-2)★」。

4. **模型之比較**

如果你需要進行多個徑路分析模型之比較，則：(i)請用本書所附程式「pa0_code.R」執行徑路分析，每個模型執行一次。（ii）每次執行完後，要記得依單元34-7之說明，將徑路分析結果存檔，每個模型各自一個結果檔。有很多方法可以決定哪個模型較佳，在一般情境下，我們建議參考「圖37-2」③AIC那個數據，AIC較小的模型，是比較好的模型。

除了AIC之外，也可以對模型進行差異檢定。如果你要進行模型之間的差異檢定（通常是所謂卡方差異檢定，$\triangle\chi^2$檢定），請使用本書所附Excel「37-2_卡方差異檢定.xls」（本書之相關資料下載方式，詳見書之封底處），其詳細說明請參考「★你不想知道的統計知識(35-5)★」。

在以AIC或卡方差異檢定進行模型比較時，須特別注意：(1)必須是分析同一筆資料，才能進行模型比較；不同筆資料之間，不能用AIC或卡方差異檢定進行比較。(2)只有當不同模型的變項完全相同時，才可以進行比較。例如：模型一總共有五個變項，而模型二你拿掉了一個變項，所以只剩四個變項了，或是你加入了一個變項，變成六個變項了；此時模型一和模型二是不能用AIC或卡方差異檢定進行模型比較的。

～～～～～～～～～（前略）～～～～～～～～～

Number of observations   2375

Estimator   ML
Model Fit Test Statistic   9.773
Degrees of freedom   1
P-value (Chi-square)   0.002

①

Model test baseline Model:

Minimum Function Test Statistic   3097.706
Degrees of freedom   6
P-value   0.000

②

User Model versus Baseline Model:

Comparative Fit Index (CFI)   0.997
Tucker-Lewis Index (TLI)   0.983

Loglikelihood and Information Criteria:

Loglikelihood user model (H0)   -11933.949
Loglikelihood unrestricted model (H1)   -11929.063

③

Number of free parameters   9
Akaike (AIC)   23885.898
Bayesian (BIC)   23937.853
Sample-size adjusted Bayesian (BIC)   23909.258

④

Root Mean Square Error of Approximation:

RMSEA   0.061
90 Percent confidence interval   0.030   0.098
P-value RMSEA <= 0.05   0.245

⑤

Standardized Root Mean Square Residual:

SRMR   0.013

～～～～～～～～～（中間略）～～～～～～～～～

圖37-2

Regressions:

	Estimate	Std.Err	z-value	P(>|z|)
M ~				
X1	0.510	0.021	24.744	0.000
X2	0.136	0.021	6.617	0.000
Y ~				
X1	0.168	0.021	8.009	0.000
M	0.455	0.021	21.747	0.000

⑥

Covariances:

	Estimate	Std.Err	z-value	P(>|z|)
X1 ~~				
X2	0.605	0.024	25.246	0.000

～～～～～～～～～（中間略）～～～～～～～～～

```
> #呈現修模型所需指標
> modindices(result)
   lhs op rhs    mi   epc sepc.lv sepc.all sepc.nox
10   M ~~  Y 9.753 -0.312  -0.312   -0.476    -0.476
13   Y ~~ X1 9.753 -0.070  -0.070   -0.085    -0.085
14   Y ~~ X2 9.753  0.042   0.042    0.051     0.051
15   M  ~  Y 9.753 -0.463  -0.463   -0.463    -0.463
16   Y  ~ X2 9.753  0.067   0.067    0.067     0.067
18  X1  ~  Y 9.753 -0.103  -0.103   -0.103    -0.103
21  X2  ~  Y 9.753  0.063   0.063    0.063     0.063
```

⑦

～～～～～～～～～（以下略）～～～～～～～～～

圖37-2（續）

37-5 徑路分析──表格呈現

我們建議在論文中以表格呈現徑路分析的結果。在一般狀況下，你需要呈現「徑路係數摘要表」（用來說明構念間關係）。而如果你有做模型間比較，則會再多一個「模型間比較摘要表」。分別說明如下。

1. 徑路係數摘要表

這個表格是用來描述構念之間的關係。請對照圖37-2⑥，將數據填入表格範例37-1。其中表格中的「徑路」那一欄，請對照圖37-2⑥最左邊的符號去

填，如「Y~X1」在表格中寫成「X1→Y」，以此類推（你應該填上你的構念名稱，不要用X1、Y這類符號）。而表格中的「係數」、「標準誤」、「z」、「p」分別對應圖37-2⑥的Estimate、Std.Err、z-value、P（>|z|）的數值。特別注意，當p值呈現0時，表格中要呈現「<.001」，不可以呈現「.000」（本書有提供各種表格範例之電子檔，下載方式，請見書的封底）。

此外，如果在你的模型中，沒有中介效果（關於中介效果，請參考「★你不想知道的統計知識(36-3)★」），那麼請跳過以下說明。如果模型有中介效果，那麼你的表格要增加下半部，如表格範例37-1中的「X1→M→Y」那些部分。你要把所有的中介效果列出來，然後利用本書所附的Excel檔「37-3_徑路分析_Sobel test.xls」，進行檢定，並將數值填進表格下半部；在工作表中的橘色部分即是分析結果，請將那些數據填入表格範例41-1即可；以此類推。

除非你的模型和本書範例完全一樣，否則你必須依自己的模型去對本書所附表格做一些修改。例如：如果你的模型包含X2對Y的直接效果，則表格範例37-1還會多一行「X2→Y」的數值。以此類推。

✎ **表格範例37-1**

徑路分析標準化徑路係數摘要表

徑路	係數	標準誤	z	p
X1→M	.510	0.021	24.74	<.001
X2→M	.136	0.021	6.61	<.001
X1→Y	.168	0.021	8.00	<.001
M→Y	.455	0.021	21.74	<.001
X1→M→Y[a]	.232	0.013	17.98	<.001
X2→M→Y	.062	0.010	6.29	<.001

注：a中介效果利用Sobel test檢定。

---

2. **徑路分析模型比較的表格**

如果你沒有進行多個模型比較，可以跳過此小節。若有進行多個模型的比較，則我們建議：(1)前面的「徑路係數摘要表」，可以只呈現你最主要的那

個模型即可，未必要每個模型都呈現。(2)但是要另外呈現「表格範例37-2模型比較摘要表」（各種表格範例之電子檔下載方式，請見書的封底）。

前面提過，當進行多個模型比較時：(1)先用本書所附程式「pa0_code.R」執行徑路分析，每個模型執行一次。(2)每次執行完後，要記得依單元34-7之說明，將分析結果存檔，每個模型各自一個結果檔。接下來要呈現這些不同模型的比較摘要表。請依照表格範例37-2，對照圖37-2填入相關數據，其中卡方值、自由度與p值對應圖37-2的①數字，CFI、NNFI、RMSEA與SRMR分別對應圖37-2的②④⑤數字，其中TLI就是NNFI。AIC則對應圖37-2的③數字。請注意，(1)雖然我們在表格範例37-2模型那一欄，只寫了模型1、模型2，不過你可以加上一些關於模型的簡單描述，例如：「模型1：完全中介模型」、「模型2：部分中介模型」等等。(2)表中卡方值那一欄有些數據標示了星號，如果你有做卡方差異檢定（見單元37-4「(4)模型之比較」）才需要根據檢定結果做星號的標示（*p < .05, **p < .01, ***p < .001），如果你沒有做卡方差異檢定，則表中不要標示星號。而在進行卡方差異檢定時，通常是一個主要模型和其他模型相比。所以表格範例37-2中的每個星號，指的都是模型1和其他模型的卡方差異檢定結果。你應該根據自己的差異檢定的配對組合方式，對那個表格做調整。

表格範例37-2

模型比較摘要表

模型	卡方值	*df*	*p*	CFI	NNFI	RMSEA	SRMR	AIC
模型1	9.77	1	< .002	.997	.983	.061	.013	23885.89
模型2	73.05***	2	< .001	.977	.931	.122	.046	23947.18
模型3	53.16***	2	< .001	.983	.950	.104	.037	23927.29

注：表中星號為模型1與其他模型之卡方差異檢定結果*p < .05, **p < .01, ***p < .001。

37-6 以圖呈現徑路分析的結果

將徑路分析以適當的圖呈現，有助於讀者快速掌握統計模型與結果，而且也會

讓論文看起來很厲害。在執行本書所提供的程式碼後，請你到資料所在的資料夾，應該會看到新增了一個叫作「pa0_plot.png」的圖檔，沒錯，在不知不覺中，我們已經幫你把圖畫好了。如果你覺得這圖堪用，則可以直接貼在論文中（圖中用了X1, X2等代號，你應該要換成真正的變項名稱，不宜以這些代號直接呈現）。但我們建議你用Word或相關文書軟體，自行繪製較為美觀的圖，尤其如果你論文寫得很心虛（誤），一張漂亮的圖很能增加論文的表面效度。以本單元為例，以文書軟體繪製的圖如圖37-3；圖中的數值請參考圖37-2⑥的「Estimate」欄位填入即可。請對照「pa0_plot.png」和圖37-2⑥，應該可以明白如何畫圖。

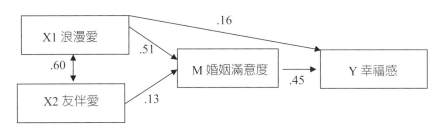

圖37-3　徑路分析圖

37-7　書寫範例

在論文中，徑路分析的結果可能會需要書寫以下內容：

(0)徑路分析的概述。

　　(0-1)模型比較（有做模型比較才要寫）。

　　(0-2)模型適合度摘要。

(1)徑路係數。

(2)中介效果（有中介效果才要寫）。

書寫時，請務必注意以下事項：

1. 在書寫時的順序「依序」是(0), (1), (2)。也就是依上面所條列的內容，由上而下的順序書寫。

2. 請特別注意，你並不需要每一個項目都寫，例如：你沒有做模型比較，(0-1)就可以不用寫。

3. 書寫範例中的X1, X2, M, Y，請依據你的研究內容，填入適切的變項名稱。

以下書寫範例中，標楷體的部分是論文中應該要書寫的內容，【】內是對書寫方式的說明。而書寫範例中的①、②、③……符號，都和統計報表圖中的①、②、③……是可以直接對應的。

(0-1)【模型比較】（有做模型比較才要寫）

　　設定三個模型，分別為M中介X1、X2二個變項和Y之關係且X1有直接效果（Model 1）、M中介X1、X2二個變項和Y之關係且X1無直接效果（Model2）、……【請依你要比較的模型有幾個、模型內容是什麼去寫】，各自進行徑路分析，模型比較摘要如表XXX【呈現表格範例37-2的模型比較摘要表】。由表中AIC可見，Model 1是適配最佳的模型【若你有做卡方差異檢定，其書寫請見「★你不想知道的統計知識(35-5)★」】。

(0-2)【模型適合度摘要】（一定要寫）

　　對本研究所關注的理論模型進行徑路分析，結果如表XXX【呈現表格範例37-1】。徑路圖如圖XXX【可自行決定是否附上如圖37-3的徑路圖】。分析結果顯示模型具相當不錯的適合度【或是適合度不佳；關於適合度之標準，請參考單元37-4「(1)模型適配的評估」那一小節】，$\chi^2 (1) = 9.77$, $p < .001$【填注圖37-2①的數字，其中χ^2( )括弧內是填自由度】, CFI = .997, NNFI = .983, RMSEA = .061, SRMR = .013【填注圖37-2②④⑤的數字，其中TLI就是NNFI】；此結果顯示觀察資料與理論模型具有相當不錯的適配性【或適配性不佳】。

---

(1)【徑路係數】（一定要寫）

　　由徑路係數摘要可見，X1對M的標準化徑路係數為.510（p < .001）【填注圖37-2⑥的Estimate和P（> |z|）】，顯示X1對M有顯著影響【或沒有顯著影響】……【依此格式描述你所感興趣的徑路係數】。

---

(2)【中介效果】（有做中介效果才要寫）

　　本研究關心X1透過M繼而影響Y，由徑路係數摘要表可見，此中介效果的標準化效果量為.232（p<.001）【填注Excel檔「37-3_徑路分析_Sobel test.xls」中橘框內的「係數」和「p」欄位的數值】。【如果還有其他中介效果，則依前述格式，繼續往下寫】。

Unit **38**

徑路分析
（二因子交互作用）

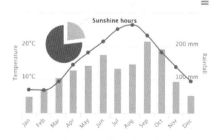

※請參考本書封底之說明，下載本單元中所使用的統計範例檔及工具檔。

　　本單元可使用本書所附程式檔pa1_code.R和資料檔pa1_data_ex.csv練習（相關資料下載方式，詳見書之封底處）。在使用本單元之前，請參照以下表格，確定你的情境是符合本單元所述的。也就是你的研究架構中至少有一個調節變項、有二因子交互作用但並沒三因子交互作用，此外也沒有中介效果。否則，請從下表中找尋你該去的單元。

使用單元	有無中介效果	有幾個調節變項	有無二因子交互作用	有無三因子交互作用
37	X	0	X	X
37	O	0	X	X
38	X	>=1	O	X
39	X	>=1	X	O
39	X	>=1	O	O
40	O	1	O	X
41	O	2	O	X
42	O	2	X	O
42	O	2	O	O

注：O表示有、X表示無。

38-1　簡介

使用時機	徑路分析（path analysis），是在不考慮測量誤差的情況下，去檢驗多個觀察變項（observed variables）之間的關係是否與觀察資料一致。本單元是介紹有二因子交互作用效果時的徑路分析。
例子	例如：你有一個研究架構如下：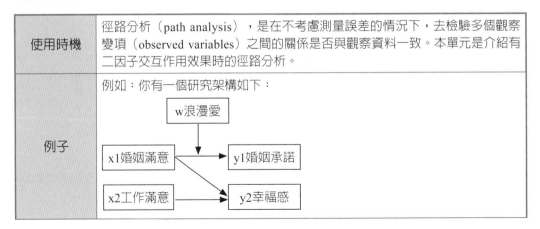

	於是你施測這五個變項的問卷，並算出每位受試者在這五個變項的總分，然後用徑路分析去檢驗這五個變項之間的關係是否真的如你所想（也就是去檢驗理論模型與觀察資料是否一致）。其中「浪漫愛」是一個調節變項，在這架構中會有「婚姻滿意×浪漫愛」對婚姻承諾的二因子交互作用。
徑路分析所需樣本數	關於如何決定徑路分析所需樣本數，請參考「★你不想知道的統計知識(35-1)★」。
其他	若想對徑路分析有進一步的理解，以及它和結構方程模型有何不同？請參考「★你不想知道的統計知識(36-1)★」。

38-2 統計操作──前置作業

1. 請確定你的R版本是3.6.0以上版本。

2. 請確定你已經閱讀本書的單元34，對R的基礎操作有所理解。

3. 請確定你已經依照單元34-9操作，安裝好所有套件。

4. 請在電腦C碟或D碟產生一個叫作「R_data」的資料夾（可自行命名，但我們建議你用這個名字，以下提及工作資料夾時，都會使用這名字）。

5. 請依本書單元34-8的指示，將你的資料轉換為csv檔並命名為「pa1_data」，且變項的名稱均為英文。若你是使用本書的範例檔做練習，則資料檔名為「pa1_data_ex.csv」，無須變更。

6. 請將上面所說的資料檔（「pa1_data.csv」或是「pa1_data_ex.csv」）、以及本書所提供的程式檔「pa1_code.R」，這兩個檔案複製到R_data資料夾內（本書之相關資料下載方式，詳見書之封底處）。

7. 請務必依本書單元34-3的指示，以「按右鍵，然後點選【以系統管理員身分執行】」的方式執行R。

8. 進入R之後，依單元34-4操作，將R的工作徑路設定到R_data資料夾。

9. 接下來：(1)點擊R介面左上角【檔案】。(2)點擊【開啓命令稿】。(3)開啓pa1_code.R。如果你找不到pa1_code.R，可能是上述步驟的4、6或8出了問題。

38-3 統計操作──程式碼

以下是以本書所附pa1_data_ex.csv來說明徑路分析的操作。在這例子中，我們有五個構念，它們的關係如圖38-1。

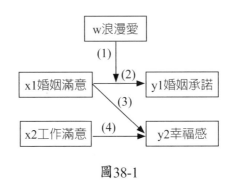

圖38-1

x1影響y1和y2（箭頭(2)(3)）、x2影響y2（箭頭(4)），而w調節了x1和y1的關係（箭頭(1)，即二因子交互作用效果）。

每個構念可能都用了多個題目去測量，在執行徑路分析時，請你先用SPSS或其他軟體（如Excel）將每個構念在各題的得分加成總分。以上面的架構爲例，在你的資料中，每個受試者都應該有x1婚姻滿意度的總分、x2工作滿意的總分、w浪漫愛的總分、y1婚姻承諾的總分、y2幸福感的總分，這五個分數。請你看看本書範例的pa1_data_ex.csv，應該可以理解我們在說什麼。如何用SPSS做加總，可參考本書的前作《傻瓜也會跑統計I》的單元1-7。

1. 程式指令如〔程式碼38-1〕。請注意標示「*****需注意處*****」和「*****需修改處*****」底下的程式碼，那是你必須根據你的資料現況修改的地方。

程式碼38-1

```
#本程式碼之使用請參考《傻瓜也會跑統計II》單元38

#每次執行本程式前，都請先按Ctrl+L，清空R console視窗，再執行程式

#***** 需注意處 *****
#說明：讀檔
dta <- read.csv(file='pa1_data.csv', header=T, fileEncoding = 'UTF-8-BOM')
```

```
dta1 <- dta

#說明：將變項標準化
nums <- unlist(lapply(dta, is.numeric))
dta[,nums] <- apply(dta[ , nums],2,scale)

#說明：呼叫徑路分析所需套件lavaan
library(lavaan)

#***** 需修改處1 *****
dta$x1w <- dta$x1*dta$w

#***** 需修改處2 *****
#說明：設定構念之間的關係

model<-
'y1~x1+w+x1w
 y2~x1+x2'

#說明：執行徑路分析並將結果指定給一個叫作result的物件
result <- sem(model, data=dta)

#說明：輸出結果
summary(result, fit.measure=T)

#呈現修模型所需指標
modindices(result)

#說明：呼叫畫圖所需套件semPlot
library(semPlot)

#說明：畫徑路分析圖
#執行後到資料所在的資料夾，就能找到圖，檔名是pa1_plot.png
png('pa1_plot.png',width=1920,height=1080)
semPaths(result, whatLabels='est',residual=F,
fixedStyle=c('black',lty=1),
freeStyle=c('black',lty=1),
rotation=2,
edge.label.position=.4)
dev.off()

#輸出畫交互作用圖所需數值
estcov <- result@vcov$vcov
```

143

```
npar <- result@Fit@npar
nvar <- dim(dta1)[2]
outdata <- matrix("",max(nvar,npar),npar+4)
outdata[1:nvar,1] <- names(dta1)
outdata[1:nvar,2] <- apply(dta1,2,mean)
outdata[1:nvar,3] <- apply(dta1,2,sd)
outdata[1:npar,5:(npar+4)] <- estcov
outdata[1:npar,4] <- colnames(outdata)[5:(npar+4)]<- names(coef(result))
colnames(outdata)[1:4] <- c('var','mean','sd','par')
write.csv(outdata, file="pa1_table.csv",row.names=F)
```

2. 需注意處（請對照〔程式碼38-1〕中的「*****需注意處*****」）

(1) 請確定你已完成單元38-2「前置作業」中的所有事項。

(2) 每次執行程式前，請先按Ctrl+L，清空R console視窗，否則每次統計結果會一直「累積」在R console視窗上，最後你會分不清哪些資料是你需要的統計結果。

(3) 若你是使用自己的資料檔進行分析，且已將它命名為「pa1_data.csv」，則請跳過本點，直接讀下一點。若你是使用本書提供的範例檔做練習，請將「*****需注意處*****」下方指令中的檔名「pa1_data.csv」更改為「pa1_data_ex.csv」。

3. 需修改處1（請對照〔程式碼38-1〕中的「*****需修改處1*****」）
這邊是為了產生交互作用項。在本範例中，我們是在意x1和w的交互作用，所以語法是「dta$x1w <- dta$x1*dta$w」，只要將語法中底線處改成你在意的變項，就可以組成你所需的交互作用項。例如：若你在意x2和w的交互作用，則將語法改為「dta$x2w <- dta$x2*dta$w」；以此類推。

4. 需修改處2（請對照〔程式碼38-1〕中的「*****需修改處2*****」）

(1) 「model <- 」是產生一個物件，然後將分析模型指定給這個物件。此處不必修改。

(2) 接下來開始設定構念之間的關係。這邊你必須知道R的幾個符號的用法：
~~ 表示相關（沒有方向性）。如A~~B，表示A和B之間有相關，如果你的模型有這種變項關係，可以自行加上（在本範例中沒有）。
~ 表示因果，「~之後的變項」影響「~之前的變項」。如y1~x1，表示x1影響y1。

＋用來簡述多個變項的效果。如y1~x1+w+x1w，表示x1, w, x1w都會影響
y1。

這邊要特別說明，當我們說某兩個自變項x1、w對另一變項y1有交互作
用效果時，通常暗示著裡面包含以下效果：(1)主效果，即x1, w各自的效
果、(2)二因子交互作用，即x1w組合起來的效果。雖然不必然如此，但這
是最常見的模型，所以本書的程式碼也是這樣寫的：「y1~x1+w+x1w」
（包含了x1主效果、w主效果和x1w交互作用，三個效果）。而此處
語法中的x1w之所以可以代表交互作用項，是由於我們前面在「*****
需修改處1 *****」中曾寫過語法，讓x1w= x1*w（就是「dta$x1w <-
dta$x1*dta$w」那行指令，以此類推）。

所以對照圖38-1，整段程式碼的意義會是：

'y1~x1+w+x1w 〔這在描述圖38-1(1)、(2)及它們組合起來的效果〕

y2~x1+x2' 〔這在描述圖38-1(3)(4)的箭頭〕

你可以根據自己的模型去做修改。例如：如果你認為x2也會影響y1，則
第一行語法可以改成「y1~x1+w+x1w+x2」，以此類推。注意，每一個以
「~~」或「~」連接的構念間關係須各自寫成一行，例如：上面的程式碼
就寫成了兩行。我們建議你先在紙上，根據研究架構畫好變項間的關係
圖（如圖38-1），然後依照上述語法，寫出變項間關係。

(3) 構念名稱（x1、x2、w、y1、y2）可以用中文名稱；但不要超過兩個中文
字。**特別注意R會把大小寫視為不同，所以資料檔中的變項名稱大小寫，
一定要和程式碼中的大小寫一致（如x1不可以寫成X1）。**

(4) 需注意，在「*****需修改處2*****」的「model <- 」下面第一行之首，
第二行之末，各自有一個英式括弧（' '）不可刪去。且這英式括弧一定
要在R編輯器下寫，從別的地方寫好程式碼再貼過去，有時R會無法辨
識。

5. **執行程式**

先用滑鼠選取寫好的程式（也可用Ctrl+A全選），然後按右鍵，點擊【執行
程式列或選擇項】就會執行程式，依每個人的電腦不同，可能需要一些時
間，要一直到訊息視窗出現「>」符號才表示程式執行完了。然後會在R Con-
sole視窗看到執行結果。關於統計結果的存檔，請參考單元34-7之說明。

38-4 報表解讀

統計報表請參考圖38-2。在解讀統計結果時，本書所有報表中的①、②、③……符號，都和說明文字中的①、②、③……是可以直接對應的。

1. **模型適配的評估**（請對照圖38-2）

這部分主要是去評估，你所蒐集到的資料的統計結果，是否支持你本來預期的構念關係。

①**卡方值**：其中Model Fit Test Statistic為卡方值，Degree of freedom為自由度，P-value (Chi-square)為卡方之顯著性機率值。特別注意，當顯著性機率值呈現.000時，論文中不可以寫p = .000，而是要寫p < .001。徑路分析通常會報告卡方值，不過最主要是看以下的幾個檢定值，來決定理論模型是否適切。

②④⑤**適合度指標**（請注意，這裡的編號跳過了③，③在別的地方才會用到）：徑路分析主要依賴幾個重要的適合度指標（goodness of fit）來判斷你的資料和理論模型是否一致。圖38-2中的：②CFI和TLI（後者又稱之為NNFI）、④RMSEA、⑤SRMR是比較重要的指標。適合度指標要達到多少才顯示模型可以接受？標準眾說紛紜，比較常用的標準是，CFI和TLI高於.95、RMSEA低於.08而SRMR低於.06表示模型可以接受（Hu & Bentler, 1999）。[注1]有些研究者採用較前者寬鬆的標準，例如：以TLI高於.90為標準（Bentler & Bonett, 1980），[注2]以CFI高於.90為標準（Bentler, 1990），[注3]或是將RMSEA < .05視為配適不錯，.05 ≦ RMSEA < .08視為配適合理，.08 ≦ RMSEA < .10視為配適尚可（Browne & Cudeck, 1993）。[注4]基本上使用本書上面建議的四個指標及標準，應該可以符合多數情境。適合度指標非常多，應該選取哪一些，標準又應該是多少，此一議題曾經紅極一時，如果對這段歷史感興趣，走過路過不要錯過，請看「★你不想知道的統計知識(35-2)★」。而有時各個指標的表現未必一樣好，可能出現某個指標通過標準、另一指標未

注1　Hu, L. T., & Bentler, P. M. (1999). Cutoff criteria for fit indexes in covariance structure analysis: Conventional criteria versus new alternatives. *Structural Equation Modeling, 6*, 1-55.

注2　Bentler, P. M., & Bonett, D. G. (1980). Significance tests and goodness of fit in the analysis of covariance structures. *Psychological Bulletin, 88*, 588-606.

注3　Bentler, P. M. (1990). Comparative fit indexes in structural models. *Psychological Bulletin, 107*(2), 238-246.

注4　Browne, M. W., & Cudeck, R. (1993). Alternative ways of assessing model fit. In K. A. Bollen & J. S. Long (Eds.), *Testing structural equation models* (pp. 136-162). Beverly Hills, CA: Sage.

通過標準的情況，此時請參考「★你不想知道的統計知識(35-3)★」。

2. **構念間關係評估**（請對照圖38-2）

⑥**標準化徑路係數**（path coefficient）估計值、標準誤與z值。標準化徑路係數是某一構念對另一構念的影響強度，例如：「x1婚姻滿意」會影響「y1婚姻承諾」嗎？可以想成是迴歸分析時的標準化迴歸係數。其中Estimate是標準化徑路係數估計值，Std.Err是標準誤、z-value是檢定值、P（>|z|）是顯著與否的機率值（就是一般檢定的p值），p < .05表示某一構念對另一構念的影響是顯著的，若p >= .05則表示某構念對另一構念的影響並不顯著。圖38-2⑥的第一行爲例，x1這個構念對y1的徑路係數是.399，z =13.776，p < .001，這表示x1對y1的影響顯著。如果你的模型包含了變項間的相關，也就是你修改我們的程式碼時曾經使用「~~」（在本範例中沒有），則⑥會多出一區「Covariances」，裡面的數值表示兩個變項之間的相關，其顯著與否判斷方式同上。

3. **模型修改**（請對照圖38-2）

⑦呈現的是模型修改所需的資訊，若你需要修改模型，請參考「★你不想知道的統計知識(36-2)★」。

4. **模型之比較**

如果你需要進行多個徑路分析模型之比較，則：(1)請用本書所附程式「pa1_code.R」執行徑路分析，每個模型執行一次。(2)每次執行完後要記得依單元34-7之說明，將徑路分析結果存檔，每個模型各自一個結果檔。有很多方法可以決定哪個模型較佳，在一般情境下，我們建議參考「圖38-2」③AIC那個數據，AIC較小的模型，是比較好的模型。

除了AIC之外，也可以對模型進行差異檢定。如果你要進行模型之間的差異檢定（通常是所謂卡方差異檢定，$\triangle \chi^2$檢定），請使用本書所附Excel「38-1_卡方差異檢定.xls」（本書之相關資料下載方式，詳見書之封底處），其詳細說明請參考「★你不想知道的統計知識(35-5)★」。

在以AIC或卡方差異檢定進行模型比較時，須特別注意：(1)必須是分析同一筆資料，才能進行模型比較；不同筆資料之間不能用AIC或卡方差異檢定進行比較。(2)只有當不同模型的變項完全相同時，才可以進行比較。例如：模型一總共有五個變項，而模型二你拿掉了一個變項，所以只剩四個變項了，或是你加入了一個變項，變成六個變項了；此時模型一和模型二是不能用AIC或卡方差異檢定進行模型比較的。

〜〜〜〜〜〜〜〜〜〜（前略）〜〜〜〜〜〜〜〜〜〜

Number of observations   1000

Estimator   ML
Model Fit Test Statistic   16.939 ⎱
Degrees of freedom   3 ⎬ ①
P-value (Chi-square)   0.001 ⎰

Model test baseline Model:

Minimum Function Test Statistic   733.366
Degrees of freedom   9
P-value   0.000   ②

User Model versus Baseline Model:

Comparative Fit Index (CFI)   0.981 ⎱
Tucker-Lewis Index (TLI)   0.942 ⎰

Loglikelihood and Information Criteria:

Loglikelihood user model (H0)   -2478.663
Loglikelihood unrestricted model (H1)   -2470.193   ③

Number of free parameters   8
Akaike (AIC)   4973.326
Bayesian (BIC)   5012.588
Sample-size adjusted Bayesian (BIC)   4987.179
                                                                             ④
Root Mean Square Error of Approximation:

RMSEA   0.068
90 Percent confidence interval   0.039   0.101
P-value RMSEA <= 0.05   0.141   ⑤

Standardized Root Mean Square Residual:

SRMR   0.024

〜〜〜〜〜〜〜〜〜〜（中間略）〜〜〜〜〜〜〜〜〜〜

圖38-2

Regressions:

	Estimate	Std.Err	z-value	P(>|z|)
y1 ~				
x1	0.399	0.029	13.776	0.000
w	0.097	0.029	3.353	0.001
x1w	0.164	0.027	6.052	0.000
y2 ~				
x1	-0.005	0.032	-0.166	0.868
x2	0.609	0.032	19.346	0.000

⑥

～～～～～～～～～（中間略）～～～～～～～～～

```
> #呈現修模型所需指標
> modindices(result)
```

⑦

	lhs	op	rhs	mi	epc	sepc.lv	sepc.all	sepc.nox
9	x1	~~	x1	0.000	0.000	0.000	0.000	0.000
10	x1	~~	w	0.000	0.000	0.000	NA	0.000
11	x1	~~	x1w	0.000	0.000	0.000	NA	0.000
12	x1	~~	x2	0.000	0.000	0.000	NA	0.000
13	w	~~	w	0.000	0.000	0.000	0.000	0.000
14	w	~~	x1w	0.000	0.000	0.000	NA	0.000
15	w	~~	x2	0.000	0.000	0.000	NA	0.000

～～～～～～～～～（以下略）～～～～～～～～～

圖38-2（續）

38-5 徑路分析──表格呈現

　　我們建議在論文中以表格呈現徑路分析的結果。在一般狀況下，你需要呈現
「徑路係數摘要表」（用來說明構念間關係）。而如果你有做模型間比較，則會再
多一個「模型間比較摘要表」。分別說明如下。

1. 徑路係數摘要表

　　這個表格是用來描述構念之間的關係。請對照圖38-2⑥，將數據填入表格
範例38-1。其中表格中的「徑路」那一欄，請對照圖38-2⑥最左邊的符號去
填，如「y1~x1」在表格中寫成「x1→y1」，以此類推。在表達上，交互作
用一般是用乘號去表達的，如「x1*w」表示x1和w的交互作用（你應該填
上你的構念名稱，不要用x1、y1這類符號）。而表格中的「係數」、「標

準誤」、「z」、「p」分別對應圖38-2⑥的Estimate、Std.Err、z-value、P（>|z|）的數值。特別注意，當p值呈現0時，表格中要呈現「<.001」，不可以呈現「.000」（本書有提供各種表格範例之電子檔，下載方式，請見書的封底）。

除非你的模型和本書範例完全一樣，否則你必須依自己的模型去對本書所附表格做一些修改。例如：如果你的模型包含x2對y1的直接效果，則表格範例38-1還會多一行「x2→y1」的數值。以此類推。

表格範例38-1

徑路分析標準化徑路係數摘要表

徑路	係數	標準誤	z	p
x1→y1	.39	0.02	13.77	<.001
w→y1	.09	0.02	3.35	.001
x1*w→y1	.16	0.02	6.05	<.001
x2→y2	-.005	0.03	-0.16	.868
x1→y2	.60	0.03	19.34	<.001

2. 徑路分析模型比較的表格

如果你沒有進行多個模型比較，可以跳過此小節。若有進行多個模型的比較，則我們建議：(1)前面的「徑路係數摘要表」，可以只呈現你最主要的那個模型即可，未必要每個模型都呈現。(2)但是要另外呈現「表格範例38-2模型比較摘要表」（各種表格範例之電子檔下載方式，請見書的封底）。

前面提過，當進行多個模型比較時：(1)先用本書所附程式「pa1_code.R」執行徑路分析，每個模型執行一次。(2)每次執行完後，要記得依單元34-7之說明，將分析結果存檔，每個模型各自一個結果檔。接下來要呈現這些不同模型的比較摘要表。請依照表格範例38-2，對照圖38-2填入相關數據，其中卡方值、自由度與p值對應圖38-2的①數字，CFI、NNFI、RMSEA與SRMR分別對應圖38-2的②④⑤數字，其中TLI就是NNFI。AIC則對應圖38-2的③數字。

請注意，(1)雖然我們在表格範例38-2模型那一欄，只寫了模型1、模型2，不過你可以加上一些關於模型的簡單描述，例如：「模型1：理論模型」、

「模型2：對立模型」等等。(2)表中卡方值那一欄有些數據標示了星號，如果你有做卡方差異檢定（見單元38-4「(4)模型之比較」）才需要根據檢定結果做星號的標示（*p < .05, **p < .01, ***p < .001），如果你沒有做卡方差異檢定，則表中不要標示星號。而在進行卡方差異檢定時，通常是一個主要模型和其他模型相比。所以表格範例38-2中的每個星號，指的都是模型1和其他模型的卡方差異檢定結果。你應該根據自己的差異檢定的配對組合方式，對那個表格做調整。

表格範例38-2

模型比較摘要表

模型	卡方值	df	p	CFI	NNFI	RMSEA	SRMR	AIC
模型1	16.93	3	< .001	.981	.942	.068	.024	4973.32
模型2	190.67***	4	< .001	.742	.420	.216	.113	5145.06
模型3	236.55***	5	< .001	.816	.449	.215	.135	16072.12

注：表中星號為模型1與其他模型之卡方差異檢定結果*p < .05, **p < .01, ***p < .001。

38-6　以圖呈現徑路分析的結果

將徑路分析以適當的圖呈現，有助於讀者快速掌握統計模型與結果，而且也會讓論文看起來很厲害。在執行本書所提供的程式碼後，請你到資料所在的資料夾，應該會看到新增了一個叫作「pa1_plot.png」的圖檔，沒錯，在不知不覺中，我們已經幫你把圖畫好了。如果你覺得這圖堪用，則可以直接貼在論文中（圖中用了x1, x2等代號，你應該要換成真正的變項名稱，不宜以這些代號直接呈現）。但我們建議你用Word或相關文書軟體，自行繪製較為美觀的圖，尤其如果你論文寫得很心虛（誤），一張漂亮的圖很能增加論文的表面效度。以本單元為例，以文書軟體繪製的圖如圖38-3；圖中的數值請參考圖38-2⑥的「Estimate」欄位填入即可。請對照「pa1_plot.png」和圖38-2⑥，應該可以明白如何畫圖。

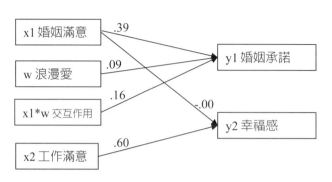

圖38-3　徑路分析圖

38-7　呈現交互作用圖及單純斜率檢定

如果你的交互作用顯著，才需要畫交互作用圖，若交互作用不顯著，不需做這一部分。請使用本書所附Excel「38-2_徑路分析（二因子）_交互作用圖與斜率檢定.xls」進行繪圖及單純斜率（simple slope）檢定（Excel下載方式，請見本書封底）。

本章範例中，由於「x1w交互作用效果」是顯著的，因此我們以「Excel 38-2」繪圖及做單純斜率檢定。使用「Excel 38-2」時，請照著說明填入數據即可。填表時，請到你的資料所在目錄，應該會發現執行R後，新產生了一個檔案「pa1_table.csv」。繪圖時，需要將pa1_table.csv的數值填入「Excel 38-2」中，其中的「參數共變數矩陣」比較複雜，說明如下：

1. 在「pa1_table.csv」右邊有一個有一堆數值的矩陣，那是「參數共變數矩陣」，若有些格子呈現「########」，那是因為格子太小的關係，無法完整呈現數據；其實裡面是有數據的，這不是錯誤訊息。

2. 請對照「Excel 38-2」中的「參數共變數矩陣」欄位，從pa1_table.csv中找到對應的數值填入。例如：找出橫軸為「y1~x1」、縱軸也為「y1~x1」，二者所交會處的數值（在本例中是0.000838958472260564）；並填入「參數共變數矩陣」中。

3. 請注意，將數據填入Excel時，數據必須完整，不可以四捨五入。請使用複製貼上功能，將pa1_table.csv的數值的完整數據複製，然後右鍵貼在「參數共變數矩陣」中。

4. 依上述原則，從pa1_table.csv中找到「參數共變數矩陣」中所需的所有數值，

填完「參數共變數矩陣」欄位中的數值即完成。

以上是以x1w對y1的交互作用項為例，如果你有別的交互作用項，如x2w對y1顯著，則應使用「Excel 38-2」再做一次，操作時，將上述的x1置換為x2，以此類推。

在本範例中，交互作用圖，如圖38-4。

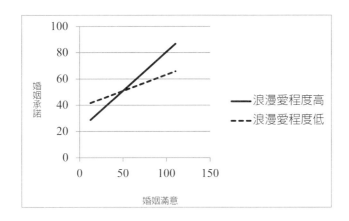

圖38-4 「婚姻滿意×浪漫愛」對婚姻承諾之二因子交互作用圖

38-8 書寫範例

在論文中，二因子交互作用徑路分析的結果，可能會需要書寫以下內容：

(0) 徑路分析的概述。

    (0-1)模型比較（有做模型比較才要寫）。

    (0-2)模型適合度摘要。

(1) 主效果。

(2) 二因子交互作用。

書寫時請務必注意以下事項：

1. 在書寫時的順序，「依序」是(0), (1), (2)。也就是依上面所條列的內容，由上而下的順序書寫。

2. 請特別注意，你並不需要每一個項目都寫，例如：你沒有做模型比較，(0-1)就可以不用寫。

3. 書寫範例中的x1, w, y1，請依據你的研究內容，填入適切的變項名稱。

以下書寫範例中，標楷體的部分是論文中應該要書寫的內容，【　】內是對書寫方式的說明。而書寫範例中的①、②、③……符號，都和統計報表圖中的①、②、③……是可以直接對應的。

(0-1)【模型比較】（有作模型比較才要寫）

> 　　設定三個模型，分別為本研究所關注的理論模型（Model 1）、理論模型但x1對y1無直接效果（Model2）、……【請依你要比較的模型有幾個、模型內容是什麼去寫】，各自進行徑路分析，模型比較摘要如表XXX【呈現表格範例38-2的模型比較摘要表】。由表中AIC可見，Model 1是適配最佳的模型【若你有做卡方差異檢定，其書寫請見「★你不想知道的統計知識(35-5)★」】。

(0-2)【模型適合度摘要】（一定要寫）

> 　　對本研究所關注的理論模型進行徑路分析，結果如表XXX【呈現表格範例38-1】。徑路圖如圖XXX【可自行決定是否附上如圖38-3的徑路圖】。分析結果顯示模型具相當不錯的適合度【或是適合度不佳：關於適合度之標準，請參考單元38-4「(1)模型適配的評估」那一小節】，$\chi^2 (3) =16.93, p < .001$【填注圖38-2①的數字，其中$\chi^2 (\ )$括弧內是填自由度】，CFI = .981, NNFI = .942, RMSEA = .068, SRMR = .024【填注圖38-2②④⑤的數字，其中TLI就是NNFI】；此結果顯示觀察資料與理論模型具有相當不錯的適配性【或適配性不佳】。

(1)【主效果】（論文關注主效果才要寫）

> 　　由徑路係數摘要可見，x1對y1的標準化徑路係數為.39（p < .001）【填注圖38-2⑥的Estimate和P（> |z|）】，顯示x1對y1有顯著影響【或沒有顯著影響】……【依此格式描述你所感興趣的主效果】。

(2)【二因子交互作用】（一定要寫）

在交互作用方面，x1和w交互作用對y1之標準化徑路係數為.16（p < .001）【填注圖38-2⑥交互作用項的Estimate和P（> |z|）】，x1和w對y1有顯著的交互作用效果【或是「沒有顯著的交互作用效果」】【若交互作用不顯著則寫到這邊結束，若交互作用顯著才要繼續往下寫】。進一步繪製交互作用圖，如圖XX【於論文中附上「Excel 38-2」繪製的圖】。單純斜率（simple slope）檢定顯示：【以下開始，先寫w高分組的狀況】對w高分組而言，x1對y1有顯著解釋力（β = .56, p < .001）。【填入「Excel 38-2」w高分組欄位中的檢定結果，並描述顯著與否】【w高分組寫到這邊結束，接下來開始寫w低分組的狀況】對w低分組而言，x1對y1解釋力有顯著解釋力（β = .23, p < .001）【填入Excel檔「Excel 38-2」w低分組欄位中的檢定結果】。由β值可見……【接下來對單純斜率的方向做說明，寫法見「★你不想知道的統計知識(38-1)★」】【若有多個交互作用效果，以同樣方式寫，直到寫完】。

Unit 39

徑路分析
（三因子交互作用）

※請參考本書封底之說明，下載本單元中所使用的統計範例檔及工具檔。

　　本單元可使用本書所附程式檔pa2_code.R和資料檔pa2_data_ex.csv練習（相關資料下載方式，詳見書之封底處）。在使用本單元之前，請參照以下表格，確定你的情境是符合本單元所述的；也就是你的研究架構中有調節變項、沒有中介變項，而且你想分析三因子交互作用。否則，請從下表中找尋你該去的單元。

使用單元	有無中介效果	有幾個調節變項	有無二因子交互作用	有無三因子交互作用
37	X	0	X	X
37	O	0	X	X
38	X	>=1	O	X
39	X	>=1	X	O
39	X	>=1	O	O
40	O	1	O	X
41	O	2	O	X
42	O	2	X	O
42	O	2	O	O

注：O表示有、X表示無。

39-1 簡介

使用時機	徑路分析（path analysis），是在不考慮測量誤差的情況下，去檢驗多個變項之間的關係是否與觀察資料一致。本單元是介紹有三因子交互作用效果時的徑路分析。
例子	例如：你有一個研究架構如下： 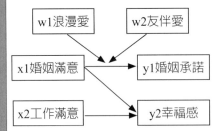 於是你施測這六個變項的問卷，並算出每位受試者在這六個變項的總分，然後用徑路分析去檢驗這六個變項之間的關係是否真的如你所想（也就是去檢驗理論模型與觀察資料是否一致）。其中「浪漫愛」、「友伴愛」是調節變項，在這架構中，會有「婚姻滿意×浪漫愛×友伴愛」的三因子交互作用。

徑路分析 所需樣本數	關於如何決定徑路分析所需樣本數，請參考「★你不想知道的統計知識(35-1)★」。
其他	若想對徑路分析有進一步的理解，以及它和結構方程模型有何不同？請參考「★你不想知道的統計知識(36-1)★」。

39-2 統計操作──前置作業

1. 請確定你的R版本是3.6.0以上版本。

2. 請確定你已經閱讀本書的單元34，對R的基礎操作有所理解。

3. 請確定你已經依照單元34-9操作，安裝好所有套件。

4. 請在電腦C碟或D碟產生一個叫作「R_data」的資料夾（可自行命名，但我們建議你用這個名字，以下提及工作資料夾時，都會使用這名字）。

5. 請依本書單元34-8的指示，將你的資料轉換為csv檔並命名為「pa2_data」，且變項的名稱均為英文。若你是使用本書的範例檔做練習，則資料檔名為「pa2_data_ex.csv」，無須變更。

6. 請將上面所說的資料檔（「pa2_data.csv」或是「pa2_data_ex.csv」）、以及本書所提供的程式檔「pa2_code.R」，這兩個檔案複製到R_data資料夾內（本書之相關資料下載方式，詳見書之封底處）。

7. 請務必依本書單元34-3的指示，以「按右鍵，然後點選【以系統管理員身分執行】」的方式執行R。

8. 進入R之後，依單元34-4操作，將R的工作徑路設定到R_data資料夾。

9. 接下來：(1)點擊R介面左上角【檔案】。(2)點擊【開啟命令稿】。(3)開啟pa2_code.R。如果你找不到pa2_code.R，可能是上述步驟的4、6或8出了問題。

39-3 統計操作──程式碼

以下是以本書所附pa2_data_ex.csv來說明徑路分析的操作。在這例子中，我們有六個構念，它們的關係如圖39-1。

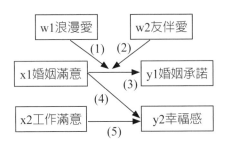

圖39-1

x1影響y1和y2（箭頭(3)(4)）、x2影響y2（箭頭(5)），而w1、w2調節了x1和y1的關係（箭頭(1)(2)）。

每個構念可能都用了多個題目去測量，在執行徑路分析時，請你先用SPSS或其他軟體（如Excel）將每個構念在各題的得分加成總分。以上面的架構為例，在你的資料中，每個受試者都應該有w1浪漫愛的總分、w2友伴愛的總分、x1婚姻滿意的總分、y1婚姻承諾的總分、x2工作滿意的總分、y2幸福感的總分，這六個分數。請你看看本書範例的pa2_data_ex.csv，應該可以理解我們在說什麼。如何用SPSS做加總，可參考本書的前作《傻瓜也會跑統計I》的單元1-7。

1. 程式指令如｛程式碼39-1｝。請注意標示「*****需注意處*****」和「*****需修改處*****」底下的程式碼，那是你必須根據你的資料現況修改的地方。

✏️ **程式碼39-1**

```
#本程式碼之使用請參考《傻瓜也會跑統計II》單元39

#每次執行本程式前，都請先按Ctrl+L，清空R console視窗，再執行程式

#***** 需注意處 *****
#說明：讀檔
dta <- read.csv(file='pa2_data.csv', header=T, fileEncoding = 'UTF-8-BOM')
dta1 <- dta

#說明：將變項標準化
nums <- unlist(lapply(dta, is.numeric))
dta[,nums] <- apply(dta[ , nums],2,scale)

#說明：呼叫徑路分析所需套件lavaan
library(lavaan)
```

```
#***** 需修改處1 *****
dta$x1w1 <- dta$x1*dta$w1
dta$x1w2 <- dta$x1*dta$w2
dta$w1w2 <- dta$w1*dta$w2
dta$x1w1w2 <- dta$x1*dta$w1*dta$w2

#***** 需修改處2 *****
#說明：設定構念之間的關係
model <-
'y1~x1+w1+w2+x1w1+x1w2+w1w2+x1w1w2
y2~x1+x2'

#說明：執行徑路分析並將結果指定給一個叫作result的物件
result <- sem(model, data=dta)

#說明：輸出結果
summary(result, fit.measure=T)

#呈現修模型所需指標
modindices(result)

#說明：呼叫畫圖所需套件semPlot
library(semPlot)

#說明：畫徑路分析圖
#執行後到資料所在的資料夾，就能找到圖，檔名是pa2_plot.png
png('pa2_plot.png',width=1920,height=1080)
semPaths(result, whatLabels='est',residual=F,
fixedStyle=c('black',lty=1),
freeStyle=c('black',lty=1),
rotation=2,
edge.label.position=.4)
dev.off()

#輸出畫交互作用圖所需數值
estcov <- result@vcov$vcov
npar <- result@Fit@npar
nvar <- dim(dta1)[2]
outdata <- matrix("",max(nvar,npar),npar+4)
outdata[1:nvar,1] <- names(dta1)
outdata[1:nvar,2] <- apply(dta1,2,mean)
outdata[1:nvar,3] <- apply(dta1,2,sd)
outdata[1:npar,5:(npar+4)] <- estcov
```

```
outdata[1:npar,4] <- colnames(outdata)[5:(npar+4)]<- names(coef(result))
colnames(outdata)[1:4] <- c('var','mean','sd','par')
write.csv(outdata, file="PA2_table.csv",row.names=F)
```

2. 需注意處（請對照｛程式碼39-1｝中的「*****需注意處*****」）

    (1) 請確定你有完成單元39-2「前置作業」中的所有事項。

    (2) 每次執行程式前，請先按Ctrl+L，清空R console視窗，否則每次統計結果會一直「累積」在R console視窗上，最後你會分不清哪些資料是你需要的統計結果。

    (3) 若你是使用自己的資料檔進行分析，且已將它命名為「pa2_data.csv」，則請跳過本點，直接讀下一點。若你是使用本書提供的範例檔做練習，請將「*****需注意處*****」下方指令中的檔名「pa2_data.csv」更改為「pa2_data_ex.csv」。

3. 需修改處1（請對照｛程式碼39-1｝中的「*****需修改處1*****」）

    這邊是為了產生交互作用項。例如：在這個例子中由於我們在意x1和w1的交互作用，則語法是「dta$x1w1 <- dta$x1*dta$w1」，只要將語法中的底線處改成你在意的變項，就可以組成你所需的交互作用項。例如：要產生三因子交互作用項的語法是「dta$x1w1w2 <- dta$x1*dta$w1*dta$w2」；以此類推。這邊要特別說明，當我們說某三個自變項x1, w1, w2對另一變項y1有交互作用效果時，通常暗示著裡面包含以下效果；(1)主效果，即x1, w1, w2各自的效果、(2)二因子交互作用，即x1w1, x1w2, w1w2兩兩組合起來的效果、(3)三因子交互作用，即x1w1w2三個變項組合起來的效果。雖然不必然如此，但這是最常見的模型，所以在這裡，我們也產生了以上所有的二因子、三因子交互作用項。

4. 需修改處2（請對照｛程式碼39-1｝中的「*****需修改處2*****」）

    (1) 「model <- 」是產生一個物件，然後將分析模型指定給這個物件。此處不必修改。

    (2) 接下來開始設定構念之間的關係。這邊你必須知道R的幾個符號的用法：

    ~~ 表示相關（沒有方向性）。如A~~B，表示A和B之間有相關，如果你的模型有這種變項關係，可以自行加上（在本範例中沒有）。

    ~ 表示因果，「~ 之後的變項」影響「~之前的變項」。如y1~x1，表示x1

影響y1。

+ 用來簡述多個變項的效果。如y2~x1+x2，表示x1, x2都會影響y2。而如同之前曾說過，當我們說某三個自變項x1, w1, w2對另一變項y1有交互作用效果時，通常暗示著裡面包含以下效果；①主效果，即x1, w1, w2各自的效果、②二因子交互作用，即x1w1, x1w2, w1w2兩兩組合起來的效果、③三因子交互作用，即x1w1w2三個變項組合起來的效果。雖然不必然如此，但這是最常見的模型，所以本書的程式碼也是這樣寫的：「y1~x1+w1+w2+x1w1+x1w2+w1w2+x1w1w2」（包含了所有主效果、二因子、三因子效果）。而此處語法中的x1w1之所以可以代表交互作用項，是由於我們前面在「***** 需修改處1 *****」中曾寫過語法，讓x1w1= x1*w1（就是「dta$x1w1 <- dta$x1*dta$w1」那些指令），以此類推。

所以對照圖39-1，整段程式碼的意義會是：

' y1~x1+w1+w2+x1w1+x1w2+w1w2+x1w1w2　〔這在描述圖39-1(1)、(2)、(3)及它們組合起來的效果〕

y2~x1+x2' 〔這在描述圖39-1(4)(5) 的箭頭〕

你可以根據自己的模型去做修改。例如：如果你認為w1也會影響y2，則第二行語法可以改成「y2~x1+x2+w1」，以此類推。。注意，每一個以「~~」或「~」連接的構念間關係須各自寫成一行，例如：上面的程式碼就寫成了兩行。我們建議你先在紙上，根據研究架構畫好變項間的關係圖（如圖39-1），然後依照上述語法，寫出變項間關係。

(3) 特別注意R會把大小寫視為不同，所以資料檔中的變項名稱大小寫，一定要和程式碼中的大小寫一致（如x1不可以寫成X1）。

(4) 需注意，在「*****需修改處2*****」的「model <- 」下面第一行之首，第二行之末，各自有一個英式括弧（' '）不可刪去。且這英式括弧一定要在R編輯器下寫，從別的地方寫好程式碼再貼過去，有時R會無法辨識。

5. 執行程式

先用滑鼠選取寫好的程式（也可用Ctrl+A全選），然後按右鍵，點擊【執行程式列或選擇項】就會執行程式，依每個人的電腦不同，可能需要一些時間，要一直到訊息視窗出現「>」符號才表示程式執行完了。然後會在R Console視窗看到執行結果。關於統計結果的存檔，請參考單元34-7之說明。

39-4 報表解讀

統計報表請參考圖39-2。在解讀統計結果時，本書所有報表中的①、②、③……符號，都和說明文字中的①、②、③……是可以直接對應的。

1. **模型適配的評估**（請對照圖39-2）

    這部分主要是去評估，你所蒐集到的資料的統計結果，是否支持你本來預期的構念關係。

    ①**卡方值**：其中Model Fit Test Statistic為卡方值，Degree of freedom為自由度，P-value（Chi-square）為卡方之顯著性機率值。特別注意，當顯著性機率值呈現.000時，論文中不可以寫 p = .000，而是要寫 p < .001。徑路分析通常會報告卡方值，不過最主要是看以下的幾個檢定值，來決定理論模型是否適切。

    ②④⑤**適合度指標**（請注意，這裡的編號跳過了③，③在別的地方才會用到）：徑路分析主要依賴幾個重要的適合度指標（goodness of fit）來判斷你的資料和理論模型是否一致。圖39-2中的：②CFI和TLI（後者又稱之為NNFI）、④RMSEA、⑤SRMR是比較重要的指標。適合度指標要達到多少才顯示模型可以接受？標準眾說紛紜，比較常用的標準是，CFI和TLI高於 .95、RMSEA低於 .08而SRMR低於 .06表示模型可以接受（Hu & Bentler, 1999）。[注1]有些研究者採用較前者寬鬆的標準，例如：以TLI高於 .90為標準（Bentler & Bonett, 1980），[注2]以CFI高於 .90為標準（Bentler, 1990），[注3]或是將RMSEA < .05視為配適不錯，.05 ≦ RMSEA < .08視為配適合理，.08 ≦ RMSEA < .10視為配適尚可（Browne & Cudeck, 1993）。[注4]基本上使用本書上面建議的四個指標及標準，應該可以符合多數情境。適合度指標非常多，應該選取哪一些，標準又應該是多少，此一議題曾經紅極一時，如果對這段歷史感興趣，走過路過不要錯過，請看「★你不想知道的統計知識(35-2)★」。而有時各個指標的表現未必一樣好，可能出現某個指標通過標準、另一指標未

注1　Hu, L. T., & Bentler, P. M. (1999). Cutoff criteria for fit indexes in covariance structure analysis: Conventional criteria versus new alternatives. *Structural Equation Modeling, 6*, 1-55.

注2　Bentler, P. M., & Bonett, D. G. (1980). Significance tests and goodness of fit in the analysis of covariance structures. *Psychological Bulletin, 88*, 588-606.

注3　Bentler, P. M. (1990). Comparative fit indexes in structural models. *Psychological Bulletin, 107*(2), 238-246.

注4　Browne, M. W., & Cudeck, R. (1993). Alternative ways of assessing model fit. In K. A. Bollen & J. S. Long (Eds.), *Testing structural equation models* (pp. 136-162). Beverly Hills, CA: Sage.

通過標準的情況，此時請參考「★你不想知道的統計知識(35-3)★」。

2. **構念間關係評估**（請對照圖39-2）

⑥標準化徑路係數（path coefficient）估計值、標準誤與z值。標準化徑路係數是某一構念對另一構念的影響強度，例如：「x1婚姻滿意」會影響「y1婚姻承諾」嗎？可以想成是迴歸分析時的標準化迴歸係數。其中Estimate是標準化徑路係數估計值，Std.Err是標準誤、z-value是檢定值、P（>|z|）是顯著與否的機率值（就是一般檢定的p值），p < .05表示某一構念對另一構念的影響是顯著的，若p >= .05則表示某構念對另一構念的影響並不顯著。圖39-2⑥的第一行為例，x1這個構念對y1的徑路係數是.351，z =11.670，p < .001，這表示x1對y1的影響顯著。如果你的模型包含了變項間的相關，也就是你的程式碼曾經使用「~~」，則⑥會多出一區「Covariances」，裡面的數值表示兩個變項之間的相關，其顯著與否判斷方式同上。

3. **模型修改**（請對照圖39-2）

⑦呈現的是模型修改所需的資訊，若你需要修改模型，請參考「★你不想知道的統計知識(36-2)★」。

4. **模型之比較**

如果你需要進行多個徑路分析模型之比較，則：(1)請用本書所附程式「pa2_code.R」執行徑路分析，每個模型執行一次。(2)每次執行完後，要記得依單元34-7之說明，將徑路分析結果存檔，每個模型各自一個結果檔。有很多方法可以決定哪個模型較佳，在一般情境下，我們建議參考「圖39-2」③AIC那個數據，AIC較小的模型，是比較好的模型。

除了AIC之外，也可以對模型進行差異檢定。如果你要進行模型之間的差異檢定（通常是所謂卡方差異檢定，$\triangle \chi^2$檢定），請使用本書所附Excel「39-1_卡方差異檢定.xls」（本書之相關資料下載方式，詳見書之封底處），其詳細說明請參考「★你不想知道的統計知識(35-5)★」。

在以AIC或卡方差異檢定進行模型比較時，須特別注意：(1)必須是分析同一筆資料，才能進行模型比較；不同筆資料之間，不能用AIC或卡方差異檢定進行比較。(2)只有當不同模型的變項完全相同時，才可以進行比較。例如：模型一總共有五個變項，而模型二你拿掉了一個變項，所以只剩四個變項了，或是你加入了一個變項，變成六個變項了；此時模型一和模型二是不能用AIC或卡方差異檢定進行模型比較的。

~~~~~~~~~~~~~~~~~~~~~~ （前略） ~~~~~~~~~~~~~~~~~~~~~~

Number of observations   1000

Model Test User Model:

  Test statistic   13.151
  Degrees of freedom   7
  P-value (Chi-square)   0.069

①

Model Test Baseline Model:

  Test statistic   893.211
  Degrees of freedom   17
  P-value   0.000

②

User Model versus Baseline Model:

  Comparative Fit Index (CFI)   0.993
  Tucker-Lewis Index (TLI)   0.983

Loglikelihood and Information Criteria:

  Loglikelihood user model (H0)   -2396.847
  Loglikelihood unrestricted model (H1)   -2390.271

③

  Akaike (AIC)   4817.694
  Bayesian (BIC)   4876.587
  Sample-size adjusted Bayesian (BIC)   4838.474

Root Mean Square Error of Approximation:

④

RMSEA   0.030
90 Percent confidence interval - lower   0.000
90 Percent confidence interval - upper   0.054
P-value RMSEA <= 0.05   0.909

⑤

Standardized Root Mean Square Residual:

SRMR   0.012

~~~~~~~~~~~~~~~~~~~~~~ （中間略） ~~~~~~~~~~~~~~~~~~~~~~

圖39-2

Regressions:

	Estimate	Std.Err	z-value	P(>|z|)
y1 ~				
x1	0.351	0.030	11.670	0.000
w1	0.020	0.030	0.662	0.508
w2	0.027	0.030	0.892	0.372
x1w1	0.118	0.028	4.239	0.000
x1w2	0.001	0.029	0.018	0.985
w1w2	0.087	0.029	3.031	0.002
x1w1w2	0.211	0.029	7.228	0.000
y2 ~				
x1	0.209	0.029	7.090	0.000
x2	0.533	0.029	18.088	0.000

⑥

Covariances:

	Estimate	Std.Err	z-value	P(>|z|)
.y1 ~~				
.y2	-0.005	0.020	-0.263	0.793

Variances:

	Estimate	Std.Err	z-value	P(>|z|)
.y1	0.775	0.035	22.361	0.000
.y2	0.534	0.024	22.361	0.000

```
>
> #呈現修模型所需指標
> modindices(result)
```

	lhs	op	rhs	mi	epc	sepc.lv	sepc.all	sepc.nox
13	x1	~~	x1	0.000	0.000	0.000	0.000	0.000
14	x1	~~	w1	0.000	0.000	0.000	NA	0.000
15	x1	~~	w2	0.000	0.000	0.000	NA	0.000
16	x1	~~	x1w1	0.000	0.000	0.000	NA	0.000
17	x1	~~	x1w2	0.000	0.000	0.000	NA	0.000
18	x1	~~	w1w2	0.000	0.000	0.000	NA	0.000
19	x1	~~	x1w1w2	0.000	0.000	0.000	NA	0.000

⑦

~~~~~~~~~~~~~~~~~~~~~~~~~~~（以下略）~~~~~~~~~~~~~~~~~~~~~~~~~~

圖39-2（續）

39-5 徑路分析——表格呈現

我們建議在論文中以表格呈現徑路分析的結果。在一般狀況下，你需要呈現「徑路係數摘要表」（用來說明構念間關係）。而如果你有做模型間比較，則會再多一個「模型間比較摘要表」。分別說明如下。

1. 徑路係數摘要表

這個表格是用來描述構念之間的關係。請對照圖39-2⑥，將數據填入表格範例39-1。其中表格中的「徑路」那一欄，請對照圖39-2⑥最左邊的符號去填，如「y1~x1」在表格中寫成「x1→y1」，以此類推。在表達上，交互作用一般是用乘號去表達的，如「x1*w1」表示x1和w1的交互作用（你應該填上你的構念名稱，不要用x1、w1這類符號）。而表格中的「係數」、「標準誤」、「z」、「p」分別對應圖39-2⑥的Estimate、Std.Err、z-value、P（>|z|）的數值。特別注意，當p值呈現 0 時，表格中要呈現「<.001」，不可以呈現「.000」（本書有提供各種表格範例之電子檔，下載方式，請見書的封底）。

除非你的模型和本書範例完全一樣，否則你必須依自己的模型去對本書所附表格做一些修改。例如：如果你的模型包含x2對y1的直接效果，則表格範例39-1還會多一行「x2→y1」的數值。以此類推。

表格範例39-1

徑路分析標準化徑路係數摘要表

徑路	係數	標準誤	z	p
x1→y1	0.35	0.03	11.67	<.001
w1→y1	0.02	0.03	0.66	.508
w2→y1	0.02	0.03	0.89	.372
x1*w1→y1	0.11	0.02	4.23	<.001
x1*w2→y1	0.00	0.02	0.01	.985
w1*w2→y1	0.08	0.02	3.03	.002
x1*w1*w2→y1	0.21	0.02	7.22	<.001
x1→y2	0.20	0.02	7.09	<.001
x2→y2	0.53	0.02	18.08	<.001

2. 徑路分析模型比較的表格

如果你沒有進行多個模型比較，可以跳過此小節。若有進行多個模型的比較，則我們建議：(1)前面的「徑路係數摘要表」，可以只呈現你最主要的那個模型即可，未必要每個模型都呈現。(2)但是要另外呈現「表格範例39-2 模型比較摘要表」（各種表格範例之電子檔下載方式，請見書的封底）。

前面提過，當進行多個模型比較時：(1)先用本書所附程式「pa2_code.R」執行徑路分析，每個模型執行一次。(2)每次執行完後，要記得依單元34-7之說明，將分析結果存檔，每個模型各自一個結果檔。接下來要呈現這些不同模型的比較摘要表。請依照表格範例39-2，對照圖39-2填入相關數據，其中卡方值、自由度與p值對應圖39-2的①數字，CFI、NNFI、RMSEA與SRMR分別對應圖39-2的②④⑤數字，其中TLI就是NNFI。AIC則對應圖39-2的③數字。請注意，(1)雖然我們在表格範例39-2模型那一欄，只寫了模型1、模型2，不過你可以加上一些關於模型的簡單描述，例如：「模型1：理論模型」、「模型2：對立模型」等等。(2)表中卡方值那一欄有些數據標示了星號，如果你有做卡方差異檢定（見單元39-4「(4)模型之比較」）才需要根據檢定結果做星號的標示（*p < .05, **p < .01, ***p < .001），如果你沒有做卡方差異檢定，則表中不要標示星號。而在進行卡方差異檢定時，通常是一個主要模型和其他模型相比。所以表格範例39-2中的每個星號，指的都是模型1和其他模型的卡方差異檢定結果。你應該根據自己的差異檢定的配對組合方式，對那個表格做調整。

表格範例39-2

模型比較摘要表

模型	卡方值	*df*	*p*	CFI	NNFI	RMSEA	SRMR	AIC
模型1	13.15	7	.069	.993	.983	.030	.012	4817.69
模型2	64.07***	8	.001	.967	.815	.084	.029	26858.73
模型3	305.40***	22	.001	.834	.660	.113	.090	27072.06

注：表中星號為模型1與其他模型之卡方差異檢定結果 *p < .05, **p < .01, ***p < .001。

39-6 徑路分析——圖形呈現

　　將徑路分析以適當的圖呈現，有助於讀者快速掌握統計模型與結果，而且也會讓論文看起來很屬害。在執行本書所提供的程式碼後，請你到資料所在的資料夾，應該會看到新增了一個叫作「pa2_plot.png」的圖檔，沒錯，在不知不覺中，我們已經幫你把圖畫好了。如果你覺得這圖堪用，則可以直接貼在論文中（圖中用了x1, x2, w1, w2等代號，你應該要換成真正的變項名稱，不宜以這些代號直接呈現）。但我們建議你用Word或相關文書軟體，自行繪製較為美觀的圖，尤其如果你論文寫得很心虛（誤），一張漂亮的圖很能增加論文的表面效度。以本單元為例，以文書軟體繪製的圖如圖39-3；圖中的數值，請參考圖39-2⑥的「Estimate」欄位填入即可。請對照「pa2_plot.png」和圖39-2⑥，應該可以明白如何畫圖。

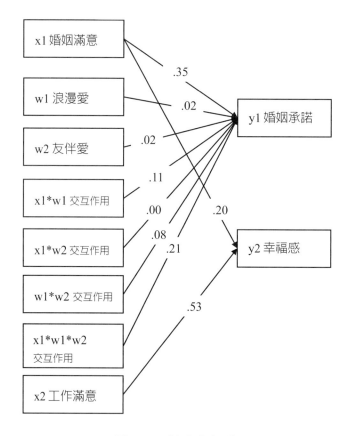

圖39-3　徑路分析圖

39-7 呈現交互作用圖及單純斜率檢定

如果你的交互作用顯著，才需要畫交互作用圖及做單純斜率檢定，若交互作用不顯著，不需做這一部分。請使用本書所附Excel「39-2_徑路分析（三因子）_2階交互作用圖與斜率檢定.xls」與「39-3_徑路分析（三因子）_3階交互作用圖與斜率檢定.xls」進行繪圖及斜率檢定（Excel下載方式，請見本書封底）。

1. 二因子交互作用圖及檢定

如果二因子效果顯著，可以使用「Excel 39-2」繪圖及進行單純斜率檢定。本章範例中，由於「x1w1交互作用效果」是顯著的，因此我們以「Excel 39-2」繪圖及做單純斜率檢定。使用「Excel 39-2」時，請照著說明填入數據即可。填表時，請到你的資料所在目錄，應該會發現執行R後，新產生了一個檔案「pa2_table.csv」。繪圖時，需要將pa2_table.csv的數值填入「Excel 39-2」中，其中的「參數共變數矩陣」比較複雜，說明如下：

(1) 在「pa2_table.csv」右邊有一個有一堆數值的矩陣，那是「參數共變數矩陣」，若有些格子呈現「########」，那是因為格子太小的關係，無法完整呈現數據；其實裡面是有數據的，這不是錯誤訊息。

(2) 請對照「Excel 39-2」中的「參數共變數矩陣」欄位，從pa2_table.csv中找到對應的數值填入。例如：找出橫軸為「y1~x1」、縱軸也為「y1~x1」，二者所交會處的數值（在本例中是0.000902187182849718）；並填入「參數共變數矩陣」中。

(3) 請注意，將數據填入Excel時，數據必須完整，不可以四捨五入。請使用複製貼上功能，將pa2_table.csv的數值的完整數據複製，然後右鍵貼在「參數共變數矩陣」中。

(4) 依上述原則，從pa2_table.csv中找到「參數共變數矩陣」中所需的所有數值，填完「參數共變數矩陣」欄位中的數值即完成。

以上是以x1w1對y1的交互作用項為例，如果你有別的交互作用項，如x1w2對y1顯著，則應使用「Excel 39-2」再做一次，操作時，將上述的w1置換為w2，以此類推。

在本範例中，x1w1對y1的二因子交互作用圖如圖39-4。

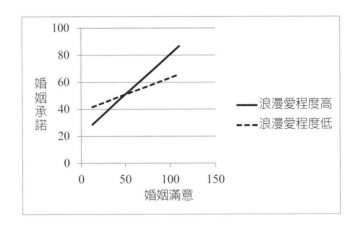

圖39-4 「婚姻滿意×浪漫愛」對婚姻承諾之二因子交互作用圖

2. 三因子交互作用圖及檢定

如果三因子交互作用顯著，可以使用「Excel 39-3」繪圖及進行斜率檢定。本章範例中，由於「x1w1w2交互作用效果」是顯著的，因此我們以「Excel 39-3」繪圖及做斜率檢定。使用「Excel 39-3」時，請照著說明填入數據即可。填表時，請到你的資料所在目錄，應該會發現執行R後，新產生了一個檔案「pa2_table.csv」。繪圖時需要將pa2_table.csv的數值填入「Excel 39-3」中，其中的「參數共變數矩陣」比較複雜，說明如下：

(1) 在「pa2_table.csv」右邊有一個有一堆數值的矩陣，那是「參數共變數矩陣」，若有些格子呈現「########」，那是因為格子太小的關係，無法完整呈現數據；其實裡面是有數據的，這不是錯誤訊息。

(2) 請對照「Excel 39-3」中的「參數共變數矩陣」欄位，從pa2_table.csv中找到對應的數值填入。例如：找出橫軸為「y1~x1」、縱軸也為「y1~x1」，二者所交會處的數值（在本例中是0.000902187182849718）；並填入「參數共變數矩陣」中。

(3) 請注意，將數據填入Excel時，數據必須完整，不可以四捨五入。請使用複製貼上功能，將pa2_table.csv的數值的完整數據複製，然後右鍵貼在「參數共變數矩陣」中。

(4) 依上述原則，從pa2_table.csv中找到「參數共變數矩陣」中所需的所有數值，全部填完即完成。

三因子交互作用圖是以兩張二因子交互作用圖去表達的，在本範例中的三因子

交互作用圖如圖39-5-1、39-5-2。

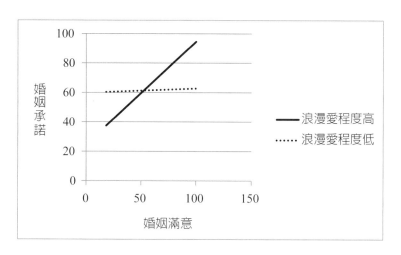

圖39-5-1 友伴愛高分組之婚姻滿意與浪漫愛二因子交互作用圖

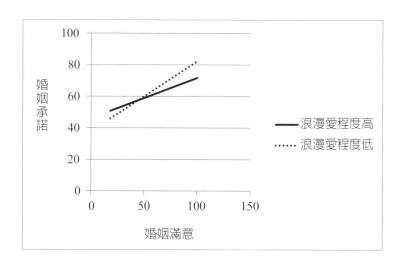

圖39-5-2 友伴愛低分組之婚姻滿意與浪漫愛二因子交互作用圖

39-8 書寫範例

在論文中，三因子交互作用徑路分析的結果，可能會需要書寫以下內容：

(0) 徑路分析的概述。

　(0-1) 模型比較（有做模型比較才要寫）。

(0-2) 模型適合度摘要。

(1) 主效果。

(2) 二因子交互作用。

(3) 三因子交互作用。

書寫時，請務必注意以下事項：

1. 在書寫時的順序「依序」是(0), (1), (2), (3)。也就是依上面所條列的內容，由上而下的順序書寫。

2. 請特別注意，你並不需要每一個項目都寫，例如：你沒有做模型比較，（0-1）就可以不用寫。

3. 書寫範例中的x1,w1,w2,y1，請依據你的研究內容，填入適切的變項名稱。

以下書寫範例中，標楷體的部分是論文中應該要書寫的內容，【】內是對書寫方式的說明。而書寫範例中的①、②、③……符號，都和統計報表圖中的①、②、③……是可以直接對應的。

(0-1) 【模型比較】（有做模型比較才要寫）

> 設定三個模型，分別為本研究所關注的理論模型（Model 1）、理論模型但無三階交互作用（Model2）、……【請依你要比較的模型有幾個、模型內容是什麼去寫】，各自進行徑路分析，模型比較摘要如表XXX【呈現表格範例39-2的模型比較摘要表】。由表中AIC可見，Model 1是適配最佳的模型【若你有做卡方差異檢定，其書寫請見「★你不想知道的統計知識(35-5)★」】。

(0-2) 【模型適合度摘要】（一定要寫）

> 對本研究所關注的理論模型進行徑路分析，結果如表XXX【呈現表格範例39-1】。徑路圖如圖XXX【可自行決定是否附上如圖39-3的徑路圖】。分析結果顯示模型具相當不錯的適合度【或是適合度不佳；關於適合度之標準，請參考單元39-4「(1)模型適配的評估」那一小節】，$\chi^2 (7) =13.15, p < .001$【填注圖39-2①的數字，其中$\chi^2 (\ \ )$ 括弧內是填自由度】, CFI = .993, NNFI = .983, RMSEA = .030, SRMR = .012【填注圖39-2②④⑤的數字，其中TLI就是NNFI】；此結果顯示觀察資料與理論模型具有相當不錯的適配性【或適配性不佳】。

(1)【主效果】（論文關注主效果才要寫）

> 由徑路係數摘要可見，x1對y1的標準化徑路係數為.35（p < .001）【填注圖39-2⑥的Estimate和P (> |z|)】，顯示x1對y1有顯著影響【或沒有顯著影響】……【依此格式描述你所感興趣的主效果】。

(2)【二因子交互作用效果】（論文關注二因子交互作用才要寫）

> 在二因子交互作用方面，x1和w1交互作用對y1之標準化徑路係數為.11 (p < .001)【填注圖39-2⑥交互作用項的Estimate和P (> |z|)】，x1和w1對y1有顯著的交互作用效果【或是「沒有顯著的交互作用效果」】【若交互作用不顯著則寫到這邊結束，若交互作用顯著才要繼續往下寫】。進一步繪製交互作用圖如圖XX【於論文中附上「Excel 39-2」繪製的圖】。單純斜率（simple slope）檢定顯示：【以下開始，先寫w1高分組的狀況】對w1高分組而言，x1對y1有顯著解釋力（β = .46, p < .001）。【填入「Excel 39-2」w1高分組欄位中的檢定結果，並描述顯著與否】【w1高分組寫到這邊結束，接下來開始寫w1低分組的狀況】對w1低分組而言，x1對y1解釋力顯著（β = .23, p < .001）【填入「Excel 39-2」w1低分組欄位中的檢定結果】。由β值可見……【接下來對單純斜率的方向做說明，寫法見「★你不想知道的統計知識(38-1)★」】【若有多個交互作用效果，以同樣方式寫，直到寫完】。

(3)【三因子交互作用】（一定要寫）

> 在三因子交互作用方面，x, w1, w2交互作用對y1之標準化徑路係數為.21 (p < .001)【填注圖39-2⑥交互作用項的Estimate和P (> |z|)】，x, w1, w2對y1有顯著的交互作用效果【或是「沒有顯著的交互作用效果」】【若交互作用不顯著則寫到這邊結束，若交互作用顯著才要繼續往下寫】。進一步繪製交互作用圖如圖XX【於論文中附上「Excel 39-3」繪製的圖】。單純單純斜率（simple simple slope）檢定顯示：【以下開始，先寫w2高分組的狀況】對w2高分組而言，當w1高時，x對y1有顯著解釋力（β = .68, p <.001）【填入「Excel 39-3」中「w1高w2高組」欄位的檢定結果。】。當w1低時，x對y2並無顯著解釋力（β = .02, p = .624）【填入「Excel 39-3」中「w1低w2高」欄位的單純單純斜率檢定結果。】；由β值可

見……【接下來對單純單純斜率的方向做說明，寫法見「★你不想知道的統計知識(38-1)★」】【w2高分組寫到這邊結束，接下來開始寫w2低分組的狀況】對w2低分組而言，當w1高時，x對y1有顯著解釋力（$\beta = .25, p < .001$）【填入「Excel 39-3」中「w1高w2低」欄位的單純單純斜率檢定結果。】。當w1低時，x對y1有顯著解釋力（$\beta = .43, p < .001$）【填入「Excel 39-3」中「w1低w2低」欄位的單純單純斜率檢定結果。】；由β值可見……【接下來對單純單純斜率的方向做說明，寫法見「★你不想知道的統計知識(38-1)★」】。

Unit 40

調節中介分析（一個調節變項的二因子效果）

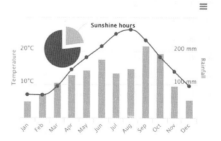

※請參考本書封底之說明，下載本單元中所使用的統計範例檔及工具檔。

本單元可使用本書所附程式檔mod1_code.R和資料檔mod1_data_ex.csv練習（相關資料下載方式，詳見書之封底處）。在使用本單元之前，請參照以下表格，確定你的情境是符合本單元所述的。也就是你的研究架構中只有一個調節變項、有二因子交互作用、而且有中介效果。否則，請從下表中找尋你該去的單元。

使用 單元	有無 中介效果	有幾個調節變項	有無 二因子交互作用	有無 三因子交互作用
37	X	0	X	X
37	O	0	X	X
38	X	>=1	O	X
39	X	>=1	X	O
39	X	>=1	O	O
40	O	1	O	X
41	O	2	O	X
42	O	2	X	O
42	O	2	O	O

40-1 簡介

使用時機	調節中介（moderated mediation）分析，是當理論模型同時包含調節效果和中介效果，且中介效果被調節時，以徑路分析（或迴歸分析）的方式進行統計分析。至於什麼是調節效果、什麼是中介效果，請參考「★你不想知道的統計知識(36-3)★」
例子	例如：以下的各個研究架構，都同時包含了調節效果和中介效果，因此適於進行調節中介分析。我們施測這些變項的問卷，並算出每位受試者在這些變項的總分，然後用調節中介分析，去檢驗這些變項之間的關係是否真的如我們所預期（也就是去檢驗理論模型與觀察資料是否一致）。以下研究架構只是舉例，只要理論模型同時包含了調節效果和中介效果，就適於進行調節中介分析。

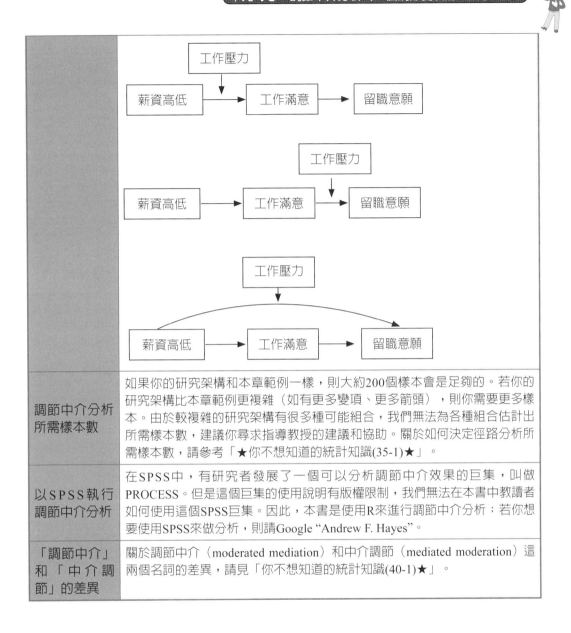

調節中介分析所需樣本數	如果你的研究架構和本章範例一樣，則大約200個樣本會是足夠的。若你的研究架構比本章範例更複雜（如有更多變項、更多箭頭），則你需要更多樣本。由於較複雜的研究架構有很多種可能組合，我們無法為各種組合估計出所需樣本數，建議你尋求指導教授的建議和協助。關於如何決定徑路分析所需樣本數，請參考「★你不想知道的統計知識(35-1)★」。
以SPSS執行調節中介分析	在SPSS中，有研究者發展了一個可以分析調節中介效果的巨集，叫做PROCESS。但是這個巨集的使用說明有版權限制，我們無法在本書中教讀者如何使用這個SPSS巨集。因此，本書是使用R來進行調節中介分析；若你想要使用SPSS來做分析，則請Google "Andrew F. Hayes"。
「調節中介」和「中介調節」的差異	關於調節中介（moderated mediation）和中介調節（mediated moderation）這兩個名詞的差異，請見「你不想知道的統計知識(40-1)★」。

40-2 統計操作——前置作業

1. 請確定你的R版本是3.6.0以上版本。
2. 請確定你已經閱讀本書的單元34，對R的基礎操作有所理解。
3. 請確定你已經依照單元34-9操作，安裝好所有套件。
4. 請在電腦C碟或D碟產生一個叫作「R_data」的資料夾（可自行命名，但我們

建議你用這個名字，以下提及工作資料夾時都會使用這名字）。

5. 請依本書單元34-8的指示，將你的資料轉換為csv檔並命名為「mod1_data」，且變項的名稱均為英文。若你是使用本書的範例檔做練習，則資料檔名為「mod1_data_ex.csv」，無須變更。

6. 請將上面所說的資料檔（「mod1_data.csv」或是「mod1_data_ex.csv」）、以及本書所提供的程式檔「mod1_code.R」，這兩個檔案複製到R_data資料夾內（本書之相關資料下載方式，詳見書之封底處）。

7. 請務必依本書單元34-3的指示，以「按右鍵，然後點選【以系統管理員身分執行】」的方式執行R。

8. 進入R之後，依單元34-4操作，將R的工作徑路設定到R_data資料夾。

9. 接下來：(1)點擊R介面左上角【檔案】。(2)點擊【開啟命令稿】。(3)開啟mod1_code.R。如果你找不到mod1_code.R，可能是上述步驟的4、6或8出了問題。

40-3 統計操作──程式碼

以下是以本書所附mod1_data_ex.csv來說明調節中介分析的操作。在這例子中，我們有四個構念，它們的關係如圖40-1：

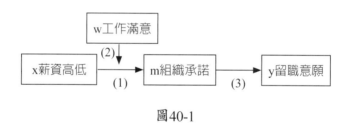

圖40-1

在這例子中x透過m去影響y（中介效果），而w調節了x和m的關係（調節效果），因此模型中同時包含了調節與中介效果。「糟糕，我的研究架構和上面這個模型不一樣，怎麼辦？」別擔心，由於調節中介分析的理論模型有非常多可能的樣子，我們在書中只能以其中一種模型為例。在使用本書的R程式進行調節中介分析時，我們會教你如何小幅修改程式語法來符合各種不同的理論模型。

上面每個構念，你可能都用了多個題目去測量；在執行調節中介分析之前，請

先用SPSS或其他軟體（如Excel）將每個構念在各題的得分加成總分。而且**請務必在資料中把自變項命名為小寫x、依變項命名為小寫y、中介變項命名為小寫m、調節變項命名為小寫w**。以上面的架構為例，在你的資料中，每個受試者都應該有薪資高低的總分（x）、組織承諾的總分（m）、留職意願的總分（y）、工作滿意的總分（w），這四個分數。請你看看本書範例的mod1_data_ex.csv，應該可以理解我們在說什麼。如何用SPSS做加總，可參考本書的前作《傻瓜也會跑統計I》的單元1-7。以下開始說明如何操作分析。

1. **程式指令如〔程式碼40-1〕**。在執行調節中介分析時，我們是先將各個變項進行標準化，才做分析。至於我們為什麼這樣做，請參考「★你不想知道的統計知識(40-2)★」。如果你不想知道這件事，請完全不要理會上面這段話，直接看下一點。

2. **請注意標示「*****需注意處*****」和「*****需修改處*****」底下的程式碼**，那是你必須根據你的資料現況修改的地方。

程式碼40-1

```
#本程式碼之使用請參考《傻瓜也會跑統計 II》單元40

#每次執行本程式前，都請先按Ctrl+L，清空R console視窗，再執行程式

#***** 需注意處 *****
#說明：讀檔
dta <- read.csv(file='mod1_data.csv', header=T, fileEncoding = 'UTF-8-BOM')
dta1 <- dta

#說明：將變項標準化
nums <- unlist(lapply(dta, is.numeric))
dta[,nums] <- apply(dta[ , nums],2,scale)

#說明：呼叫徑路分析所需套件lavaan
library(lavaan)

#***** 需修改處1 *****
#說明：產生交互作用項
dta$xw <- dta$x*dta$w

#***** 需修改處2 *****
#說明：設定構念之間的關係
```

```
model<-
'm~x+w+xw
 y~m'

#說明：執行徑路分析並將結果指定給一個叫作result的物件
result <- sem(model, data=dta)

#說明：輸出結果
summary(result, fit.measure=T)

#呈現修模型所需指標
modindices(result)

#說明：呼叫畫圖所需套件semPlot
library(semPlot)

#說明：畫徑路分析圖
#執行後到資料所在的資料夾，就能找到圖，檔名是mod1_plot.png
png('mod1_plot.png',width=1920,height=1080)
semPaths(result, whatLabels='est',residual=F,
fixedStyle=c('black',lty=1),
freeStyle=c('black',lty=1),
rotation=2,
edge.label.position=.4)
dev.off()

#輸出畫交互作用圖所需數值
estcov <- result@vcov$vcov
npar <- result@Fit@npar
nvar <- dim(dta1)[2]
outdata <- matrix（“”,max(nvar,npar),npar+4)
outdata[1:nvar,1] <- names(dta1)
outdata[1:nvar,2] <- apply(dta1,2,mean)
outdata[1:nvar,3] <- apply(dta1,2,sd)
outdata[1:npar,5:(npar+4)] <- estcov
outdata[1:npar,4] <- colnames(outdata)[5:(npar+4)]<- names(coef(result))
colnames(outdata)[1:4] <- c('var','mean','sd','par')
write.csv(outdata, file=”mod1_table.csv”,row.names=F)
```

3. 需注意處（請對照 {程式碼40-1} 中的「*****需注意處*****」）

　　(1) 請確定你已完成單元40-2「前置作業」中的所有事項。

　　(2) 每次執行程式前，請先按Ctrl+L，清空R console視窗，否則每次統計結果

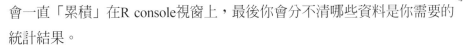

會一直「累積」在R console視窗上，最後你會分不清哪些資料是你需要的統計結果。

(3) 若你是使用自己的資料檔進行分析，且已將它命名為「mod1_data.csv」，則請跳過本點，直接讀下一點。若你是使用本書提供的範例檔做練習，請將「*****需注意處*****」下方指令中的檔名「mod1_data.csv」更改為「mod1_data_ex.csv」。

4. **需修改處1**（請對照〔程式碼40-1〕中的「*****需修改處1*****」）

這邊是為了產生交互作用項。在本範例中，我們是在意x和w的交互作用，所以語法是「dta$xw <- dta$x*dta$w」，只要將前述語法中的底線處改成你在意的變項，就可以組成你所需的交互作用項。例如：若你在意m和w的交互作用，則將語法改為「dta$mw <- dta$m*dta$w」；以此類推。

5. **需修改處2**（請對照〔程式碼40-1〕中的「*****需修改處2*****」）

(1) 「model <- 」是產生一個物件，然後將調節中介分析模型指定給這個物件。此處不必修改。

(2) 接下來開始設定構念之間的關係。這裡你必須知道R的幾個符號的用法：

~~ 表示相關（沒有方向性）。如A~~B，表示A和B之間有相關，如果你的模型有這種變項關係，可以自行加上（在本範例中沒有）。

~ 表示因果，「~ 之後的變項」影響「~之前的變項」。如y~m，表示m影響y。

+ 用來簡述多個變項的效果。如m~x+w+xw，表示x, w, xw都會影響m。這邊要特別說明，當我們說某兩個自變項x, w對另一變項m有交互作用效果時，通常暗示著裡面包含以下效果：①主效果，即x, w各自的效果、②二因子交互作用，即xw組合起來的效果。雖然不必然如此，但這是最常見的模型，所以本書的程式碼也是這樣寫的：「m~x+w+xw」（包含了x主效果、w主效果和xw交互作用，三個效果）。而此處語法中的xw之所以可以代表交互作用項，是由於我們前面在「***** 需修改處1 *****」中曾寫過語法，讓xw= x*w（就是「dta$xw <- dta$x*dta$w」那行指令，以此類推）。

所以對照圖40-1，整段程式碼的意義會是：

'm~x+w+xw 〔這在描述圖40-1(1)、(2)及它們組合起來的效果〕

y~m'〔這在描述圖40-1(3)的箭頭〕

你可以根據自己的模型去做修改。例如：如果你的模型除了中介效果，還包含了x對y的直接效果，則可再加上一行「y~x」，以此類推。注意，每一個以「~~」或「~」連接的構念間關係須各自寫成一行，例如：上面的程式碼就寫成了兩行。我們建議你先在紙上，根據研究架構畫好變項間的關係圖（如圖40-1），然後依照上述語法，寫出變項間關係。

(3) 特別注意R會把大小寫視為不同，所以資料檔中的變項名稱大小寫，一定要和程式碼中的大小寫一致（如x不可以寫成X）。

(4) 需注意，在「*****需修改處2*****」的「model <- 」下面第一行之首，最後一行之末，各自有一個英式括弧（'）不可刪去。且這英式括弧一定要在R編輯器下寫，從別的地方寫好程式碼再貼過去，有時R會無法辨識。

6. 執行程式

先用滑鼠選取寫好的程式（也可用Ctrl+A全選），然後按右鍵，點擊【執行程式列或選擇項】就會執行程式，依每個人的電腦不同，可能需要一些時間，要一直到訊息視窗出現「>」符號，才表示程式執行完了。然後會在R Console視窗看到執行結果。關於統計結果的存檔，請參考單元34-7之說明。

40-4 報表解讀

統計報表請參考圖40-2。在解讀統計結果時，本書所有報表中的①、②、③……符號，都和說明文字中的①、②、③……是可以直接對應的。

1. 模型適配的評估（請對照圖40-2）

這部分主要是去評估，你所蒐集到的資料的統計結果，是否支持你本來預期的構念關係。

①卡方值：其中Model Fit Test Statistic為卡方值，Degree of freedom為自由度，P-value（Chi-square）為卡方之顯著性機率值。特別注意，當顯著性機率值呈現.000時，論文中不可以寫 p = .000，而是要寫 p < .001。調節中介分析通常會報告卡方值，不過還是要看以下的幾個檢定值，來決定理論模型是否適切。

②④⑤適合度指標（請注意，這裡的編號跳過了③，③在別的地方才會用

到）：調節中介分析主要依賴幾個重要的適合度指標（goodness of fit）來判斷你的資料和理論模型是否一致。圖40-2中的：②CFI和TLI（後者又稱之為NNFI）、④RMSEA、⑤SRMR是比較重要的指標。適合度指標要達到多少才顯示模型可以接受？標準眾說紛紜，比較常用的標準是，CFI和TLI高於 .95、RMSEA低於 .08而SRMR低於 .06表示模型可以接受（Hu & Bentler, 1999）。[注1]有些研究者採用較前者寬鬆的標準，例如：以TLI高於 .90為標準（Bentler & Bonett, 1980），[注2]以CFI高於 .90為標準（Bentler, 1990），[注3]或是將RMSEA < .05視為配適不錯，.05 ≦ RMSEA < .08視為配適合理，.08 ≦ RMSEA < .10視為配適尚可（Browne & Cudeck, 1993）。[注4]基本上使用本書上面建議的四個指標及標準，應該可以符合多數情境。適合度指標非常多，應該選取哪一些，標準又應該是多少，此一議題曾經紅極一時，如果對這段歷史感興趣，走過路過不要錯過，請看「★你不想知道的統計知識(35-2)★」。而有時各個指標的表現未必一樣好，可能出現某個指標通過標準、另一指標未通過標準的情況，此時請參考「★你不想知道的統計知識(35-3)★」。

2. **構念間關係評估**（請對照圖40-2）

⑥標準化徑路係數（path coefficient）估計值、標準誤與z值。標準化徑路係數是某一構念對另一構念的影響強度，例如：x會影響m嗎？可以想成是迴歸分析時的標準化迴歸係數。其中Estimate是標準化徑路係數估計值，Std.Err是標準誤、z-value是檢定值、P(>|z|)是顯著與否的機率值（就是一般檢定的p值），p < .05表示某一構念對另一構念的影響是顯著的，若p >= .05則表示某構念對另一構念的影響並不顯著。以圖40-2⑥的第一行為例，x這個構念對m的徑路係數是 .441，z = 15.998，p < .001，這表示x對m的影響顯著。而其中xw那一行的數據，就是xw的交互作用效果。如果你的模型包含了變項間的相關，也就是你修改我們的程式碼時，曾經使用「~~」（在本範例中沒有），

注1　Hu, L. T., & Bentler, P. M. (1999). Cutoff criteria for fit indexes in covariance structure analysis: Conventional criteria versus new alternatives. *Structural Equation Modeling, 6*, 1-55.

注2　Bentler, P. M., & Bonett, D. G. (1980). Significance tests and goodness of fit in the analysis of covariance structures. *Psychological Bulletin, 88*, 588-606.

注3　Bentler, P. M. (1990). Comparative fit indexes in structural models. *Psychological Bulletin, 107*(2), 238-246.

注4　Browne, M. W., & Cudeck, R. (1993). Alternative ways of assessing model fit. In K. A. Bollen & J. S. Long (Eds.), *Testing structural equation models* (pp. 136-162). Beverly Hills, CA: Sage.

則⑥會多出一區「Covariances」，裡面的數值表示兩個變項之間的相關，其顯著與否的判斷方式同上。

3. **模型修改**（請對照圖40-2）

⑦呈現的是模型修改所需的資訊，若你需要修改模型，請參考「★你不想知道的統計知識(36-2)★」。

4. **模型之比較**

如果你需要進行多個調節中介分析模型之比較，則：(i)請用本書所附程式「mod1_code.R」執行調節中介分析，每個模型執行一次。(ii)每次執行完後，要記得依單元34-7之說明，將調節中介分析結果存檔，每個模型各自一個結果檔。有很多方法可以決定哪個模型較佳，在一般情境下，我們建議參考「圖40-2」③AIC那個數據，AIC較小的模型，是比較好的模型。

除了AIC之外，也可以對模型進行差異檢定。如果你要進行模型之間的差異檢定（通常是所謂卡方差異檢定，$\triangle \chi^2$檢定），請使用本書所附Excel「40-1_卡方差異檢定.xls」（本書之相關資料下載方式，詳見書之封底處），其詳細說明請參考「★你不想知道的統計知識(35-5)★」。

在以AIC或卡方差異檢定進行模型比較時，須特別注意：(1)必須是分析同一筆資料，才能進行模型比較；不同筆資料之間，不能用AIC或卡方差異檢定進行比較。(2)只有當不同模型的變項完全相同時，才可以進行比較。例如：模型一總共有五個變項，而模型二你拿掉了一個變項，所以只剩四個變項了，或是你加入了一個變項，變成六個變項了；此時模型一和模型二是不能用AIC或卡方差異檢定進行模型比較的。

~~~~~~~~~~~~~~~~~~~~~~~~（前略）~~~~~~~~~~~~~~~~~~~~~~~~~~

Number of observations   1000

Model Test User Model:

  Test statistic   9.397 ┐
  Degrees of freedom   3 ┤ ①
  P-value (Chi-square)   0.024 ┘

Model Test Baseline Model:

  Test statistic   517.369
  Degrees of freedom   7
  P-value   0.000   ②

User Model versus Baseline Model:

  Comparative Fit Index (CFI)   0.987 ┐
  Tucker-Lewis Index (TLI)   0.971 ┘

Loglikelihood and Information Criteria:
                                                          ③
  Loglikelihood user model (H0)   -2582.891
  Loglikelihood unrestricted model (H1)   -2578.192

  Akaike (AIC)   5177.782
  Bayesian (BIC)   5207.228
  Sample-size adjusted Bayesian (BIC)   5188.172
                                                          ④
Root Mean Square Error of Approximation:

  RMSEA   0.046
  90 Percent confidence interval - lower   0.015
  90 Percent confidence interval - upper   0.081
  P-value RMSEA <= 0.05   0.510
                                                          ⑤
Standardized Root Mean Square Residual:

  SRMR   0.023

圖40-2

~~~~~~~~~~~~~~~~~~~~~~~~~~~~（中間略）~~~~~~~~~~~~~~~~~~~~~~~~~~

```
Regressions:
                   Estimate  Std.Err  z-value  P(>|z|)
  m ~
    x                0.441    0.028   15.998    0.000  ⎫
    w                0.197    0.028    7.151    0.000  ⎬        ⑥
    xw               0.165    0.025    6.573    0.000  ⎬
  y ~                                                  ⎪
    m                0.346    0.030   11.656    0.000  ⎭

Variances:
                   Estimate  Std.Err  z-value  P(>|z|)
   .m                0.683    0.031   22.361    0.000
   .y                0.880    0.039   22.361    0.000

>
> #呈現修模型所需指標
> modindices(result)
     lhs op rhs    mi      epc  sepc.lv  sepc.all  sepc.nox     ⑦
13   m  ~~  y   8.372   -0.126  -0.126   -0.163    -0.163  ⎫
14   m  ~   y   8.372   -0.143  -0.143   -0.143    -0.143  ⎪
15   y  ~   x   6.914    0.090   0.090    0.090     0.090  ⎪
16   y  ~   w   4.023    0.063   0.063    0.063     0.063  ⎬
17   y  ~   xw  0.032   -0.005  -0.005   -0.005    -0.005  ⎪
19   x  ~   y   3.765    0.068   0.068    0.068     0.068  ⎪
23   w  ~   y   1.562    0.041   0.041    0.041     0.041  ⎪
27   xw ~   y   0.024   -0.006  -0.006   -0.005    -0.005  ⎭
```

~~~~~~~~~~~~~~~~~~~~~~~~~~~~（以下略）~~~~~~~~~~~~~~~~~~~~~~~~~~

圖40-2（續）

40-5 調節中介分析——表格呈現

我們建議在論文中以表格呈現調節中介分析的結果。在一般狀況下，你需要呈現「徑路係數摘要表」（用來說明構念間關係）。而如果你有做模型間比較，則會再多一個「模型間比較摘要表」。分別說明如下。

1. 徑路係數摘要表

這個表格是用來描述構念之間的關係。請對照圖40-2⑥，將數據填入表格範

例40-1。其中表格中的「徑路」那一欄，請對照圖40-2⑥最左邊的符號去填，如「m~x」在表格中寫成「x→m」，以此類推。在表達上，交互作用一般是用乘號去表達的，如「x*w」表示x和w的交互作用（你應該填上你的構念名稱，不要用m、x這類符號）。而表格中的「係數」、「標準誤」、「z」、「p」分別對應圖40-2⑥的Estimate、Std.Err、z-value、P(>|z|)的數值。特別注意，當p值呈現 0時，表格中要呈現「<.001」，不可以呈現「.000」（本書有提供各種表格範例之電子檔，下載方式，請見書的封底）。除非你的模型和本書範例完全一樣，否則你必須依自己的模型去對本書所附表格做一些修改。例如：如果你的模型包含直接效果，則表格範例40-1還會多一行「x→y」的數值。以此類推。

　　除了R報表的這些數值之外，你還要利用本書所附的Excel檔「40-2_調節中介(1個調節變項)_Sobel type test.xls」，進行調節中介效果的檢定，[注5]並將數值填進表格下半部。

　　使用Excel檔「40-2」時，請先點Excel下方的「模型」，然後會看到一張圖，圖的右方有兩個問題要你回答，答完後，綠色框框會指示你該使用哪一個工作表，然後請點選下方對應的工作表標籤，依據工作表中指示，填進黃色格子的數值，即可看到統計結果。例如：以本章範例來說，應該使用「工作表1」來計算 Sobel type test，進行調節中介檢定；在工作表中的橘色部分即是分析結果，請將那些數據填入表格範例40-1即可；以此類推。

表格範例40-1

徑路係數摘要表

徑路	係數	標準誤	z	p
x→m	.44	0.028	15.99	<.001
w→m	.19	0.028	7.15	<.001
x*w→m	.16	0.025	6.57	<.001
m→y	.34	0.030	11.65	<.001
xw→m→y[a]	.05	0.010	5.59	<.001

[a]調節中介效果利用 Sobel- type test 檢定。

注5　Hayes, A. F. (2015). An index and test of linear moderated mediation. *Multivariate Behavioral Research*, *50*(1), 1-22.

2. 模型比較的表格

如果你沒有進行多個模型比較，可以跳過此小節。若有進行多個模型比較，則我們建議：(1)前面的「徑路係數摘要表」，可以只呈現你最主要的那個模型即可，未必要每個模型都呈現。(2)但是要另外呈現「表格範例40-2 模型比較摘要表」（各種表格範例之電子檔下載方式，請見書的封底）。

前面提過，當進行多個模型比較時：(1)先用本書所附程式「mod1_code.R」執行調節中介分析，每個模型執行一次。(2)每次執行完後，要記得依單元34-7之說明，將調節中介分析結果存檔，每個模型各自一個結果檔。接下來要呈現這些不同模型的比較摘要表。請依照表格範例40-2，對照圖40-2填入相關數據，其中卡方值、自由度與p值對應圖40-2的①數字，CFI、NNFI、RMSEA與SRMR分別對應圖40-2的②④⑤數字，其中TLI就是NNFI。AIC則對應圖40-2的③數字。請注意，(1)雖然我們在表格範例40-2模型那一欄，只寫了模型1、模型2，不過你可以加上一些關於模型的簡單描述，例如：「模型1：完全中介模型」、「模型2：部分中介模型」等等。(2)表中卡方值那一欄有些數據標示了星號，如果你有做卡方差異檢定（見單元40-4「(4)模型之比較」）才需要根據檢定結果作星號的標示（*p < .05, **p < .01, ***p < .001），如果你沒有做卡方差異檢定，則表中不要標示星號。而在進行卡方差異檢定時，通常是一個主要模型和其他模型相比。所以表格範例40-2中的每個星號，指的都是模型1和其他模型的卡方差異檢定結果。你應該根據自己的差異檢定的配對組合方式，對那個表格做調整。

✏️ **表格範例40-2**

模型比較摘要表

模型	卡方值	df	p	CFI	NNFI	RMSEA	SRMR	AIC
模型1	9.39	3	.024	.987	.971	.046	.023	5177.78
模型2	51.69***	4	.001	.922	.806	.109	.052	13719.64
模型3	116.46***	4	.001	.817	.543	.168	.099	13784.41

註：表中星號為模型1與其他模型之卡方差異檢定結果 *p < .05, **p < .01, ***p < .001。

40-6 以圖呈現調節中介分析的結果

將調節中介分析以適當的圖呈現，有助於讀者快速掌握統計模型與結果，而且也會讓論文看起來很厲害。在執行本書所提供的程式碼後，請你到資料所在的資料夾，應該會看到新增了一個叫作「mod1_plot.png」的圖檔，沒錯，在不知不覺中，我們已經幫你把圖畫好了。如果你覺得這圖堪用，則可以直接貼在論文中（圖中用了x, m, y, w等代號，你應該要換成真正的變項名稱，不宜以這些代號直接呈現）。但我們建議你用Word或相關文書軟體，自行繪製較為美觀的圖，尤其如果你論文寫得很心虛（誤），一張漂亮的圖很能增加論文的表面效度。以本單元為例，以文書軟體繪製的圖如圖40-3；圖中的數值請參考圖40-2⑥的「Estimate」欄位填入即可。請對照「mod1_plot.png」和圖40-2⑥，應該可以明白如何畫圖。

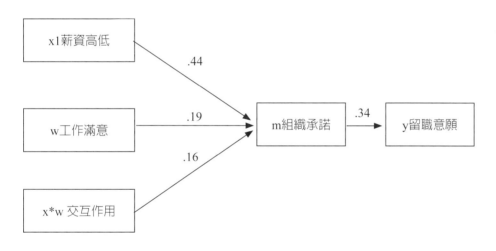

圖40-3　徑路分析圖

40-7 呈現交互作用圖及單純斜率檢定

如果你的交互作用顯著，才需要畫交互作用圖，若交互作用不顯著，不需做這一部分。請使用本書所附Excel「40-3_調節中介(1個調節變項)_交互作用圖與單純斜率.xls」進行繪圖及單純斜率（simple slope）檢定（Excel下載方式，請見本書封底）。一般來說，在論文中呈現以上的交互作用圖並無不妥；但關於調節中介的交互作用圖有一些細節值得深思，若有興趣，請參考「★你不想知道的統計知識(40-3)★」。

本章範例中，由於「xw交互作用效果」是顯著的，因此我們以「Excel 40-3」繪圖及做單純斜率檢定。(1)請先到你的資料所在目錄，應該會發現執行R後，新產生了一個檔案「mod1_table.csv」，Excel中需要使用這個檔。(2)使用「Excel 40-3」時，請先點Excel下方的「模型」工作表，填寫裡面黃色的格子，其中mean , sd可以在「mod1_table.csv」中找到。(3)填完所有黃色格子後，綠色框框會指示你該使用哪一個工作表，然後請點選下方對應的工作表標籤，依據工作表中指示，填完黃色格子的數值，即可看到統計結果。其中的「參數共變數矩陣」比較複雜，說明如下：

1. 在「mod1_table.csv」右邊有一個有一堆數值的矩陣，那是「參數共變數矩陣」，若有些格子呈現「########」，那是因為格子太小的關係，無法完整呈現數據；其實裡面是有數據的，這不是錯誤訊息。

2. 請對照「Excel 40-3」中的「參數共變數矩陣」欄位，從mod1_table.csv中找到對應的數值填入。例如：找出橫軸為「m~x」、縱軸也為「m~x」，二者所交會處的數值（在本例中是0.000760999039068368）；並填入「參數共變數矩陣」中。

3. 請注意，將數據填入Excel時，數據必須完整，不可以四捨五入。請使用複製貼上功能，將mod1_table.csv的數值的完整數據複製，然後右鍵貼在「參數共變數矩陣」中。

4. 依上述原則，從mod1_table.csv中找到「參數共變數矩陣」中所需的所有數值，全部填完即完成。

　　以上是以xw對m的交互作用項為例，如果你有別的交互作用項，如xw對y顯著，則應使用「Excel 40-3」再做一次，操作時將上述的m置換為y，以此類推。

　　在本範例中，交互作用圖，如圖40-4。

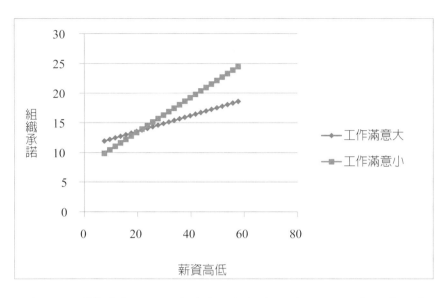

圖40-4 「薪資高低×工作滿意」對組織承諾之二因子交互作用圖

40-8 書寫範例

在論文中，二因子調節中介分析的結果，可能會需要書寫以下內容：

(0) 調節中介分析的概述。

　　(0-1) 模型比較（有做模型比較才要寫）。

　　(0-2) 模型適合度摘要。

(1) 調節中介分析結果。

(2) 主效果。

(3) 二因子交互作用。

書寫時，請務必注意以下事項：

1. 在書寫時的順序，「依序」是(0), (1), (2), (3)。也就是依上面所條列的內容，由上而下的順序書寫。

2. 請特別注意，你並不需要每一個項目都寫，例如：你沒有做模型比較，(0-1)就可以不用寫。

3. 書寫範例中的x, w, m, y，請依據你的研究內容，填入適切的變項名稱。

以下書寫範例中，標楷體的部分是論文中應該要書寫的內容，【】內是對書寫方式的說明。而書寫範例中的①、②、③……符號，都和統計報表圖中的①、②、

③……是可以直接對應的。

(0-1)【模型比較】（有做模型比較才要寫）

> 設定三個模型，分別為m中介x和y之關係而x無直接效果且w調節x與m的關係（Model 1）、m中介x、w和y之關係且無直接效果，而w亦無調節效果（Model2）……【請依你要比較的模型有幾個、模型內容是什麼去寫】，各自進行分析。模型比較摘要如表XXX【呈現表格範例40-2的模型比較摘要表】。由表中AIC可見，Model 1是適配最佳的模型【若你有做卡方差異檢定，其書寫請見「★你不想知道的統計知識(35-5)★」】。

(0-2)【模型適合度摘要】（一定要寫）

> 對本研究所關注的理論模型進行分析，結果如表XXX【呈現表格範例40-1】。徑路圖如圖XXX【可自行決定是否附上如圖40-3的徑路圖】。分析結果顯示模型具相當不錯的適合度【或是適合度不佳；關於適合度之標準，請參考單元40-4「(1)模型適配的評估」那一小節】，$\chi^2(3) = 9.39$, $p = .02$【填注圖40-2①的數字，其中$\chi^2( )$括弧內是填自由度】,CFI = .987, NNFI = .971, RMSEA = .046, SRMR = .023【填注圖40-2②④⑤的數字，其中TLI就是NNFI】；此結果顯示觀察資料與理論模型具有相當不錯的適配性【或適配性不佳】。

(1)【調節中介分析結果】（一定要寫）

> 本研究關心x和w之交互作用透過m繼而影響y【陳述你所在意的調節中介模型之變項關係】，由徑路係數摘要表亦可見，此調節中介效果的標準化效果量為.05 (p<.001)【填注Excel檔「40-2」分析結果橘框內的「係數」和「p」欄位的數值】。有顯著的調節中介效果【若p >= .05則寫「無顯著的調節中介效果」】。

(2)【主效果】（論文關注主效果才要寫）

> 在主效果方面，x對m的標準化徑路係數為.44 ($p < .001$)【填注圖40-2⑥的Estimate和P(>|z|)】，顯示x對m有顯著影響【或沒有顯著影響】【依此格式描述你所感興趣的所有主效果】。

(3)【二因子交互作用】（一定要寫）

在交互作用方面，x和w交互作用對m之標準化徑路係數為.16 (p < .001)【填注圖40-2⑥交互作用項的Estimate和P (> |z|)】，x和w對m有顯著的交互作用效果【或是「沒有顯著的交互作用效果」】【若交互作用不顯著則寫到這邊結束，若交互作用顯著，才要繼續往下寫】。進一步繪製交互作用圖如圖XX【於論文中附上「Excel 40-3」繪製的圖】。單純斜率 (simple slope) 檢定顯示：【以下開始，先寫w高分組的狀況】對w高分組而言，x對m有顯著解釋力（β = .60, p < .001）。【填入「Excel 40-3」中「w高分組」欄位中的檢定結果，並描述顯著與否】由β值可見……【接下來對單純斜率的方向作說明，寫法見「★你不想知道的統計知識 (38-1)★」】【w高分組寫到這邊結束，接下來開始寫w低分組的狀況】對w低分組而言，x對m有顯著解釋力（β =.27, p < .001）【填入「Excel 40-3」中「w低分組」欄位中的檢定結果】。由β值可見……【接下來對單純斜率的方向作說明，寫法見「★你不想知道的統計知識 (38-1)★」】【若有多個交互作用效果，以同樣方式寫，直到寫完】。

Unit 41

調節中介分析（兩個調節變項的二因子效果）

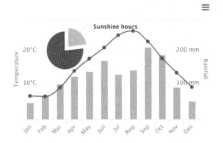

※請參考本書封底之說明，下載本單元中所使用的統計範例檔及工具檔。

　　在使用本單元之前，請參照以下表格，確定你的情境是符合本單元所述的。也就是你的研究架構中有中介效果、兩個調節變項、有二因子交互作用但並沒三因子交互作用。否則，請從下表中找尋你該去的單元。本單元可使用本書所附程式檔mod2_code.R和資料檔mod2_data_ex.csv練習（相關資料下載方式，詳見書之封底處）。

使用單元	有無中介效果	有幾個調節變項	有無二因子交互作用	有無三因子交互作用
37	X	0	X	X
37	O	0	X	X
38	X	>=1	O	X
39	X	>=1	X	O
39	X	>=1	O	O
40	O	1	O	X
41	O	2	O	X
42	O	2	X	O
42	O	2	O	O

41-1　簡介

使用時機	調節中介（moderated mediation）分析，是當理論模型同時包含調節效果和中介效果，且中介效果被調節時，以徑路分析（或迴歸分析）的方式進行統計分析。至於什麼是調節效果、什麼是中介效果，請參考「★你不想知道的統計知識(36-3)★」。
例子	例如：以下的各個研究架構，都同時包含了調節效果和中介效果，因此適於進行調節中介分析。我們施測這些變項的問卷，並算出每位受試者在這些變項的總分，然後用調節中介分析，去檢驗這些變項之間的關係是否真的如我們所預期（也就是去檢驗理論模型與觀察資料是否一致）。以下研究架構只是舉例，只要理論模型同時包含了調節效果和中介效果，就適於進行調節中介分析。 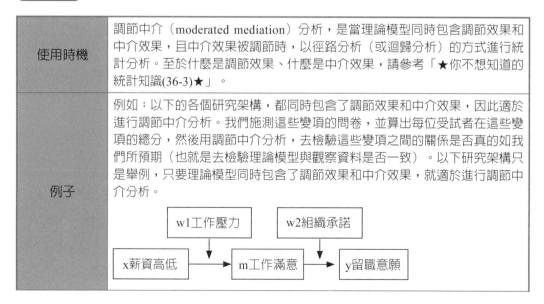

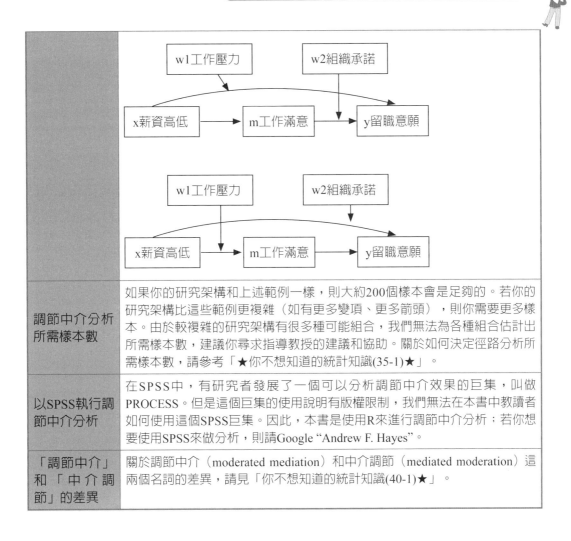

調節中介分析所需樣本數	如果你的研究架構和上述範例一樣，則大約200個樣本會是足夠的。若你的研究架構比這些範例更複雜（如有更多變項、更多箭頭），則你需要更多樣本。由於較複雜的研究架構有很多種可能組合，我們無法為各種組合估計出所需樣本數，建議你尋求指導教授的建議和協助。關於如何決定徑路分析所需樣本數，請參考「★你不想知道的統計知識(35-1)★」。
以SPSS執行調節中介分析	在SPSS中，有研究者發展了一個可以分析調節中介效果的巨集，叫做PROCESS。但是這個巨集的使用說明有版權限制，我們無法在本書中教讀者如何使用這個SPSS巨集。因此，本書是使用R來進行調節中介分析；若你想要使用SPSS來做分析，則請Google "Andrew F. Hayes"。
「調節中介」和「中介調節」的差異	關於調節中介（moderated mediation）和中介調節（mediated moderation）這兩個名詞的差異，請見「你不想知道的統計知識(40-1)★」。

41-2 統計操作──前置作業

1. 請確定你的R版本是3.6.0以上版本。

2. 請確定你已經閱讀本書的單元34，對R的基礎操作有所理解。

3. 請確定你已經依照單元34-9操作，安裝好所有套件。

4. 請在電腦C碟或D碟產生一個叫作「R_data」的資料夾（可自行命名，但我們建議你用這個名字，以下提及工作資料夾時，都會使用這名字）。

5. 請依本書單元34-8的指示，將你的資料轉換為csv檔並命名為「mod2_data」，且變項的名稱均為英文。若你是使用本書的範例檔做練習，則資料檔名為「mod2_data_ex.csv」，無須變更。

6. 請將上面所說的資料檔（「mod2_data.csv」或是「mod2_data_ex.csv」）、以及本書所提供的程式檔「mod2_code.R」，這兩個檔案複製到R_data資料夾內（本書之相關資料下載方式，詳見書之封底處）。

7. 請務必依本書單元34-3的指示，以「按右鍵，然後點選【以系統管理員身分執行】」的方式執行R。

8. 進入R之後，依單元34-4操作，將R的工作徑路設定到R_data資料夾。

9. 接下來：(1)點擊R介面左上角【檔案】。(2)點擊【開啓命令稿】。(3)開啓mod2_code.R。如果你找不到mod2_code.R，可能是上述步驟的4、6或8出了問題。

41-3 統計操作──程式碼

以下是以本書所附mod2_data_ex.csv來說明調節中介分析的操作。在這例子中，我們有五個構念，它們的關係，如圖41-1：

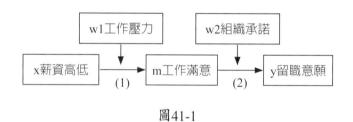

圖41-1

在這例子中x透過m去影響y（中介效果），而w1調節了x和m的關係（調節效果）、w2調節了m和y的關係（調節效果），因此模型中同時包含了調節與中介效果。「糟糕，我的研究架構和上面這個模型不一樣，怎麼辦？」別擔心，由於調節中介分析的理論模型有非常多可能的樣子，我們在書中只能以其中一種模型為例。在使用本書的R程式進行調節中介分析時，我們會教你如何小幅修改程式語法來符合各種不同的理論模型。

上面每個構念，你可能都用了多個題目去測量；在執行調節中介分析之前，請先用SPSS或其他軟體（如Excel）將每個構念在各題的得分加成總分。而且請務必在資料中，把自變項命名為小寫x、依變項命名為小寫y、中介變項命名為小寫m、調節變項命名為小寫w1和w2。以上面的架構為例，在你的資料中，每個受試者都應該

有薪資高低的總分（x）、工作滿意的總分（m）、留職意願的總分（y）、工作壓力的總分（w1）、組織承諾的總分（w2），這五個分數。請你看看本書範例的mod2_data_ex.csv，應該可以理解我們在說什麼。如何用SPSS做加總，可參考本書的前作《傻瓜也會跑統計I》的單元1-7。以下開始說明如何操作分析。

1. 程式指令如｛程式碼41-1｝。在執行調節中介分析時，我們是先將各個變項進行標準化，才做分析。至於我們為什麼這樣做，請參考「★你不想知道的統計知識(40-2)★」。如果你不想知道這件事，請完全不要理會上面這段話，直接看下一點。

2. 請注意標示「*****需注意處*****」和「*****需修改處*****」底下的程式碼，那是你必須根據你的資料現況修改的地方。

✎ **程式碼41-1**

```
#本程式碼之使用請參考《傻瓜也會跑統計 II》單元41

#每次執行本程式前，都請先按Ctrl+L，清空R console視窗，再執行程式

#***** 需注意處 *****
#說明：讀檔
dta <- read.csv(file='mod2_data.csv', header=T, fileEncoding = 'UTF-8-BOM')
dta1 <- dta

#說明：將變項標準化
nums <- unlist(lapply(dta, is.numeric))
dta[,nums] <- apply(dta[ , nums],2,scale)

#說明：呼叫徑路分析所需套件lavaan
library(lavaan)

#***** 需修改處1 *****
#說明：產生交互作用項
dta$xw1 <- dta$x*dta$w1
dta$mw2 <- dta$m*dta$w2

#***** 需修改處2 *****
#說明：設定構念之間的關係

model<-
'm~x+w1+xw1
y~m+w2+mw2'
```

```
#說明：執行徑路分析並將結果指定給一個叫作result的物件
result <- sem(model, data=dta)

#說明：輸出結果
summary(result, fit.measure=T)

#呈現修模型所需指標
modindices(result)

#說明：呼叫畫圖所需套件semPlot
library(semPlot)

#說明：畫徑路分析圖
#執行後到資料所在的資料夾，就能找到圖，檔名是mod2_plot.png
png('mod2_plot.png',width=1920,height=1080)
semPaths(result, whatLabels='est',residual=F,
fixedStyle=c('black',lty=1),
freeStyle=c('black',lty=1),
rotation=2,
nCharNodes=5,
edge.label.position=.4)
dev.off()

#輸出畫交互作用圖所需數值
estcov <- result@vcov$vcov
npar <- result@Fit@npar
nvar <- dim(dta1)[2]
outdata <- matrix("",max(nvar,npar),npar+4)
outdata[1:nvar,1] <- names(dta1)
outdata[1:nvar,2] <- apply(dta1,2,mean)
outdata[1:nvar,3] <- apply(dta1,2,sd)
outdata[1:npar,5:(npar+4)] <- estcov
outdata[1:npar,4] <- colnames(outdata)[5:(npar+4)]<- names(coef(result))
colnames(outdata)[1:4] <- c('var','mean','sd','par')
write.csv(outdata, file="mod2_table.csv",row.names=F)
```

3. 需注意處（請對照〔程式碼41-1〕中的「*****需注意處*****」）

  (1) 請確定你已完成單元41-2「前置作業」中的所有事項。

  (2) 每次執行程式前，請先按Ctrl+L，清空R console視窗，否則每次統計結果
      會一直「累積」在R console視窗上，最後你會分不清哪些資料是你需要的
      統計結果。

(3) 若你是使用自己的資料檔進行分析，且已將它命名為「mod2_data.csv」，則請跳過本點，直接讀下一點。若你是使用本書提供的範例檔做練習，請將「*****需注意處*****」下方指令中的檔名「mod2_data.csv」更改為「mod2_data_ex.csv」。

4. **需修改處1**（請對照〔程式碼41-1〕中的「*****需修改處1*****」）

這裡是為了產生交互作用項。在本範例中，我們在意x和w1的交互作用，所以語法是「dta$xw1 <- dta$x*dta$w1」，只要將前述語法中的底線處改成你在意的變項，就可以組成你所需的交互作用項。例如：在這個例子中，我們也在意m和w2的交互作用，則語法是「dta$mw2 <- dta$m*dta$w2」；以此類推。

5. **需修改處2**（請對照〔程式碼41-1〕中的「*****需修改處2*****」）

(1) 「model <- 」是產生一個物件，然後將調節中介分析模型指定給這個物件。此處不必修改。

(2) 接下來開始設定構念之間的關係。這裡你必須知道R的幾個符號的用法：

~~ 表示相關（沒有方向性）。如A~~B，表示A和B之間有相關，如果你的模型有這種變項關係，可以自行加上（在本範例中沒有）。

~ 表示因果，「~ 之後的變項」影響「~之前的變項」。如y~m，表示m影響y。

+ 用來簡述多個變項的效果。如m~x+w1+xw1，表示x, w1, xw1都會影響m。這邊要特別說明，當我們說某兩個自變項x, w1對另一變項m有交互作用效果時，通常暗示著裡面包含以下效果：①主效果，即x, w1各自的效果、②二因子交互作用，即xw1組合起來的效果。雖然不必然如此，但這是最常見的模型，所以本書的程式碼也是這樣寫的：「m~x+w1+xw1」（包含了x主效果、w1主效果和xw1交互作用，三個效果）。而此處語法中的xw1之所以可以代表交互作用項，是由於我們前面在「*****需修改處1 *****」中曾寫過語法，讓xw1= x*w1（就是「dta$xw1 <- dta$x*dta$w1」那行指令，以此類推）。

所以對照圖41-1，整段程式碼的意義會是：

'm~x+w1+xw1 〔這在描述圖41-1(1)中的x、w1及它們組合起來對m的效果〕

y~ m+w2+mw2'〔這在描述圖41-1(2)中的m、w2及它們組合起來對y的效果〕

你可以根據自己的模型去做修改。例如：如果你的模型除了中介效果，還包含了x對y的直接效果，則可再加上一行「y~x」，以此類推。注意，每一個以「~~」或「~」連接的構念間關係須各自寫成一行，例如：上面的程式碼就寫成了兩行。我們建議你先在紙上，根據研究架構畫好變項間的關係圖（如圖41-1），然後依照上述語法，寫出變項間關係。

(3) 特別注意R會把大小寫視為不同，所以資料檔中的變項名稱大小寫，一定要和程式碼中的大小寫一致（如x不可以寫成X）。

(4) 需注意，在「*****需修改處2*****」的「model <- 」下面第一行之首，最後一行之末，各自有一個英式括弧（' '）不可刪去。且這英式括弧一定要在R編輯器下寫，從別的地方寫好程式碼再貼過去，有時R會無法辨識。

6. 執行程式

先用滑鼠選取寫好的程式（也可用Ctrl+A全選），然後按右鍵，點擊【執行程式列或選擇項】就會執行程式，依每個人的電腦不同，可能需要一些時間，要一直到訊息視窗出現「>」符號，才表示程式執行完了。然後會在R Console視窗看到執行結果。關於統計結果的存檔，請參考單元34-7之說明。

41-4 報表解讀

統計報表請參考圖41-2。在解讀統計結果時，本書所有報表中的①、②、③……符號，都和說明文字中的①、②、③……是可以直接對應的。

1. 模型適配的評估（請對照圖41-2）

這部分主要是去評估，你所蒐集到的資料的統計結果，是否支持你本來預期的構念關係。

①卡方值：其中Model Fit Test Statistic為卡方值，Degree of freedom為自由度，P-value (Chi-square)為卡方之顯著性機率值。特別注意，當顯著性機率值呈現.000時，論文中不可以寫 p = .000，而是要寫 p < .001。調節中介分析通常會報告卡方值，不過還是要看以下的幾個檢定值，來決定理論模型是否適切。

②④⑤**適合度指標**（請注意，這裡的編號跳過了③，③在別的地方才會用到）：調節中介分析主要依賴幾個重要的適合度指標（goodness of fit）來判斷你的資料和理論模型是否一致。圖41-2中的：②CFI和TLI（後者又稱之為NNFI）、④RMSEA、⑤SRMR是比較重要的指標。適合度指標要達到多少才顯示模型可以接受？標準眾說紛紜，比較常用的標準是，CFI和TLI高於 .95、RMSEA低於 .08而SRMR低於 .06表示模型可以接受 (Hu & Bentler, 1999)。[注1]有些研究者採用較前者寬鬆的標準，例如：以TLI高於 .90為標準（Bentler & Bonett, 1980），[注2]以CFI高於 .90為標準（Bentler, 1990)，[注3]或是將RMSEA < .05視為配適不錯，.05 ≦ RMSEA < .08視為配適合理，.08 ≦ RMSEA < .10視為配適尚可（Browne & Cudeck, 1993）。[注4]基本上使用本書上面建議的四個指標及標準，應該可以符合多數情境。適合度指標非常多，應該選取哪一些，標準又應該是多少，此一議題曾經紅極一時，如果對這段歷史感興趣，走過路過不要錯過，請看「★你不想知道的統計知識(35-2)★」。而有時各個指標的表現未必一樣好，可能出現某個指標通過標準、另一指標未通過標準的情況，此時請參考「★你不想知道的統計知識(35-3)★」。

2. **構念間關係評估**（請對照圖41-2）

⑥**標準化徑路係數**（path coefficient）估計值、標準誤與z值。標準化徑路係數是某一構念對另一構念的影響強度，例如：x會影響m嗎？可以想成是迴歸分析時的標準化迴歸係數。其中Estimate是標準化徑路係數估計值，Std.Err是標準誤、z-value是檢定值，P(>|z|)是顯著與否的機率值（就是一般檢定的p值），p < .05表示某一構念對另一構念的影響是顯著的，若p >= .05則表示某構念對另一構念的影響並不顯著。以圖41-2⑥的第一行為例，x這個構念對m的徑路係數是 .28，z = 9.30，p < .001，這表示x對m的影響顯著。而其中xw1那一行的數據，就是xw1的交互作用效果。如果你的模型包含了變項間的相

注1 Hu, L. T., & Bentler, P. M. (1999). Cutoff criteria for fit indexes in covariance structure analysis: Conventional criteria versus new alternatives. *Structural Equation Modeling*, 6, 1-55.

注2 Bentler, P. M., & Bonett, D. G. (1980). Significance tests and goodness of fit in the analysis of covariance structures. *Psychological Bulletin*, 88, 588-606.

注3 Bentler, P. M. (1990). Comparative fit indexes in structural models. *Psychological Bulletin, 107*(2), 238-246.

注4 Browne, M. W., & Cudeck, R. (1993). Alternative ways of assessing model fit. In K. A. Bollen & J. S. Long (Eds.), *Testing structural equation models* (pp. 136-162). Beverly Hills, CA: Sage.

關，也就是你修改我們的程式碼時曾經使用「~~」（在本範例中沒有），則
⑥會多出一區「Covariances」，裡面的數值表示兩個變項之間的相關，其顯
著與否判斷方式同上。

3. **模型修改**（請對照圖41-2）

⑦呈現的是模型修改所需的資訊，若你需要修改模型，請參考「★你不想知
道的統計知識(36-2)★」。

4. **模型之比較**

如果你需要進行多個調節中介分析模型之比較，則：(1)請用本書所附程式
「mod2_code.R」執行調節中介分析，每個模型執行一次。(2)每次執行完後
要記得依單元34-7之說明，將調節中介分析結果存檔，每個模型各自一個結
果檔。有很多方法可以決定哪個模型較佳，在一般情境下，我們建議參考
「圖41-2」③AIC那個數據，AIC較小的模型，是比較好的模型。

除了AIC之外，也可以對模型進行差異檢定。如果你要進行模型之間的差異
檢定（通常是所謂卡方差異檢定，$\triangle\chi^2$檢定），請使用本書所附Excel「41-1_
卡方差異檢定」（本書之相關資料下載方式，詳見書之封底處），其詳細說
明請參考「★你不想知道的統計知識(35-5)★」。

在以AIC或卡方差異檢定進行模型比較時，須特別注意：(1)必須是分析同一
筆資料，才能進行模型比較；不同筆資料之間不能用AIC或卡方差異檢定進
行比較。(2)只有當不同模型的變項完全相同時，才可以進行比較。例如：模
型一總共有五個變項，而模型二你拿掉了一個變項，所以只剩四個變項了，
或是你加入了一個變項，變成六個變項了；此時模型一和模型二是不能用
AIC或卡方差異檢定進行模型比較的。

~~~~~~~~~~~~~~~~~~~~~~~~（前略）~~~~~~~~~~~~~~~~~~~~~~~~~

Number of observations   1000

Model Test User Model:

  Test statistic   7.482 ⌐
  Degrees of freedom   5 | ①
  P-value (Chi-square)   0.187 ⌐

Model Test Baseline Model:

  Test statistic   681.689
  Degrees of freedom   11
  P-value   0.000   ②

User Model versus Baseline Model:

  Comparative Fit Index (CFI)   0.996 ⌐
  Tucker-Lewis Index (TLI)   0.992 ⌐

Loglikelihood and Information Criteria:
                                                             ③
  Loglikelihood user model (H0)   -2499.773
  Loglikelihood unrestricted model (H1) -2496.032

  Akaike (AIC)   5015.546
  Bayesian (BIC)   5054.808
  Sample-size adjusted Bayesian (BIC) 5029.400
                                                             ④
Root Mean Square Error of Approximation:

  RMSEA   0.022
  90 Percent confidence interval - lower 0.000
  90 Percent confidence interval - upper 0.053
  P-value RMSEA <= 0.05   0.927
                                                             ⑤
Standardized Root Mean Square Residual:

  SRMR   0.012

圖41-2

~~~~~~~~~~~~~~~~~~~~~~~~~~~~~ （中間略） ~~~~~~~~~~~~~~~~~~~~~~~~~~~~~

Regressions:

```
                   Estimate  Std.Err  z-value  P(>|z|)
  m ~
    x                 0.282    0.030    9.309    0.000  ⎫
    w1                0.133    0.030    4.379    0.000  ⎪      ⑥
    xw1              -0.161    0.028   -5.761    0.000  ⎬
  y ~                                                  ⎪
    m                 0.627    0.024   25.645    0.000  ⎪
    w2               -0.001    0.025   -0.046    0.963  ⎪
    mw2               0.099    0.024    4.200    0.000  ⎭
```

Variances:

```
                   Estimate  Std.Err  z-value  P(>|z|)
   .m                0.853    0.038   22.361    0.000          ⑦
   .y                0.596    0.027   22.361    0.000
```

```
>
> #呈現修模型所需指標
> modindices(result)
     lhs op rhs    mi      epc sepc.lv sepc.all sepc.nox
9     x ~~   x 0.000 ⎫   0.000   0.000    0.000    0.000
10    x ~~  w1 0.000 ⎪   0.000   0.000       NA    0.000
11    x ~~ xw1 0.000 ⎪   0.000   0.000       NA    0.000
12    x ~~  w2 0.000 ⎪   0.000   0.000       NA    0.000
13    x ~~ mw2 0.000 ⎬   0.000   0.000       NA    0.000
14   w1 ~~  w1 0.000 ⎪   0.000   0.000    0.000    0.000
15   w1 ~~ xw1 0.000 ⎪   0.000   0.000       NA    0.000
16   w1 ~~  w2 0.000 ⎪   0.000   0.000       NA    0.000
17   w1 ~~ mw2 0.000 ⎪   0.000   0.000       NA    0.000
18  xw1 ~~ xw1 0.000 ⎭   0.000   0.000    0.000    0.000
```

~~~~~~~~~~~~~~~~~~~~~~~~~~~~~ （以下略） ~~~~~~~~~~~~~~~~~~~~~~~~~~~~~

圖41-2（續）

41-5 調節中介分析——表格呈現

我們建議在論文中，以表格呈現調節中介分析的結果。在一般狀況下，你需要呈現「徑路係數摘要表」（用來說明構念間關係）。而如果你有做模型間比較，則

會再多一個「模型間比較摘要表」。分別說明如下。

1. 徑路係數摘要表

這個表格是用來描述構念之間的關係。請對照圖41-2⑥，將數據填入表格範例41-1。其中表格中的「徑路」那一欄，請對照圖41-2⑥最左邊的符號去填，如「m~x」在表格中寫成「x→m」，以此類推。在表達上，交互作用一般是用乘號去表達的，如「x*w1」表示x和w1的交互作用（你應該填上你的構念名稱，不要用m、x這類符號）。而表格中的「係數」、「標準誤」、「z」、「p」分別對應圖41-2⑥的Estimate、Std.Err、z-value、P(>|z|)的數值。特別注意，當p值呈現 0時，表格中要呈現「<.001」，不可以呈現「.000」（本書有提供各種表格範例之電子檔，下載方式，請見書的封底）。除非你的模型和本書範例完全一樣，否則你必須依自己的模型去對本書所附表格做一些修改。例如：如果你的模型包含直接效果，則表格範例41-1還會多一行「x→y」的數值。以此類推。

除了R報表的這些數值之外，你還要利用本書所附的Excel檔「41-2_調節中介(2個調節變項)_Sobel type test.xls」，進行調節中介效果的檢定[注5]，並將數值填進表格下半部。使用Excel檔「41-2」時，請先點Excel下方的「模型」工作表，然後會看到一張圖，圖的右方有四個問題要你回答，答完後，綠色框框會指示你該使用哪一個工作表，請點選下方對應的工作表標籤，依據工作表中指示，填進黃色格子的數值，即可看到統計結果。例如：以本章範例來說，應該使用「工作表3」來計算 Sobel type test，進行調節中介檢定。而在工作表中的橘色部分即是分析結果，請將那些數據填入表格範例41-1即可；以此類推。

注5 Hayes, A. F. (2015). An index and test of linear moderated mediation. *Multivariate Behavioral Research*, *50*(1), 1-22.

✎ 表格範例41-1

徑路係數摘要表

徑路	係數	標準誤	z	p
x→m	.28	0.03	9.30	<.001
w1→m	.13	0.03	4.37	<.001
x*w1→m	-.16	0.02	-5.76	<.001
m→y	.62	0.02	25.64	<.001
w2→y	-.00	0.02	-0.04	<.001
m*w2→y	.09	0.02	4.20	<.001
x*w1→m*w2→y[a]	-.01	0.00	-3.35	<.001

[a]調節中介效果利用 Sobel- type test 檢定。

2. 模型比較的表格

　　如果你沒有進行多個模型比較，可以跳過此小節。若有進行多個模型比較，則我們建議：(1)前面的「徑路係數摘要表」，可以只呈現你最主要的那個模型即可，未必要每個模型都呈現。(2)但是要另外呈現「表格範例41-2 模型比較摘要表」（各種表格範例之電子檔下載方式，請見書的封底）。

　　前面提過，當進行多個模型比較時：(1)先用本書所附程式「mod2_code.R」執行調節中介分析，每個模型執行一次。(2)每次執行完後，要記得依單元34-7之說明，將調節中介分析結果存檔，每個模型各自一個結果檔。接下來要呈現這些不同模型的比較摘要表。請依照表格範例41-2，對照圖41-2填入相關數據，其中卡方值、自由度與p值對應圖41-2的①數字，CFI、NNFI、RMSEA與SRMR分別對應圖41-2的②④⑤數字，其中TLI就是NNFI。AIC則對應圖41-2的③數字。請注意，(1)雖然我們在表格範例41-2模型那一欄，只寫了模型1、模型2，不過你可以加上一些關於模型的簡單描述，例如：「模型1：完全中介模型」、「模型2：部分中介模型」等等。(2)表中卡方值那一欄有些數據標示了星號，如果你有做卡方差異檢定（見單元41-4「(4)模型之比較」）才需要根據檢定結果做星號的標示（*p < .05, **p < .01, ***p < .001），如果你沒有做卡方差異檢定，則表中不要標示星號。而在進行卡方差異檢定時，通常是一個主要模型和其他模型相比。所以表格範例41-2中的每個星號，指的都是模型1和其他模型的卡方差異檢定結果。你應該根據自己的差異檢定的配對組合方式，對那個表格做調整。

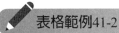

表格範例41-2

模型比較摘要表

模型	卡方值	*df*	*p*	CFI	NNFI	RMSEA	SRMR	AIC
模型1	7.48	5	.018	.996	.992	.022	.012	5015.54
模型2	92.02***	13	.001	.897	.842	.078	.062	19350.13
模型3	58.34***	11	.001	.933	.890	.066	.043	10779.19

注：表中星號為模型1與其他模型之卡方差異檢定結果 *p < .05, **p < .01, ***p < .001。

41-6 以圖呈現調節中介分析的結果

　　將調節中介分析以適當的圖呈現，有助於讀者快速掌握統計模型與結果，而且也會讓論文看起來很厲害。在執行本書所提供的程式碼後，請你到資料所在的資料夾，應該會看到新增了一個叫作「mod2_plot.png」的圖檔，沒錯，在不知不覺中，我們已經幫你把圖畫好了。如果你覺得這圖堪用，則可以直接貼在論文中（圖中用了x, m, y等代號，你應該要換成真正的變項名稱，不宜以這些代號直接呈現）。但我們建議你用Word或相關文書軟體，自行繪製較為美觀的圖，尤其如果你論文寫得很心虛（誤），一張漂亮的圖很能增加論文的表面效度。以本單元為例，以文書軟體繪製的圖如圖41-3；圖中的數值請參考圖41-2⑥的「Estimate」欄位填入即可。請對照「mod2_plot.png」和圖41-2⑥，應該可以明白如何畫圖。

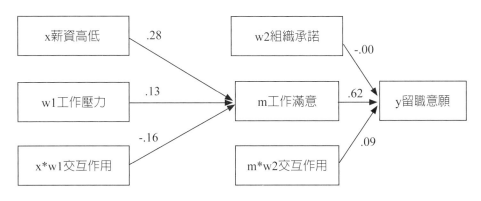

圖41-3　徑路分析圖

41-7 呈現交互作用圖及單純斜率檢定

如果你的交互作用顯著，才需要畫交互作用圖及做單純斜率檢定，若交互作用不顯著，不需做這一部分。請使用本書所附Excel「41-3_調節中介(2個調節變項)_交互作用圖與單純斜率.xls」進行繪圖及單純斜率（simple slope）檢定 （Excel下載方式，請見本書封底）。一般來說，在論文中呈現這個交互作用圖並無不妥；但關於調節中介的交互作用圖有一些細節值得深思，請參考「★你不想知道的統計知識(40-3)★」

本章範例中，由於xw1和mw2交互作用效果都是顯著的，因此我們以「Excel 41-3」繪圖及進行單純斜率檢定。(1)請先到你的資料所在目錄，應該會發現執行R後，新產生了一個檔案「mod2_table.csv」，Excel中需要使用這個檔。(2)使用「Excel 41-3」時，請先點Excel下方的「模型」工作表，填寫裡面黃色的格子，其中mean , sd可以在「mod2_table.csv」中找到。(3)填完所有黃色格子後，綠色框框會指示你該使用哪一個工作表，然後請點選下方對應的工作表標籤，依據工作表中指示，填完黃色格子的數值，即可看到統計結果。其中的「參數共變數矩陣」比較複雜，說明如下：

1. 在「mod2_table.csv」右邊有一個有一堆數值的矩陣，那是「參數共變數矩陣」，若有些格子呈現「#######」，那是因爲格子太小的關係，無法完整呈現數據；其實裡面是有數據的，這不是錯誤訊息。

2. 請對照mod2_table.csv的數值，找出橫軸爲「m~x」、縱軸也爲「m~x」，二者所交會處的數值（在本例中是0.000918290153979085）。並填入「Excel 41-3」中。

3. 請注意，將數據填入Excel時，數據必須完整，不可以四捨五入。請使用複製貼上功能，將mod2_table.csv的數值的完整數據複製，然後右鍵貼在「Excel 41-3」中。

4. 依上述原則，從mod2_table.csv中找到「參數共變數矩陣」中所需的所有數值，全部填完即完成。

5. 如果有其他交互作用顯著，也是依「Excel 41-3」的指示，選擇該使用的工作表，如法炮製，完成所需的單純斜率檢定及交互作用圖繪製。以此類推。

在本範例中，xw1交互作用圖，如圖41-4。

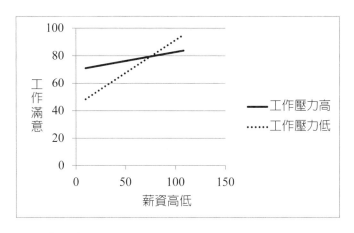

圖41-4 「薪資高低×工作滿意」對工作壓力之二因子交互作用圖

41-8 書寫範例

在論文中，二因子調節中介分析的結果，可能會需要書寫以下內容：

(0) 調節中介分析的概述。

    (0-1) 模型比較（有做模型比較才要寫）。

    (0-2) 模型適合度摘要。

(1) 調節中介分析結果。

(2) 主效果。

(3) 二因子交互作用。

書寫時，請務必注意以下事項：

1. 在書寫時的順序，「依序」是(0), (1), (2), (3)。也就是依上面所條列的內容，由上而下的順序書寫。

2. 請特別注意，你並不需要每一個項都寫，例如：你沒有做模型比較，(0-1)就可以不用寫。

3. 書寫範例中的x,w1,w2,y，請依據你的研究內容，填入適切的變項名稱。

以下書寫範例中，標楷體的部分是論文中應該要書寫的內容，【】內是對書寫方式的說明。而書寫範例中的①、②、③⋯⋯符號，都和統計報表圖中的①、②、③⋯⋯是可以直接對應的。

(0-1)【模型比較】（有做模型比較才要寫）

　　設定三個模型，分別爲m*w2中介x*w1和y之關係而x無直接效果（Model 1）、m中介x和y之關係但w1沒有調節效果（Model 2）……【請依你要比較的模型有幾個、模型內容是什麼去寫】，各自進行分析。模型比較摘要如表XXX【呈現表格範例41-2的模型比較摘要表】。由表中AIC可見，Model 1是適配最佳的模型【若你有做卡方差異檢定，其書寫請見「★你不想知道的統計知識(35-5)★」】。

(0-2)【模型適合度摘要】（一定要寫）

　　對本研究所關注的理論模型進行分析，結果如表XXX【呈現表格範例41-1】。徑路圖如圖XXX【可自行決定是否附上如圖41-3的徑路圖】。分析結果顯示模型具相當不錯的適合度【或是適合度不佳；關於適合度之標準請參考單元41-4「(1)模型適配的評估」那一小節】，$\chi^2 (5) = 7.48, p = .018$【填注圖41-2①的數字，其中$\chi^2$( ) 括弧內是填自由度】，CFI = .996, NNFI = .992, RMSEA = .022, SRMR = .012【填注圖41-2②④⑤的數字，其中TLI就是NNFI】；此結果顯示觀察資料與理論模型具有相當不錯的適配性【或適配性不佳】。

(1)【調節中介分析結果】（一定要寫）

　　本研究關心x和w1之交互作用透過m和w2之交互作用影響y之效果【陳述你所在意的調節中介模型之變項關係】，由徑路係數摘要表可見，此調節中介效果的標準化效果量爲-.01 ($p < .001$)【填注Excel檔「41-2」分析結果橘框內的「係數」和「p」欄位的數值】。有顯著的調節中介效果【若p >= .05則寫「無顯著的調節中介效果」】。

(2)【主效果】（論文關注主效果才要寫）

　　在主效果方面，x對m的標準化徑路係數爲.28 ($p < .001$)【填注圖41-2⑥的Estimate和P(>|z|)】，顯示x對m有顯著影響【或沒有顯著影響】【依此格式描述你所感興趣的所有主效果】。

(3)【二因子交互作用】（一定要寫）

在交互作用方面，x和w1交互作用對m之標準化徑路係數為-.16 ($p <$ .001)【填注圖41-2⑥交互作用項的Estimate和P (> |z|)】，x和w1對m有顯著的交互作用效果【或是「沒有顯著的交互作用效果」】【若交互作用不顯著則寫到這邊結束，若交互作用顯著，才要繼續往下寫】。進一步繪製交互作用圖如圖XX【於論文中附上「Excel 41-3」繪製的圖】。單純斜率（simple slope）檢定顯示：【以下開始，先寫w1高分組的狀況】對w1高分組而言，x對m有顯著解釋力（β = .12, $p =$ .003）。【填入「Excel41-3」中「w1高分組」欄位中的檢定結果，並描述顯著與否】【w1高分組寫到這邊結束，接下來開始寫w1低分組的狀況】對w1低分組而言，x對m有顯著解釋力（β =.44, $p <$.001）【填入「Excel41-3」中「w1低分組」欄位中的檢定結果】。由β值可見……【接下來對單純斜率的方向做說明，寫法見「★你不想知道的統計知識 (38-1)★」】【若有多個交互作用效果，以同樣方式寫，直到寫完】。

Unit 42

調節中介分析
（三因子交互作用）

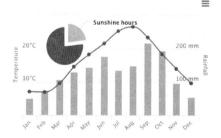

※請參考本書封底之說明，下載本單元中所使用的統計範例檔及工具檔。

　　本單元可使用本書所附程式檔mod3_code.R和資料檔mod3_data_ex.csv練習（相關資料下載方式，詳見書之封底處）。在使用本單元之前，請參照以下表格，確定你的情境是符合本單元所述的。也就是你的研究架構中有兩個調節變項、有三因子交互作用、也有中介效果。否則，請從下表中找尋你該去的單元。

使用單元	有無中介效果	有幾個調節變項	有無二因子交互作用	有無三因子交互作用
37	X	0	X	X
37	O	0	X	X
38	X	>=1	O	X
39	X	>=1	X	O
39	X	>=1	O	O
40	O	1	O	X
41	O	2	O	X
42	O	2	X	O
42	O	2	O	O

42-1　簡介

使用時機	調節中介（moderated mediation）分析，是當理論模型同時包含調節效果和中介效果，且中介效果被調節時，以徑路分析（或迴歸分析）的方式進行統計分析。至於什麼是調節效果、什麼是中介效果，請參考「★你不想知道的統計知識(36-3)★」。
例子	例如：以下的各個研究架構，都同時包含了調節效果和中介效果，因此適於進行調節中介分析。我們施測這些變項的問卷，並算出每位受試者在這些變項的總分，然後用調節中介分析，去檢驗這些變項之間的關係是否真的如我們所預期（也就是去檢驗理論模型與觀察資料是否一致）。以下研究架構只是舉例，只要理論模型同時包含了調節效果和中介效果，就適於進行調節中介分析。

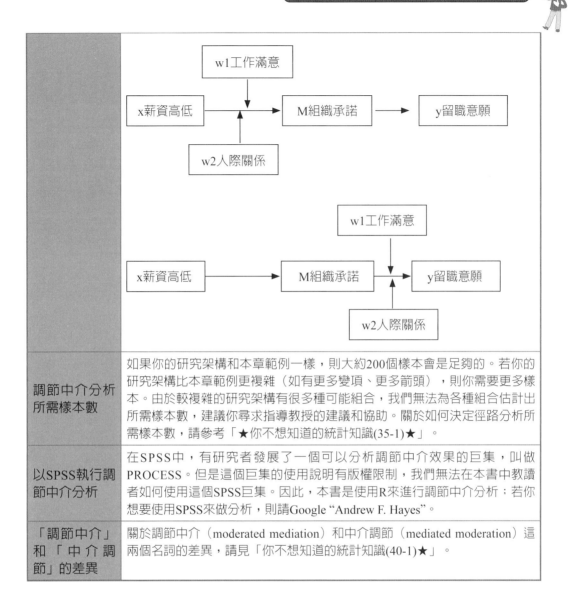

調節中介分析 所需樣本數	如果你的研究架構和本章範例一樣，則大約200個樣本會是足夠的。若你的研究架構比本章範例更複雜（如有更多變項、更多箭頭），則你需要更多樣本。由於較複雜的研究架構有很多種可能組合，我們無法為各種組合估計出所需樣本數，建議你尋求指導教授的建議和協助。關於如何決定徑路分析所需樣本數，請參考「★你不想知道的統計知識(35-1)★」。
以SPSS執行調節中介分析	在SPSS中，有研究者發展了一個可以分析調節中介效果的巨集，叫做PROCESS。但是這個巨集的使用說明有版權限制，我們無法在本書中教讀者如何使用這個SPSS巨集。因此，本書是使用R來進行調節中介分析；若你想要使用SPSS來做分析，則請Google "Andrew F. Hayes"。
「調節中介」和「中介調節」的差異	關於調節中介（moderated mediation）和中介調節（mediated moderation）這兩個名詞的差異，請見「你不想知道的統計知識(40-1)★」。

42-2 統計操作──前置作業

1. 請確定你的R版本是3.6.0以上版本。

2. 請確定你已經閱讀本書的單元34，對R的基礎操作有所理解。

3. 請確定你已經依照單元34-9操作，安裝好所有套件。

4. 請在電腦C碟或D碟產生一個叫作「R_data」的資料夾（可自行命名，但我們建議你用這個名字，以下提及工作資料夾時，都會使用這名字）。

5. 請依本書單元34-8的指示，將你的資料轉換為csv檔並命名為「mod3_data」，且變項的名稱均為英文。若你是使用本書的範例檔做練習，則資料檔名為「mod3_data_ex.csv」，無須變更。

6. 請將上面所說的資料檔（「mod3_data.csv」或是「mod3_data_ex.csv」）、以及本書所提供的程式檔「mod3_code.R」，這兩個檔案複製到R_data資料夾內（本書之相關資料下載方式，詳見書之封底處）。

7. 請務必依本書單元34-3的指示，以「按右鍵，然後點選【以系統管理員身分執行】」的方式執行R。

8. 進入R之後，依單元34-4操作，將R的工作徑路設定到R_data資料夾。

9. 接下來：(1)點擊R介面左上角【檔案】。(2)點擊【開啟命令稿】。(3)開啟mod3_code.R。如果你找不到mod3_code.R，可能是上述步驟的4、6或8出了問題。

42-3 統計操作──程式碼

以下是以本書所附mod3_data_ex.csv來說明調節中介分析的操作。在這例子中，我們有五個構念，它們的關係如圖42-1：

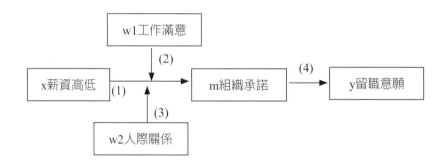

圖42-1

在這例子中，x透過m去影響y（中介效果），而w1和w2調節了x和m的關係（調節效果），因此模型中同時包含了調節與中介效果。「糟糕，我的研究架構和上面這個模型不一樣，怎麼辦？」別擔心，由於調節中介分析的理論模型有非常多可能的樣子，我們在書中只能以其中一種模型為例。在使用本書的R程式進行調節中介分析時，我們會教你如何小幅修改程式語法來符合各種不同的理論模型。

　　上面每個構念你可能都用了多個題目去測量；在執行調節中介分析之前，請先用SPSS或其他軟體（如Excel）將每個構念在各題的得分加成總分。而且請務必在資料中把自變項命名為小寫**x**、依變項命名為小寫**y**、中介變項命名為小寫**m**、調節變項命名為小寫**w1**、**w2**。以上面的架構為例，在你的資料中，每個受試者都應該有薪資高低的總分（x）、組織承諾的總分（m）、留職意願的總分（y）、工作滿意的總分（w1）、人際關係的總分 (w2)，這五個分數。請你看看本書範例的mod3_data_ex.csv，應該可以理解我們在說什麼。如何用SPSS做加總，可參考本書的前作《傻瓜也會跑統計I》的單元1-7。以下開始說明如何操作分析。

1. 程式指令如｛**程式碼42-1**｝。在執行調節中介分析時，我們是先將各個變項進行標準化，才做分析。至於我們為什麼這樣做，請參考「★你不想知道的統計知識(40-2)★」。如果你不想知道這件事，請完全不要理會上面這段話，直接看下一點。

2. 請注意標示「*****需注意處*****」和「*****需修改處*****」底下的程式碼，那是你必須根據你的資料現況修改的地方。

程式碼42-1

```
#本程式碼之使用請參考《傻瓜也會跑統計II》單元42

#每次執行本程式前，都請先按Ctrl+L，清空R console視窗，再執行程式

#***** 需注意處 *****
#說明：讀檔
dta <- read.csv(file='mod3_data.csv', header=T, fileEncoding = 'UTF-8-BOM')
dta1 <- dta

#說明：將變項標準化
nums <- unlist(lapply(dta, is.numeric))
dta[,nums] <- apply(dta[ , nums],2,scale)

#說明：呼叫徑路分析所需套件lavaan
library(lavaan)

#***** 需修改處1 *****
#說明：產生交互作用項
dta$xw1 <- dta$x*dta$w1
dta$xw2 <- dta$x*dta$w2
dta$w1w2 <- dta$w1*dta$w2
```

```
dta$xw1w2 <- dta$x*dta$w1*dta$w2

#***** 需修改處2 *****
#說明：設定構念之間的關係

model<-
'm~x+w1+w2+xw1+xw2+w1w2+xw1w2
y~m'

#說明：執行徑路分析並將結果指定給一個叫作result的物件
result <- sem(model, data=dta)

#說明：輸出結果
summary(result, fit.measure=T)

#呈現修模型所需指標
modindices(result)

#說明：呼叫畫圖所需套件semPlot
library(semPlot)

#說明：畫徑路分析圖
#執行後到資料所在的資料夾，就能找到圖，檔名是mod3_plot.png
png('mod3_plot.png',width=1920,height=1080)
semPaths(result, whatLabels='est',residual=F,
fixedStyle=c('black',lty=1),
freeStyle=c('black',lty=1),
rotation=2,
nCharNodes=5,
edge.label.position=.4)
dev.off()

#輸出畫交互作用圖所需數值
estcov <- result@vcov$vcov
npar <- result@Fit@npar
nvar <- dim(dta1)[2]
outdata <- matrix("",max(nvar,npar),npar+4)
outdata[1:nvar,1] <- names(dta1)
outdata[1:nvar,2] <- apply(dta1,2,mean)
outdata[1:nvar,3] <- apply(dta1,2,sd)
outdata[1:npar,5:(npar+4)] <- estcov
outdata[1:npar,4] <- colnames(outdata)[5:(npar+4)]<- names(coef(result))
colnames(outdata)[1:4] <- c('var','mean','sd','par')
write.csv(outdata, file="mod3_table.csv",row.names=F)
```

3. 需注意處（請對照〔程式碼42-1〕中的「*****需注意處*****」）

(1) 請確定你有完成單元42-2「前置作業」中的所有事項。

(2) 每次執行程式前，請先按Ctrl+L，清空R console視窗，否則每次統計結果會一直「累積」在R console視窗上，最後你會分不清哪些資料是你需要的統計結果。

(3) 若你是使用自己的資料檔進行分析，且已將它命名為「mod3_data.csv」，則請跳過本點，直接讀下一點。若你是使用本書提供的範例檔作練習，請將「*****需注意處*****」下方指令中的檔名「mod3_data.csv」更改為「mod3_data_ex.csv」。

4. 需修改處1（請對照〔程式碼42-1〕中的「*****需修改處1*****」）

這裡是為了產生交互作用項。例如：如果我們在意x和w1的二因子交互作用，則語法是「dta$xw1 <- dta$x*dta$w1」，如果我們在意x、w1、w2的三因子交互作用，則語法是「dta$xw1w2 <- dta$x*dta$w1*dta$w2」。只要將前述語法中的底線處改成你在意的變項，就可以組成你所需的交互作用項。例如：若你在意m和w1的交互作用，則將語法改為「dta$mw1<-dta$m*dta$w1」；以此類推。這邊要特別說明，當我們說某三個自變項x, w1, w2對另一變項m有交互作用效果時，通常暗示著裡面包含以下效果；(1)主效果，即x, w1, w2各自的效果、(2)二因子交互作用，即xw1, xw2, w1w2兩兩組合起來的效果、(3)三因子交互作用，即xw1w2三個變項組合起來的效果。雖然不必然如此，但這是最常見的模型，所以在這邊我們也產生了以上所有的二因子、三因子交互作用項。

5. 需修改處2（請對照〔程式碼42-1〕中的「*****需修改處2*****」）

(1) 「model <- 」是產生一個物件，然後將調節中介分析模型指定給這個物件。此處不必修改。

(2) 接下來開始設定構念之間的關係。這裡你必須知道R的幾個符號的用法：

~~ 表示相關（沒有方向性）。如A~~B，表示A和B之間有相關，如果你的模型有這種變項關係，可以自行加上（在本範例中沒有）。

~ 表示因果，「~ 之後的變項」影響「~之前的變項」。如y~m，表示m影響y。

+ 用來簡述多個變項的效果。如m~x+w1+w2，表示x, w1, w2三個變項都會影響m。而如同前面說過，當我們說某三個自變項x, w1, w2對另一變項

m有交互作用效果時，通常暗示著裡面包含以下效果；(1)主效果，即x, w1, w2各自的效果、(2)二因子交互作用，即xw1, xw2, w1w2兩兩組合起來的效果、(3)三因子交互作用，即xw1w2三個變項組合起來的效果。雖然不必然如此，但這是最常見的模型，所以本書的程式碼也是這樣寫的：「m~x+w1+w2+xw1+xw2+w1w2+xw1w2」（包含了所有主效果、二因子、三因子效果）。而此處語法中的xw1之所以可以代表交互作用項，是由於我們前面在「***** 需修改處1 *****」中曾寫過語法，讓xw1= x*w1（就是「dta$xw1 <- dta$x*dta$w1」那些指令），以此類推。

所以對照圖42-1，整段程式碼會是：

m~x+w1+w2+xw1+xw2+w1w2+xw1w2 〔這在描述圖42-1的(1)、(2)、(3)及它們組合起來的所有效果〕

y~m' 〔這在描述圖42-1 (4) 的箭頭〕

你可以根據自己的模型去做修改。例如：如果你的模型除了中介效果，還包含了x對y的直接效果，則可再加上一行「y~x」，以此類推。注意，**每一個以「~~」或「~」連接的構念間關係須各自寫成一行，例如：上面的程式碼就寫成了兩行**。我們建議你先在紙上，根據研究架構畫好變項間的關係圖（如圖42-1），然後依照上述語法，寫出變項間關係。

(3) 特別注意**R**會把大小寫視為不同，所以資料檔中的變項名稱大小寫，一定要和程式碼中的大小寫一致（如**x**不可以寫成**X**）。

(4) 需注意，在「*****需修改處2*****」的「model <- 」下面第一行之首，最後一行之末，各自有一個英式括弧（ ' ）不可刪去。且這英式括弧一定要在R編輯器下寫，從別的地方寫好程式碼再貼過去，有時R會無法辨識。

6. **執行程式**

先用滑鼠選取寫好的程式（也可用Ctrl+A全選），然後按右鍵，點擊【執行程式列或選擇項】就會執行程式，依每個人的電腦不同，可能需要一些時間，要一直到訊息視窗出現「>」符號，才表示程式執行完了。然後會在R Console視窗看到執行結果。關於統計結果的存檔，請參考單元34-7之說明。

42-4 報表解讀

統計報表請參考圖42-2。在解讀統計結果時，本書所有報表中的①、②、③……符號，都和說明文字中的①、②、③……是可以直接對應的。

1. **模型適配的評估**（請對照圖42-2）

這部分主要是去評估，你所蒐集到的資料的統計結果，是否支持你本來預期的構念關係。

①卡方值：其中Model Fit Test Statistic爲卡方值，Degree of freedom爲自由度，P-value（Chi-square）爲卡方之顯著性機率值。特別注意，當顯著性機率值呈現.000時，論文中不可以寫 p = .000，而是要寫 p < .001。調節中介分析通常會報告卡方值，不過還是要看以下的幾個檢定值，來決定理論模型是否適切。

②④⑤適合度指標（請注意，這裡的編號跳過了③，③在別的地方才會用到）：調節中介分析主要依賴幾個重要的適合度指標（goodness of fit）來判斷你的資料和理論模型是否一致。圖42-2中的：②CFI和TLI（後者又稱之爲NNFI）、④RMSEA、⑤SRMR是比較重要的指標。適合度指標要達到多少才顯示模型可以接受？標準眾說紛紜，比較常用的標準是，CFI和TLI高於 .95、RMSEA低於 .08而SRMR低於 .06表示模型可以接受（Hu & Bentler, 1999）。[注1]有些研究者採用較前者寬鬆的標準，例如：以TLI高於 .90爲標準（Bentler & Bonett, 1980），[注2]以CFI高於 .90爲標準（Bentler, 1990），[注3]或是將RMSEA < .05視爲配適不錯，.05 ≦ RMSEA < .08視爲配適合理，.08 ≦ RMSEA < .10視爲配適尚可（Browne & Cudeck, 1993）。[注4]基本上使用本書上面建議的四個指標及標準，應該可以符合多數情境。適合度指標非常多，應該選取哪一些，標準又應該是多少，此一議題曾經紅極一時，如果對這段歷史感興趣，走過路過不要錯過，請看「★你不想知道的統計知識(35-2)★」。而

注1　Hu, L. T., & Bentler, P. M. (1999). Cutoff criteria for fit indexes in covariance structure analysis: Conventional criteria versus new alternatives. *Structural Equation Modeling*, 6, 1-55.

注2　Bentler, P. M., & Bonett, D. G. (1980). Significance tests and goodness of fit in the analysis of covariance structures. *Psychological Bulletin*, 88, 588-606.

注3　Bentler, P. M. (1990). Comparative fit indexes in structural models. *Psychological Bulletin, 107*(2), 238-246.

注4　Browne, M. W., & Cudeck, R. (1993). Alternative ways of assessing model fit. In K. A. Bollen & J. S. Long (Eds.), *Testing structural equation models* (pp. 136-162). Beverly Hills, CA: Sage.

有時各個指標的表現未必一樣好，可能出現某個指標通過標準、另一指標未通過標準的情況，此時請參考「★你不想知道的統計知識(35-3)★」。

2. **構念間關係評估**（請對照圖42-2）

⑥標準化徑路係數（path coefficient）估計值、標準誤與z值。標準化徑路係數是某一構念對另一構念的影響強度，例如：x會影響m嗎？可以想成是迴歸分析時的標準化迴歸係數。其中Estimate是標準化徑路係數估計值，Std.Err是標準誤、z-value是檢定值、P(>|z|)是顯著與否的機率值（就是一般檢定的p值），p < .05表示某一構念對另一構念的影響是顯著的，若p >= .05則表示某構念對另一構念的影響並不顯著。以圖42-2⑥的第一行為例，x這個構念對m的徑路係數是 .28，z = 9.38，p < .001，這表示x對m的影響顯著。而xw1w2那一行的數據，就是三因子的交互作用效果，以此類推。如果你的模型包含了變項間的相關，也就是你修改我們的程式碼時，曾經使用「~~」（在本範例中沒有），則⑥會多出一區「Covariances」，裡面的數值表示兩個變項之間的相關，其顯著與否判斷方式同上。

3. **模型修改**（請對照圖42-2）

⑦呈現的是模型修改所需的資訊，若你需要修改模型，請參考「★你不想知道的統計知識(36-2)★」。

4. **模型之比較**

如果你需要進行多個調節中介分析模型之比較，則：(1)請用本書所附程式「mod3_code.R」執行調節中介分析，每個模型執行一次。(2)每次執行完後要記得依單元34-7之說明，將調節中介分析結果存檔，每個模型各自一個結果檔。有很多方法可以決定哪個模型較佳，在一般情境下，我們建議參考「圖42-2」③AIC那個數據，AIC較小的模型，是比較好的模型。

除了AIC之外，也可以對模型進行差異檢定。如果你要進行模型之間的差異檢定（通常是所謂卡方差異檢定，$\triangle\chi^2$檢定），請使用本書所附Excel「42-1_卡方差異檢定.xls」（本書之相關資料下載方式，詳見書之封底處），其詳細說明請參考「★你不想知道的統計知識(35-5)★」。

在以AIC或卡方差異檢定進行模型比較時，須特別注意：(1)必須是分析同一筆資料，才能進行模型比較；不同筆資料之間，不能用AIC或卡方差異檢定進行比較。(2)只有當不同模型的變項完全相同時，才可以進行比較。例如：

~~~~~~~~~~~~~~~~~~~~~~~~~（前略）~~~~~~~~~~~~~~~~~~~~~~~~~~~

Number of observations   1000

Model Test User Model:

 Test statistic   30.706 ⌐
 Degrees of freedom   7   } ①
 P-value (Chi-square)   0.000 ⌐

Model Test Baseline Model:

 Test statistic   788.788
 Degrees of freedom   15
 P-value   0.000   ②

User Model versus Baseline Model:

 Comparative Fit Index (CFI)   0.969 ⌐
 Tucker-Lewis Index (TLI)   0.934 ⌐

Loglikelihood and Information Criteria:
                                                        ③
 Loglikelihood user model (H0)   -2457.836
 Loglikelihood unrestricted model (H1)   -2442.482

 Akaike (AIC)   4935.671
 Bayesian (BIC)   4984.749
 Sample-size adjusted Bayesian (BIC)   4952.988
                                                        ④
Root Mean Square Error of Approximation:

 RMSEA   0.058
 90 Percent confidence interval - lower   0.038
 90 Percent confidence interval - upper   0.080
 P-value RMSEA <= 0.05   0.232
                                                        ⑤
Standardized Root Mean Square Residual:

 SRMR   0.019

圖42-2

~~~~~~~~~~~~~~~~~~~~~~~~~~~（中間略）~~~~~~~~~~~~~~~~~~~~~~~~~~

Regressions:

	Estimate	Std.Err	z-value	P(>|z|)
m ~				
x	0.284	0.030	9.384	0.000
w1	0.070	0.030	2.318	0.020
w2	0.106	0.030	3.518	0.000
xw1	0.099	0.031	3.202	0.001
xw2	0.006	0.029	0.194	0.846
w1w2	0.018	0.031	0.574	0.566
xw1w2	0.162	0.031	5.251	0.000
y ~				
m	0.646	0.024	26.787	0.000

⑥

Variances:

	Estimate	Std.Err	z-value	P(>|z|)
.m	0.804	0.036	22.361	0.000
.y	0.582	0.026	22.361	0.000

⑦

```
>
> #呈現修模型所需指標
> modindices(result)
      lhs op  rhs     mi    epc sepc.lv sepc.all sepc.nox
39    m  ~~   y    9.864 -0.154  -0.154   -0.225   -0.225
40    m  ~    y    9.864 -0.264  -0.264   -0.264   -0.264
41    y  ~    x   25.846  0.132   0.132    0.132    0.132
42    y  ~    w1   0.187  0.011   0.011    0.011    0.011
43    y  ~    w2   0.369  0.015   0.015    0.015    0.015
44    y  ~    xw1  0.466 -0.017  -0.017   -0.017   -0.017
45    y  ~    xw2  0.837 -0.022  -0.022   -0.022   -0.022
```

~~~~~~~~~~~~~~~~~~~~~~~~~~~（以下略）~~~~~~~~~~~~~~~~~~~~~~~~~~

圖42-2（續）

模型一總共有五個變項，而模型二你拿掉了一個變項，所以只剩四個變項了，或是你加入了一個變項，變成六個變項了；此時模型一和模型二是不能用AIC或卡方差異檢定進行模型比較的。

42-5 調節中介分析──表格呈現

我們建議在論文中以表格呈現調節中介分析的結果。在一般狀況下，你需要呈現「徑路係數摘要表」（用來說明構念間關係）。而如果你有做模型間比較，則會再多一個「模型間比較摘要表」。分別說明如下。

1. 徑路係數摘要表

這個表格是用來描述構念之間的關係。請對照圖42-2⑥，將數據填入表格範例42-1。其中表格中的「徑路」那一欄，請對照圖42-2⑥最左邊的符號去填，如「m~x」在表格中寫成「x→m」，以此類推（你應該填上你的構念名稱，不要用m、x這類符號）。在表達上，交互作用一般是用乘號去表達的，如「x*w1」表示x和w1的交互作用。而表格中的「係數」、「標準誤」、「z」、「p」分別對應圖42-2⑥的Estimate、Std.Err、z-value、P(>|z|)的數值。特別注意，當p值呈現 0時，表格中要呈現「<.001」，不可以呈現「.000」（本書有提供各種表格範例之電子檔，下載方式，請見書的封底）。除非你的模型和本書範例完全一樣，否則你必須依自己的模型去對本書所附表格做一些修改。例如：如果你的模型包含直接效果，則表格範例42-1還會多一行「x→y」的數值。以此類推。

除了R報表的這些數值之外，你還要利用本書所附的「42-2_調節中介(2個調節變項3階)_Sobel type test.xls」，進行調節中介效果的檢定[注5]，並將數值填進表格下半部。使用「Excel 42-2」時，請先點Excel下方的「模型」工作表，然後會看到一張圖，圖的右方有兩個問題要你回答，答完後，綠色框框會指示你該去看哪一個工作表，然後請點選下方對應的工作表標籤，依據工作表中指示，填進黃色格子的數值，即可看到統計結果。例如：以本章範例來說，應該使用「工作表1」來計算 Sobel type test，進行調節中介檢定；在工作表中的橘色部分即是分析結果，請將那些數據填入表格範例42-1即可；以此類推。

注5 Hayes, A. F. (2015). An index and test of linear moderated mediation. *Multivariate Behavioral Research*, *50*(1), 1-22.

表格範例42-1

徑路係數摘要表

徑路	係數	標準誤	z	p
x→m	.28	0.03	9.38	<.001
w1→m	.07	0.03	2.31	.020
w2→m	.10	0.03	3.51	<.001
x*w1→m	.09	0.03	3.20	.001
x*w2→m	.00	0.02	0.19	.846
w1*w2→m	.01	0.03	0.57	.566
x*w1*w2→m	.16	0.03	5.25	<.001
m→y	.64	0.02	26.78	<.001
x*w1*w2→m→y[a]	.10	0.02	5.13	<.001

[a]調節中介效果利用 Sobel- type test 檢定。

2. 模型比較的表格

如果你沒有進行多個模型比較，可以跳過此小節。若有進行多個模型比較，則我們建議：(1)前面的「徑路係數摘要表」，可以只呈現你最主要的那個模型即可，未必要每個模型都呈現。(2)但是要另外呈現「表格範例42-2 模型比較摘要表」（各種表格範例之電子檔下載方式，請見書的封底）。

前面提過，當進行多個模型比較時：(1)請先用本書所附程式「mod3_code.R」執行調節中介分析，每個模型執行一次。(2)每次執行完後要記得依單元34-7之說明，將調節中介分析結果存檔，每個模型各自一個結果檔。接下來要呈現這些不同模型的比較摘要表。請依照表格範例42-2，對照圖42-2填入相關數據，其中卡方值、自由度與p值對應圖42-2的①數字，CFI、TLI、RMSEA與SRMR分別對應圖42-2的②④⑤數字，其中TLI就是NNFI。AIC則對應圖42-2的③數字。請注意，(1)雖然我們在表格範例42-2模型那一欄，只寫了模型1、模型2，不過你可以加上一些關於模型的簡單描述，例如：「模型1：完全中介模型」、「模型2：部分中介模型」等等。(2)表中卡方值那一欄有些數據標示了星號，如果你有做卡方差異檢定（見單元42-4「(4)模型之比較」）才需要根據檢定結果做星號的標示（*p < .05, **p < .01, ***p < .001），如果你沒有做卡方差異檢定，則表中不要標示星號。而在進行卡方差異檢定時，通常

是一個主要模型和其他模型相比。所以表格範例42-2中的每個星號，指的都是模型1和其他模型的卡方差異檢定結果。你應該根據自己的差異檢定的配對組合方式，對那個表格做調整。

表格範例42-2

模型比較摘要表

模型	卡方值	df	p	CFI	NNFI	RMSEA	SRMR	AIC
模型1	30.70	7	<.001	.969	.934	.058	.019	4935.67
模型2	28.45	5	<.001	.970	.909	.068	.017	4937.41
模型3	293.39***	18	<.001	.736	.619	.124	.092	24539.18

注：表中星號為模型1與其他模型之卡方差異檢定結果 *p＜.05, **p＜.01, ***p＜.001。

42-6 以圖呈現調節中介分析的結果

　　將調節中介分析以適當的圖呈現，有助於讀者快速掌握統計模型與結果，而且也會讓論文看起來很厲害。在執行本書所提供的程式碼後，請你到資料所在的資料夾，應該會看到新增了一個叫作「mod3_plot.png」的圖檔，沒錯，在不知不覺中，我們已經幫你把圖畫好了。如果你覺得這圖堪用，則可以直接貼在論文中（圖中用了x, m, y等代號，你應該要換成真正的變項名稱，不宜以這些代號直接呈現）。但我們建議你用Word或相關文書軟體，自行繪製較為美觀的圖，尤其如果你論文寫得很心虛（誤），一張漂亮的圖很能增加論文的表面效度。以本單元為例，以文書軟體繪製的圖如圖42-3；圖中的數值，請參考圖42-2⑥的「Estimate」欄位填入即可。請對照「mod3_plot.png」和圖42-2⑥，應該可以明白如何畫圖。

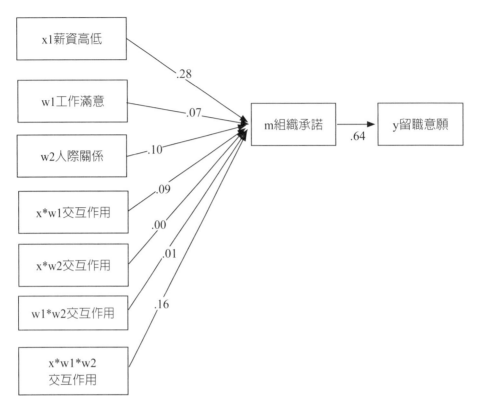

圖42-3　徑路分析圖

42-7　呈現交互作用圖及單純斜率檢定

如果你的交互作用顯著，才需要畫交互作用圖及做單純斜率檢定，若交互作用不顯著，不需做這一部分。請使用本書所附Excel檔「42-3_調節中介(2個調節變項)_2階交互作用圖與單純斜率.xls」與「42-4_調節中介(2個調節變項)_3階交互作用圖與單純斜率.xls」進行繪圖及單純斜率（simple slope）檢定（Excel下載方式，請見本書封底）。一般來說，在論文中呈現這個交互作用圖並無不妥；但關於調節中介的交互作用圖有一些細節值得深思，請參考「★你不想知道的統計知識(40-3)★」。

1. 二因子交互作用圖及檢定

如果二因子效果顯著（如本單元範例的「xw1交互作用效果」顯著），可以使用「Excel 42-3」繪圖及進行單純斜率檢定。(1)請先到你的資料所在目錄，應該會發現執行R後，新產生了一個檔案「mod3_table.csv」，Excel中需要使用這個檔。(2)使用「Excel 42-3」時，請先點Excel下方的「模型」工作表，填寫裡面黃色的格子，其

中mean , sd可以在「mod3_table.csv」中找到。(3)填完所有黃色格子後，綠色框框會指示你該使用哪一個工作表，然後請點選下方對應的工作表標籤，依據工作表中指示，填完黃色格子的數值，即可看到統計結果。其中的「參數共變數矩陣」比較複雜，說明如下：

(1)在「mod3_table.csv」右邊有一個有一堆數值的矩陣，那是「參數共變數矩陣」，若有些格子呈現「########」，那是因為格子太小的關係，無法完整呈現數據；其實裡面是有數據的，這不是錯誤訊息。

(2)請對照mod3_table.csv的數值，找出橫軸為「m~x」、縱軸也為「m~x」，二者所交會處的數值（在本例中是0.000915047991722168）。並填入「Excel 42-3」中。

(3)請注意，將數據填入Excel時，數據必須完整，不可以四捨五入。請使用複製貼上功能，將mod3_table.csv的數值的完整數據複製，然後右鍵貼在「Excel 42-3」中。

(4)依上述原則，從mod3_table.csv中找到「參數共變數矩陣」中所需的所有數值，全部填完即完成。

(5)如果有其他二因子交互作用顯著，也是依「Excel 42-3」的指示選擇該使用的工作表，如法炮製，完成所需的單純斜率檢定及交互作用圖繪製。以此類推。

在本範例中，二因子交互作用圖，如圖42-4。

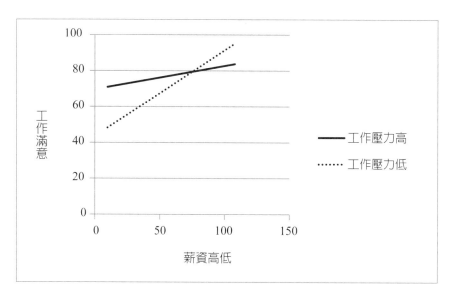

圖42-4　「薪資高低×工作滿意」對組織承諾之二因子交互作用圖

2. 三因子交互作用圖及檢定

如果三因子交互作用顯著（如本單元範例的「xw1w2交互作用效果」顯著），可以使用「Excel 42-4」繪圖及進行單純單純斜率檢定。(1)請先到你的資料所在目錄，應該會發現執行R後，新產生了一個檔案「mod3_table.csv」，Excel中需要使用這個檔。(2)使用「Excel 42-4」時，請先點Excel下方的「模型」工作表，填寫裡面黃色的格子，其中mean , sd可以在「mod3_table.csv」中找到。(3)填完所有黃色格子後，綠色框框會指示你該使用哪一個工作表，然後請點選下方對應的工作表標籤，依據工作表中指示，填完黃色格子的數值，即可看到統計結果。其中的「參數共變數矩陣」比較複雜，說明如下：

(1) 在「mod3_table.csv」右邊有一個有一堆數值的矩陣，那是「參數共變數矩陣」，若有些格子呈現「########」，那是因為格子太小的關係，無法完整呈現數據；其實裡面是有數據的，這不是錯誤訊息。

(2) 請對照mod3_table.csv的數值，找出橫軸為「m~x」、縱軸也為「m~x」，二者所交會處的數值（在本例中是0.000915047991722168）。並填入「Excel 42-4」中。

(3) 請注意，將數據填入Excel時，數據必須完整，不可以四捨五入。請使用複製貼上功能，將mod3_table.csv的數值的完整數據複製，然後右鍵貼在「Excel 42-4」中。

(4) 依上述原則，從mod3_table.csv中找到「Excel 42-4」中所需的所有數值，全部填完即完成。

以上是以xw1w2對m的交互作用為例，如果是其他三因子交互作用顯著，也是依「Excel 42-4」的指示選擇該使用的工作表，如法炮製，完成所需的單純單純斜率檢定及交互作用圖繪製。以此類推。

三因子交互作用圖是以兩張二因子交互作用圖去表達的，在本範例中的三因子交互作用圖，如圖42-5-1、42-5-2。

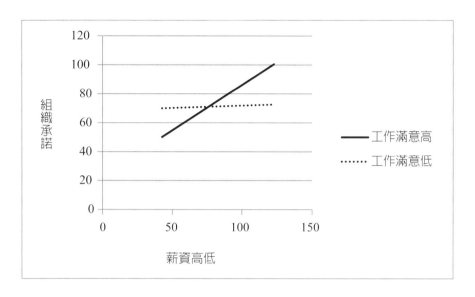

圖42-5-1 「薪資高低×工作滿意」對組織承諾之二因子交互作用圖（人際關係高分組）

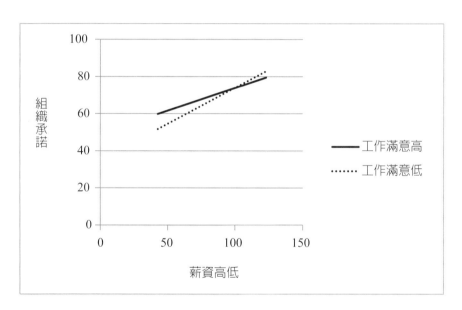

圖42-5-2 「薪資高低×工作滿意」對組織承諾之二因子交互作用圖（人際關係低分組）

42-8 書寫範例

在論文中，三因子調節中介分析的結果，可能會需要書寫以下內容：

(0) 調節中介分析的概述。

    (0-1) 模型比較（有做模型比較才要寫）。

    (0-2) 模型適合度摘要。

(1) 調節中介分析結果。

(2) 主效果。

(3) 二因子交互作用。

(4) 三因子交互作用。

書寫時，請務必注意以下事項：

1. 在書寫時的順序，「依序」是(0), (1), (2), (3), (4)。也就是依上面所條列的內容，由上而下的順序書寫。

2. 請特別注意，你並不需要每一個項目都寫，例如：你沒有做模型比較，(0-1)就可以不用寫。

3. 書寫範例中的x,w1,w2, m, y，請依據你的研究內容，填入適切的變項名稱。

以下書寫範例中，標楷體的部分是論文中應該要書寫的內容，【】內是對書寫方式的說明。而書寫範例中的①、②、③……符號，都和統計報表圖中的①、②、③……是可以直接對應的。

(0-1)【模型比較】（有做模型比較才要寫）

    設定三個模型，分別為m中介x和y之關係而x無直接效果且w1, w2調節x與m的關係（Model 1）、m中介x和y之關係且有直接效果，而w1, w2調節x到m以及m到y的效果（Model2）……【請依你要比較的模型有幾個、模型內容是什麼去寫】，各自進行分析。模型比較摘要如表XXX【呈現表格範例42-2的模型比較摘要表】。由表中AIC可見，Model 1是適配最佳的模型【若你有做卡方差異檢定，其書寫請見「★你不想知道的統計知識(35-5)★」】。

(0-2)【模型適合度摘要】（一定要寫）

對本研究所關注的理論模型進行分析，結果如表XXX【呈現表格範例42-1】。徑路圖如圖XXX【可自行決定是否附上如圖42-3的徑路圖】。分析結果顯示模型具相當不錯的適合度【或是適合度不佳；關於適合度之標準，請參考單元42-4「(1)模型適配的評估」那一小節】，$\chi^2_{(7)} = 30.70$, $p < .001$【填注圖42-2①的數字，其中χ^2( )括弧內是填自由度】, CFI = .969, NNFI = .934, RMSEA = .058, SRMR = .019【填注圖42-2②④⑤的數字，其中TLI就是NNFI】；此結果顯示觀察資料與理論模型具有相當不錯的適配性【或適配性不佳】。

(1)【調節中介分析結果】（一定要寫）

　　本研究關心x, w1, w2之交互作用透過m繼而影響y【陳述你所在意的調節中介模型之變項關係】，由徑路係數摘要表可見，此調節中介效果的標準化效果量為.10 ($p < .001$)【填注Excel檔「42-2」分析結果橘框內的「係數」和「p」欄位的數值】。有顯著的調節中介效果【若p >= .05則寫「無顯著的調節中介效果」】。

(2)【主效果】（論文關注主效果才要寫）

　　在主效果方面，x對m的標準化徑路係數為.28 ($p < .001$)【填注圖42-2⑥的Estimate和P(>|z|)】，顯示x對m有顯著影響【或沒有顯著影響】【依此格式描述你所感興趣的所有主效果】。

(3)【二因子交互作用】（論文關注二因子交互作用才要寫）

　　在二因子交互作用方面，x和w1交互作用對m之標準化徑路係數為.09 ($p = .001$)【填注圖42-2⑥交互作用項的Estimate和P (> |z|)】，x和w1對m有顯著的交互作用效果【或是「沒有顯著的交互作用效果」】【若交互作用不顯著則寫到這邊結束，若交互作用顯著才要繼續往下寫】。進一步繪製交互作用圖如圖XX【於論文中附上「Excel 42-3」繪製的圖】。單純斜率（simple slope）檢定顯示：【以下開始，先寫w高分組的狀況】對w1高分組而言，x對m有顯著解釋力（$\beta = .38$, $p < .001$）。【填入「Excel 42-3」中「w1高分組」欄位中的檢定結果，並描述顯著與否】【w1高分組寫到這邊結束，接下來開始寫w1低分組的狀況】對w1低分組而言，x對m有顯著解釋力（$\beta = .18$, $p < .001$）【填入「Excel 42-3」中「w1低分組」欄位中的檢定結果】。由β值可見……【接下來對單純斜率的方向做說明，寫法見

「★你不想知道的統計知識 (38-1)★」】【若有多個二因子交互作用效果，以同樣方式寫，直到寫完】。

(4)【三因子交互作用】（一定要寫）

在三因子交互作用方面，x, w1, w2交互作用對m之標準化徑路係數為.16 (p < .001)【填注圖42-2⑥交互作用項的Estimate和P (> |z|)】，x, w1, w2對m有顯著的交互作用效果【或是「沒有顯著的交互作用效果」】【若交互作用不顯著則寫到這邊結束，若交互作用顯著才要繼續往下寫】。進一步繪製交互作用圖如圖XX【於論文中附上「Excel 42-4」繪製的圖】。單純單純斜率（simple simple slope）檢定顯示：【以下開始，先寫w2高分組的狀況】對w2高分組而言，當w1高時，x對m有顯著解釋力（β = .55, p <.001）【填入「Excel 42-4」中「w1高w2高組」欄位中的單純單純斜率檢定結果。】。當w1低時，x對m並無顯著解釋力（β = .02, p = .656）【填入「Excel 42-4」中「w1低w2高」欄位中的單純單純斜率檢定結果。】；由β值可見……【接下來對單純單純斜率的方向做說明，寫法見「★你不想知道的統計知識 (38-1)★」】【w2高分組寫到這邊結束，接下來開始寫w2低分組的狀況】對w2低分組而言，當w1高時，x對m有顯著解釋力（β = .21, p = .001）【填入「Excel 42-4」中「w1高w2低」欄位中的單純單純斜率檢定結果。】。當w1低時，x對m有顯著解釋力（β = .34, p < .001）【填入「Excel 42-4」中「w1低w2低」欄位中的單純單純斜率檢定結果。】；由β值可見……【接下來對單純單純斜率的方向做說明，寫法見「★你不想知道的統計知識 (38-1)★」】。

Unit **43**

階層線性模型
（無交互作用）

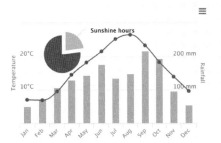

※請參考本書封底之說明，下載本單元中所使用的統計範例檔及工具檔。

本單元可使用本書所附程式檔hlm1_code.R和資料檔hlm1_data_ex.csv練習（相關資料下載方式，詳見書之封底處）。本單元是介紹無交互作用時的階層線性模型（hierarchical linear modeling, HLM），若你要跑HLM，但研究架構中有交互作用項，請前往單元44（二因子交互作用）或單元45（三因子交互作用）。

43-1 簡介

使用時機	階層線性模型（hierarchical linear modeling），簡稱HLM；是分析多個連續變項Xs對一個連續變項Y的效果的一種迴歸分析，只是因為多個人隸屬於一個相同的團體，而使資料形成階層結構。於是這多個Xs中，有些是團體層次的變項，有些是個人層次的變項；而Y一定是個人層次的變項。
例子	在本章中，我們用g這個符號來表示團體層次（group）的變項，用p這個符號來表示個人層次（person）的變項。 例如：主管領導能力（g）、部屬工作投入（p1）和部屬工作能力（p2），對部屬工作績效（y）之影響。在這個例子中： 1. 主管領導能力（g）：多個部屬被同一個主管領導，因此這些部屬所面對的領導能力是相同的，所以對部屬來說，「主管領導能力」是一個團體層次的變項。 2. 部屬工作投入（p1）：每個部屬有其各自的工作投入，所以「部屬工作投入」是一個個人層次的變項。 3. 部屬工作能力（p2）：每個部屬有其各自的工作能力，所以「部屬工作能力」是一個個人層次的變項。 如果以資料的結構來看，你的資料會類似圖43-1那樣（在這例子中，資料格中有一些值是文字，這是為了讓你更易理解，實際上統計資料應該儘可能用數值表示，而不要用文字）。在這筆資料中有三個主管（A、B、C），而每個主管下有四個部屬（例如：主管A有a1~a4四個部屬，以此類推），這四個部屬對應到的「主管領導能力」數值是相同的（如a1~a4的主管領導能力的數值都是「1」），所以「主管領導能力」是一個團體層次變項。至於部屬工作投入、工作能力和工作績效，都是每個人各自不同的（所以數值也不同），這些是個人層次變項。 在上面例子中，由於預測變項中有的是團體層次變項（g）、有的是個人層次變項（p1, p2），且這些變項和依變項（部屬工作績效y）都是連續變項。此時就可以進行HLM的分析。
其他	若想對階層線性模型與它要分析的多層次資料有進一步的理解，請參考「★你不想知道的統計知識(43-1)和(43-2)★」。

主管 編號	部屬 編號	主管 領導能力（g）	部屬 工作投入（p1）	部屬 工作能力（p2）	部屬 工作績效（y）
主管A	部屬a1	1	1	8	7
主管A	部屬a2	1	6	2	9
主管A	部屬a3	1	10	5	10
主管A	部屬a4	1	3	4	9
主管B	部屬b1	3	4	3	7
主管B	部屬b2	3	2	3	8
主管B	部屬b3	3	2	4	8
主管B	部屬b4	3	5	1	2
主管C	部屬c1	5	6	9	2
主管C	部屬c2	5	4	5	1
主管C	部屬c3	5	6	1	5
主管C	部屬c4	5	4	8	10

圖43-1

43-2 HLM的資料結構

以下是以本書所附hlm1_data_ex.csv來說明階層線性模型的操作。在這例子中，我們探討一個團體層次的變項（公司福利g）、兩個個人層次的變項（員工工作投入p1、員工工作能力p2），對一個依變項（員工工作績效y）的效果〔我們將團體層次（group）的變項命名為g、個人層次（person）的變項命名為p1, p2〕。在分析前，請注意以下幾件事：

1. 雖然你要分析的變項，只有g, p1, p2, y四個變項，但是在做HLM分析時，你的資料中，還要多一個「組別」變項。以本範例來說，資料結構如圖43-2。其中group這個變項指的是某一個人屬於某一個組別。以本範例來說，group這個變項表達的是某個員工隸屬於哪間公司（前四人的公司是1、接下來四人的公司是2，以此類推）。請特別注意組別變項（group）是用來表達某個受試者是屬於哪個組別（在本例中指的是某員工隸屬於哪間公司），它和團體層次的變項（g，例如：本範例中的「公司福利」）是不同的兩個變項。

再舉一例，如果你分析班級氣氛（g）和個人智商（p）對學習成果（y）的影響，那麼除了g, p, y之外，你的資料中還要產生一個組別變項，這組別變項用來表達某一個學生屬於哪一個班級。以此類推。這個組別變項對接下來要說的分析很重要，請務必理解。

group	g	p1	p2	y
1	3	13	11	91
1	3	10	10	64
1	3	5	6	62
1	3	6	11	36
2	6	10	10	144
2	6	12	10	201
2	6	7	11	159
2	6	9	10	144
3	4	14	14	91
3	4	4	0	125
3	4	7	10	102
3	4	13	11	117

圖43-2

2. 我們在這邊只示範了一個團體層次變項（g）和兩個個人層次變項（p1, p2）的分析，如果你有更多的變項，也是依樣畫葫蘆即可完成分析。只是有時當變項數太多時，用R進行HLM分析有可能會發生一些狀況，這一部分，請見「★你不想知道的統計知識(43-3)★」。

43-3 統計操作──前置作業

1. 請確定你的R版本是3.6.0以上版本。
2. 請確定你已經閱讀本書的單元34，對R的基礎操作有所理解。
3. 請確定你已經依照單元34-9操作，安裝好所有套件。
4. 請在電腦C碟或D碟產生一個叫作「R_data」的資料夾（可自行命名，但我們建議你用這個名字，以下提及工作資料夾時，都會使用這名字）。
5. 請依本書單元34-8的指示，將你的資料轉換為csv檔並命名為「hlm1_data」，且變項的名稱均為英文。若你是使用本書的範例檔做練習，則資料檔名為「hlm1_data_ex.csv」，無須變更。

6. 請將上面所說的資料檔（「hlm1_data.csv」或是「hlm1_data_ex.csv」）、以及本書所提供的程式檔「hlm1_code.R」，這兩個檔案複製到R_data資料夾內（本書之相關資料下載方式，詳見書之封底處）。

7. 請務必依本書單元34-3的指示，以「按右鍵，然後點選【以系統管理員身分執行】」的方式執行R。

8. 進入R之後，依單元34-4操作，將R的工作路徑設定到R_data資料夾。

9. 接下來：(1)點擊R介面左上角【檔案】。(2)點擊【開啓命令稿】。(3)開啓 hlm1_code.R。如果你找不到hlm1_code.R，可能是上述步驟的4、6或8出了問題。

43-4 統計操作──程式碼

1. 程式指令如｛程式碼**43-1**｝。請注意標示「*****需注意處*****」和「***** 需修改處*****」底下的程式碼，那是你必須根據你的資料現況修改的地方。

程式碼43-1

```
#本程式碼之使用請參考《傻瓜也會跑統計Ⅱ》單元43

#每次執行本程式前，都請先按Ctrl+L，清空R console視窗，再執行程式

#***** 需注意處 *****
#讀檔案
dta <- read.csv('hlm1_data.csv',header=T, fileEncoding = 'UTF-8-BOM')

#載入HLM所需套件
library(lme4)
library(lmerTest)
library(MuMIn)

#***** 需修改處1 *****
#計算 ICC
result0 <- lmer(y ~ 1+(1|group),data = dta)
r.squaredGLMM(result0)[2]

#***** 需修改處2 *****
#進行HLM分析
```

```
result <- lmer(y ~ p1+p2+g

#***** 需修改處3 *****
+(1+p1+p2|group),data = dta)
summary(result)

#取小數點三位，作表格用
write.csv(round(coef(summary(result)),3),'hlm1_table.csv')
```

2. **需注意處**（請對照｛程式碼43-1｝中的「***** 需注意處 *****」）

   (1) 請確定你已完成單元43-3「前置作業」中的所有事項。

   (2) 每次執行程式前，請先按Ctrl+L，清空R console視窗，否則每次統計結果會一直「累積」在R console視窗上，最後你會分不清哪些資料是你需要的統計結果。

   (3) 若你是使用自己的資料檔進行分析，且已將它命名為「hlm1_data.csv」，則請跳過本點，直接讀下一點。若你是使用本書提供的範例檔做練習，請將「*****需注意處*****」下方指令中的檔名「hlm1_data.csv」更改為「hlm1_data_ex.csv」。

3. **需修改處1**（請對照｛程式碼43-1｝中的「***** 需修改處1 *****」）
   這邊的程式碼「result0 <- lmer(y ~ 1+(1|group),data = dta)」（底線處）要做修改。其中group是組別變項的名稱，你應該將group置換成你的組別變項名稱（關於什麼是組別變項，請參考「單元43-2」之說明），或是把你的組別變項名稱也命名為group（這樣就不用修改程式碼）。**特別注意R會把大小寫視為不同，所以資料檔中的變項名稱大小寫，一定要和程式碼中的大小寫一致**（如**group**不可以寫成**Group**）。

4. **需修改處2**（請對照｛程式碼43-1｝中的「***** 需修改處2 *****」）
   這邊的第三行：「result <- lmer(y ~ p1+p2+g」（底線處）要做修改。這邊你必須知道R的幾個符號的用法：

   (1) ~ 表示因果，這指的是「~ 之後的變項」影響「~之前的變項」。如y ~ g，表示g影響y。

   (2) + 用來簡述多個變項的效果。如y ~p1+p2+ g，表示p1、p2、g這三個變項都會影響y。這邊請你依據自己的研究所在意的效果、變項名稱，放入所

有自變項。

5. **需修改處3**（請對照〔程式碼43-1〕中的「***** 需修改處3 *******」）

　　程式碼「+(1+p1+p2 | group)」（括弧前面有一個「+」號，是因為這段程式碼必須和「需修改處2」的程式碼相連，在解讀以下說明時，可以忽略它不要管）；此程式碼是執行HLM所需的隨機效果模式設定（「請問什麼是隨機效果模式？」……不要管，照以下做就對了），你必須依照你的資料去做修改。以本範例來說，p1、p2是第一層次（員工層次）的變項，我們叫做level 1變項；group是第二層次（公司層次）的組別變項，我們叫做level 2組別變項，當資料是兩個階層時，語法的基本格式是：

　　（1+所有「不涉及」**level 2**的變項相加 | **level 2**組別變項）

　　根據上述語法，在本例中就是 (1+p1+p2 | group)。這邊要特別注意幾件事：

　(1) 語法前半段（即"|"符號之前）只放「1+p1+p2」，因為這些效果都是「不涉及level 2的變項」；總之，語法的前半段必須是【1+所有「不涉及」**level 2**的變項相加】。

　(2) 語法的後半段（即"|"符號之後）放的是level 2 的組別變項。請注意是level 2的「組別」變項，不是level 2變項（也就是本例中的group，不是g）。

　　如果你的資料是三層，則基本格式是：

　　（1+所有「不涉及」**level 2**、**level3**的變項相加 | **level 2**組別變項）+（1+所有「不涉及」**level 3**的變項相加 | **level 3**組別變項）

　　以此類推。請依上述語法，將你的各層次變項放入去修改程式。你的模型可以是很多層、很多變項，但是請注意，太多變項和階層過多，可能造成估計的問題（見「★你不想知道的統計知識(43-3)★」）。

6. **執行程式**

　　先用滑鼠選取寫好的程式（也可用Ctrl+A全選），然後按右鍵，點擊【執行程式列或選擇項】就會執行程式，依每個人的電腦不同，可能需要一些時間，要一直到訊息視窗出現「>」符號，才表示程式執行完了。然後會在R Console視窗看到執行結果。關於統計結果的存檔，請參考單元34-7之說明。

43-5 報表解讀

統計報表請參考圖43-3。在解讀統計結果時，本書所有報表中的①、②、③……符號，都和說明文字中的①、②、③……是可以直接對應的。

① 【組內相關係數】：組內相關係數（intraclass correlation coefficient, ICC）用來衡量資料中，組內資料的相似程度。例如：以本範例來說，同一間公司（group）下面的多個員工的工作績效 (y) 相似性高嗎？當相似程度較低，使用一般的迴歸分析即可；當組內資料相似程度愈高，則愈需要以階層線性模型來處理。通常組內相關係數ICC高於 .25，則應該以階層線性模型處理。[注1] 若ICC數值很低，仍可進行階層線性模型分析，只是此時和用一般迴歸進行分析的結果，差異可能不大。

② 【未標準化迴歸係數】：這邊呈現的是截距（intercept）及每個變項對y的解釋力。雖然一般線性迴歸會報告標準化迴歸係數，但HLM通常只報告未標準化迴歸係數。圖中Estimates是未標準化迴歸係數、Std. Error是標準誤、df是自由度、t value是迴歸係數的檢定值、 Pr(>| t |)是顯著值。其中當Pr(>| t |)太小時，報表結果會呈現科學記號（如1.39e-08），而非一般的小數值。因此必須將那些科學記號轉換為一般小數。但是千萬別讓這種國一數學課本就教的低階數學弄亂了你的腦，這讓我們來就好。請去資料所在的目錄，你會發現多了一個hlm1_table1.csv的檔案，打開它就會發現所有科學記號都被轉換為一般的小數了（注意，若你發現檔案中的Pr(>| t |)數值是0，並不表示它是0，只是表示該數值非常小，小於 .001；論文中要寫p < .001，不可以寫p = .000）。當Pr(>| t |) 數值 < .05，表示該效果是顯著的，Pr(>| t |) 數值 ≧ .05，表示該效果不顯著。以圖43-3②（或是hlm1_table.csv）的結果為例，公司福利g的Pr(>| t |) 數值小於.05，表示公司福利g對員工績效y有顯著效果。此外，你可能看到自由度df是小數，因而不敢跟口試委員報告。不要害怕，大聲說，這是因為進行了Satterthwaite approximation；來，大聲唸：「Satterthwaite approximation！」

③ 有時以R執行HLM可能會出現「model failed to converge......」的警告訊息，關於此警告訊息，請參考「★你不想知道的統計知識(43-3)★」。

注1　Guo, S. (2005). Analyzing grouped data with hierarchical linear modeling. *Children and Youth Services Review, 27*(6), 637-652.

~~~~~~~~~~~~~~~~~~~~~~~~~（前略）~~~~~~~~~~~~~~~~~~~~~~~~~

```
> #***** 需修改處1 *****
> #計算 ICC
> result0 <- lmer(y ~ 1+(1|group),data = dta)
> r.squaredGLMM(result0)[2]
[1]   0.4216039
```

①

~~~~~~~~~~~~~~~~~~~~~~~（中間略）~~~~~~~~~~~~~~~~~~~~~~~~

②

```
Fixed effects:
           Estimate Std. Error        df t value Pr(>|t|)
(Intercept)  13.9172     4.8488 221.6640   2.870   0.0045 **
p1            1.9672     0.2906  49.9757   6.769 1.38e-08 ***
p2            0.1184     0.3126  51.1105   0.379   0.7064
g             7.9618     1.6741 116.5513   4.756 5.71e-06 ***
---
Signif. codes:  0 '***' 0.001 '**' 0.01 '*' 0.05 '.' 0.1 ' ' 1
```

~~~~~~~~~~~~~~~~~~~~~~~~（以下略）~~~~~~~~~~~~~~~~~~~~~~~~

圖43-3

43-6 表格呈現

　　在論文中，我們建議以表格的方式呈現階層線性模型的結果，這可以依據表格
範例43-1，對照圖43-3填入相對應數據。

　　特別注意，在表格範例43-1中，「顯著性」是以打「＊」號的方式來表達的，＊
表示顯著性<.05、＊＊表示顯著性<.01、＊＊＊表示顯著性<.001。你必須參照統計報表結
果（即「顯著性」欄位），來為迴歸係數標上「＊」號（本書有提供表格範例下載，
下載方式，請見本書封底）。

工作投入、工作能力、公司福利對工作績效之階層線性模型分析

	工作績效（β）	（若有多個依變項，可延伸表格）
截距	13.91**	
Level 1（個人層次）		
p1工作投入	1.96***	
p2工作能力	0.11	
Level 2（群體層次）		
g公司福利	7.96***	

填入圖43-3②（或是 hlm1_table.csv）的數據及顯著性

* $p<.05$, ** $p< .01$, *** $p<.001$。

43-7　階層線性模型──結果的撰寫

　　階層線性模型的結果可以用「書寫範例43-1」加以書寫，以下書寫範例中，標楷體的部分是論文中應該要書寫的內容，【】內是對書寫方式的說明。而書寫範例中的①、②、③……符號，都和統計報表圖中的①、②、③……是可以直接對應的。此外，要特別注意以下事項：

　　書寫範例中的g, p1, p2, y，請依據你的研究內容，填入適切的變項名稱。

　　HLM書寫時，是用β這個符號來表示未標準化迴歸係數（關於β這個符號在迴歸中的用法，請參考「★你不想知道的統計知識(43-4)★」。

書寫範例 43-1

　　在進行分析前先計算組內相關係數（intra-class correlation; ICC），結果發現，ICC= .42【請填注圖43-3①的數值】。續以階層線性模型檢驗：p1, p2, g對y之效果，其中p1, p2為層次一之變項、g為層次二之變項【請依你的變項名稱和所屬層次去寫】。分析結果如表XX【我們建議學位論文應呈現如「單元43-6」所示範之統計表格】。分析結果顯示p1對y有顯著解釋力（$\beta = 1.96$, $p < .001$）【填入hlm1_table.csv內p1的 Estimate、Pr(>|t|) 數值，並寫出是否顯著】，顯示p1愈高，y也愈高【若不顯著，這句不必寫。若顯著，當β值為正

時，寫：「X愈高，Y也愈高」。當β值爲負時，寫：「X愈高，Y愈低」】。
p2對y無顯著解釋力（$\beta = 0.11, p = .70$）……【同上，直到將所有變項的效果寫完】。

Unit 44

階層線性模型 （二因子交互作用）

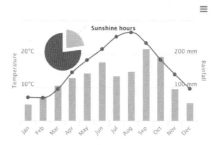

※請參考本書封底之說明，下載本單元中所使用的統計範例檔及工具檔。

　　本單元可使用本書所附程式檔hlm2_code.R和資料檔hlm2_data_ex.csv練習（相關資料下載方式，詳見書之封底處）。本單元是介紹有二因子交互作用時的階層線性模型（hierarchical linear modeling, HLM），若你要跑HLM，但研究架構中沒有交互作用項，請前往單元43；若你要跑三因子交互作用的HLM，請前往單元45。

44-1 簡介

使用時機	階層線性模型（hierarchical linear modeling），簡稱HLM；是分析多個連續變項Xs對一個連續變項Y的效果的一種迴歸分析，只是因為多個人隸屬於一個相同的團體，而使資料形成階層結構。於是這多個Xs中，有些是團體層次的變項，有些是個人層次的變項；而Y一定是個人層次的變項。
例子	在本章中，我們用g這個符號來表示團體層次（group）的變項，用p這個符號來表示個人層次（person）的變項。 例如：主管領導能力（g）、部屬工作投入（p1）和部屬工作能力（p2），對部屬工作績效（y）之影響。在這個例子中： 1. 主管領導能力（g）：多個部屬被同一個主管領導，因此這些部屬所面對的領導能力是相同的，所以對部屬來說，「主管領導能力」是一個團體層次的變項。 2. 部屬工作投入（p1）：每個部屬有其各自的工作投入，所以「部屬工作投入」是一個個人層次的變項。 3. 部屬工作能力（p2）：每個部屬有其各自的工作能力，所以「部屬工作能力」是一個個人層次的變項。 如果以資料的結構來看，你的資料會類似圖44-1那樣（在這例子中，資料格中有一些值是文字，這是為了讓你更易理解，實際上統計資料應該儘可能用數值表示，而不要用文字）。在這筆資料中有三個主管（A、B、C），而每個主管下有四個部屬（例如：主管A有a1~a4四個部屬，以此類推），這四個部屬對應到的「主管領導能力」數值是相同的（如a1~a4的主管領導能力的數值都是「1」），所以「主管領導能力」是一個團體層次變項。至於部屬工作投入、工作能力和工作績效，都是每個人各自不同的（所以數值也不同），這些是個人層次變項。 在上面例子中，由於預測變項中有的是團體層次變項（g）、有的是個人層次變項（p1, p2），且這些變項和依變項（部屬工作績效y）都是連續變項。此時就可以進行HLM的分析。
其他	若想對階層線性模型與它要分析的多層次資料有進一步的理解，請參考「★你不想知道的統計知識(43-1)和(43-2)★」。

主管 編號	部屬 編號	主管 領導能力（g）	部屬 工作投入（p1）	部屬 工作能力（p2）	部屬 工作績效（y）
主管A	部屬a1	1	1	8	7
主管A	部屬a2	1	6	2	9
主管A	部屬a3	1	10	5	10
主管A	部屬a4	1	3	4	9
主管B	部屬b1	3	4	3	7
主管B	部屬b2	3	2	3	8
主管B	部屬b3	3	2	4	8
主管B	部屬b4	3	5	1	2
主管C	部屬c1	5	6	9	2
主管C	部屬c2	5	4	5	1
主管C	部屬c3	5	6	1	5
主管C	部屬c4	5	4	8	10

圖44-1

44-2 HLM的資料結構

以下是以本書所附hlm2_data_ex.csv來說明階層線性模型的操作。在這例子中，我們探討一個團體層次的變項（公司福利g）、兩個個人層次的變項（員工工作投入p1、員工工作能力p2），對一個依變項（員工工作績效y）的效果〔我們將團體層次（group）的變項命名爲g、個人層次（person）的變項命名爲p1, p2〕。在分析前，請注意以下幾件事：

1. 雖然你要分析的變項，只有g, p1, p2, y四個變項，但是在做HLM分析時你的資料中還要多一個「組別」變項。以本範例來說，資料結構如圖44-2。其中group這個變項指的是某一個人屬於某一個組別。以本範例來說，group這個變項表達的是某個員工隸屬於哪間公司（前四人的公司是1、接下來四人的公司是2，以此類推）。請特別注意組別變項（group）是用來表達某個受試者是屬於哪個組別（在本例中指的是某員工隸屬於哪間公司），它和團體層次的變項（g，例如：本範例中的「公司福利」）是不同的兩個變項。再

舉一例，如果你分析班級氣氛（g）和個人智商（p）對學習成果（y）的影響，那麼除了g, p, y之外，你的資料中還要產生一個組別變項，這組別變項用來表達某一個學生屬於哪一個班級。以此類推。這個組別變項對接下來要說的分析很重要，請務必理解。

group	g	p1	p2	y
1	3	13	11	91
1	3	10	10	64
1	3	5	6	62
1	3	6	11	36
2	6	10	10	144
2	6	12	10	201
2	6	7	11	159
2	6	9	10	144
3	4	14	14	91
3	4	4	0	125
3	4	7	10	102
3	4	13	11	117

圖44-2

2. 我們在這邊只示範了一個團體層次變項（g）和兩個個人層次變項（p1, p2）的分析，如果你有更多的變項，也是依樣畫葫蘆即可完成分析。只是有時當變項數太多時，用R進行HLM分析有可能會發生一些狀況，這一部分，請參考「★你不想知道的統計知識(43-3)★」。

44-3 產生交互作用項

在進行涉及交互作用的HLM分析時，必須先產生交互作用項。如果你的資料先前已經有產生交互作用項了，可以跳過本單元，直接到「單元44-4」開始進行HLM分析。如果你使用本單元範例檔「hlm2_data_ex.csv」進行操作，該檔案的交互作用項也已產生，你可以直接進行HLM分析。若你想知道如何產生交互作用項，則可使用本單元範例檔「hlm2_data_ex.sav」或你自己的資料檔，進行以下操作。

HLM產生交互作用項的方式，和一般線性迴歸是一樣的，必須進行平減分數（centering）的轉換。以本單元的例子來說，若我們想產生p1和g的交互作用項，則其步驟如下：

1. 將「p1減去其平均值」、「g減去其平均值」。

2. 將上述二者相乘，即得交互作用項。也就是：

   p1g交互作用 = $(p1 - \overline{p1})*(g - \overline{g})$

   接下來所示範的，即是在SPSS中對上述程序的實際操作。

Step 1　　產生交互作用項

點選【分析 / Analysis】→【描述性統計資料 / Descriptive Statistics】→【描述性統計資料 / Descriptives】。（如圖44-3）

圖44-3

Step 2　　產生交互作用項

1. 將自變項（p1、g）放入【變數 / Variables】欄位中。（如圖44-4）

2. 按【確定 / OK】即可得圖44-5之結果。

3. 抄下「p1」、「g」的平均數。

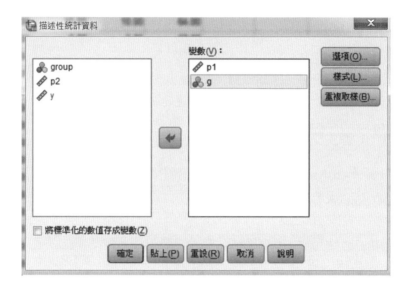

圖44-4

描述性統計資料

	N	最小值	最大值	平均數	標準偏差
p1	800	.00	20.00	9.7300	3.08123
g	800	3.00	7.00	5.0500	.89359
有效的N（listwise）	800				

圖44-5

 Step 3　　產生交互作用項

1. 點選【轉換 / Transform】→【計算變數 / Compute Variable】。（如圖44-6）

2. 在【目標變數 / Target Variable】輸入「p1_g」（可自行決定此名稱）。

3. 在【數值表示式 / Numeric Expression】輸入「(p1 - 9.73) *(g - 5.05)」。（p1和 g是本範例的變項名稱，9.73和5.05為上一步驟得到的平均值，你必須依據資料的變項名稱及所得到的平均值來做輸入）。（如圖44-7）

4. 按【確定 / OK】即產生了交互作用項。此時你若去檢視資料，將發現多了一個「p1_g」的變項欄位，此一變項即是交互作用項。

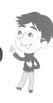

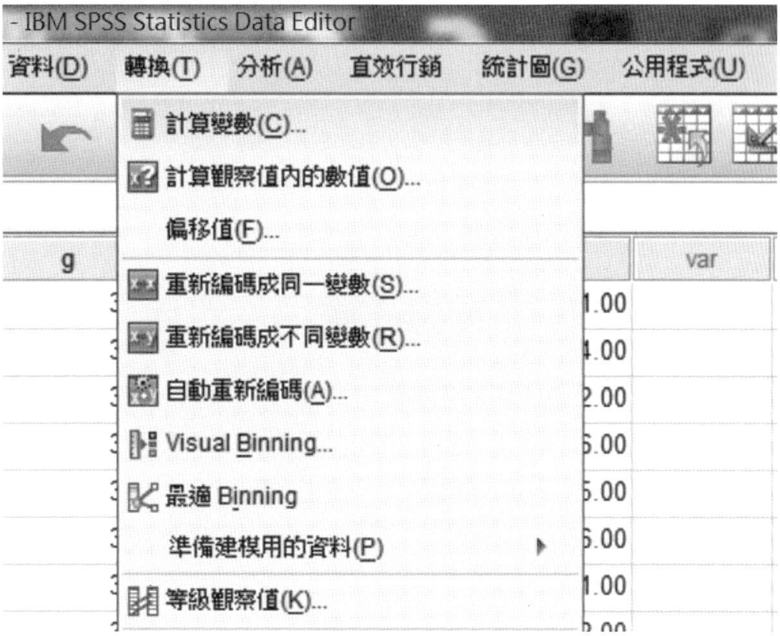

- IBM SPSS Statistics Data Editor
資料(D)
轉換(T)
分析(A)
直效行銷
統計圖(G)
公用程式(U)
計算變數(C)...
計算觀察值內的數值(O)...
偏移值(F)...
重新編碼成同一變數(S)...
重新編碼成不同變數(R)...
自動重新編碼(A)...
Visual Binning...
最適 Binning
準備建模用的資料(P)
等級觀察值(K)...
g
var

圖44-6

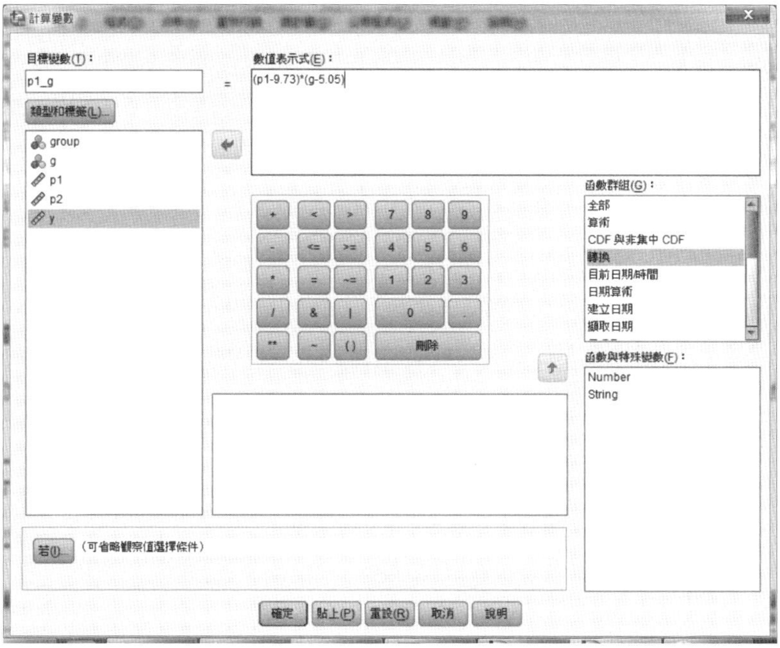

計算變數
目標變數(T)：
p1_g
=
數值表示式(E)：
(p1-9.73)*(g-5.05)
類型和標籤(L)...
group
g
p1
p2
y
函數群組(G)：
全部
算術
CDF 與非集中 CDF
轉換
目前日期/時間
日期算術
建立日期
擷取日期
刪除
函數與特殊變數(F)：
Number
String
若(I)...
(可省略觀察值選擇條件)
確定
貼上(P)
重設(R)
取消
說明

圖44-7

Step 4 產生交互作用項

若你有其他交互作用項，則也是依上述步驟操作完成，以本單元範例來說，我們可以再產生p2_g、p1_p2等二因子交互作用項，甚至p1_p2_g三因子交互作用項（其HLM操作，見單元45）。以此類推。

44-4 統計操作——前置作業

1. 請確定你的R版本是3.6.0以上版本。
2. 請確定你已經閱讀本書的單元34，對R的基礎操作有所理解。
3. 請確定你已經依照單元34-9操作，安裝好所有套件。
4. 請在電腦C碟或D碟產生一個叫作「R_data」的資料夾（可自行命名，但我們建議你用這個名字，以下提及工作資料夾時，都會使用這名字）。
5. 請依本書單元34-8的指示，將你的資料轉換為csv檔並命名為「hlm2_data」，且變項的名稱均為英文。若你是使用本書的範例檔做練習，則資料檔名為「hlm2_data_ex.csv」，無須變更。
6. 請將上面所說的資料檔（「hlm2_data.csv」或是「hlm2_data_ex.csv」）、以及本書所提供的程式檔「hlm2_code.R」，這兩個檔案複製到R_data資料夾內（本書之相關資料下載方式，詳見書之封底處）。
7. 請務必依本書單元34-3的指示，以「按右鍵，然後點選【以系統管理員身分執行】」的方式執行R。
8. 進入R之後，依單元34-4操作，將R的工作路徑設定到R_data資料夾。
9. 接下來：(1)點擊R介面左上角【檔案】。(2)點擊【開啟命令稿】。(3)開啟hlm2_code.R。如果你找不到hlm2_code.R，可能是上述步驟的4、6或8出了問題。

44-5 統計操作——程式碼

在使用程式碼之前，請確定你已經產生交互作用項（見單元44-3）。在本範例中，我們有三個自變項（g, p1, p2），我們將它們的交互作用分別命名為p1_g, p2_g, p1_p2（請打開hlm2_data.csv，看看變項名稱），以下我們就用這樣的名稱來寫語法

（你可以依自己的喜好命名，但語法中的變項名稱，必須和資料檔一致）。

1. 程式指令如｛**程式碼44-1**｝。請注意標示「*****需注意處*****」和「*****需修改處*****」底下的程式碼，那是你必須根據你的資料現況修改的地方。

程式碼44-1

```
#本程式碼之使用請參考《傻瓜也會跑統計Ⅱ》單元44

#每次執行本程式前，都請先按Ctrl+L，清空R console視窗，再執行程式

#***** 需注意處 *****
#讀檔案
dta <- read.csv('hlm2_data.csv',header=T, fileEncoding = 'UTF-8-BOM')

#載入HLM所需套件。
library(lme4)
library(lmerTest)
library(MuMIn)

#***** 需修改處1 *****
#計算 ICC
result0 <- lmer(y ~ 1+(1|group),data = dta)
r.squaredGLMM(result0)[2]

#***** 需修改處2 *****
#進行HLM分析
result <- lmer(y ~ p1+p2+g+p1_p2+p1_g+p2_g

#***** 需修改處3 *****
+(1+p1+p2+p1_p2|group),data = dta)
summary(result)

#取小數點三位，作表格用
write.csv(round(coef(summary(result)),3),'hlm2_table1.csv')

#輸出畫交互作用圖所需數值
estcov <- as.matrix(vcov(result)[-1,-1])
npar <- dim(estcov)[2]
nvar <- dim(dta)[2]
outdata <- matrix("",max(nvar,npar),npar+5)
outdata[1:nvar,1] <- names(dta)
outdata[1:nvar,2] <- apply(dta,2,mean)
```

```
outdata[1:nvar,3] <- apply(dta,2,sd)
outdata[1:npar,6:(npar+5)] <- estcov
outdata[1:npar,5] <- colnames(outdata)[6:(npar+5)]<- colnames(estcov)
colnames(outdata)[1:5] <- c('var','mean','sd','','var')
write.csv(outdata,'hlm2_table2.csv',row.names=F)
```

2. **需注意處**（請對照｛程式碼44-1｝中的「***** 需注意處 *****」）

    (1) 請確定你已完成單元44-4「前置作業」中的所有事項。

    (2) 每次執行程式前，請先按Ctrl+L，清空R console視窗，否則每次統計結果會一直「累積」在R console視窗上，最後你會分不清哪些資料是你需要的統計結果。

    (3) 若你是使用自己的資料檔進行分析，且已將它命名為「hlm2_data.csv」，則請跳過本點，直接讀下一點。若你是使用本書提供的範例檔做練習，請將「*****需注意處*****」下方指令中的檔名「hlm2_data.csv」更改為「hlm2_data_ex.csv」。

3. **需修改處1**（請對照｛程式碼44-1｝中的「***** 需修改處1 *****」）
   這邊的程式碼「result0 <- lmer(y ~ 1+(1|group),data = dta)」（底線處）要做修改。其中group是組別變項的名稱，你應該將group置換成你的組別變項名稱（關於什麼是組別變項，請參考「單元44-2」之說明），或是把你的組別變項名稱也命名為group（這樣就不用修改程式碼）。**特別注意，R會把大小寫視為不同，所以資料檔中的變項名稱大小寫，一定要和程式碼中的大小寫一致**（如**group**不可以寫成**Group**）。

4. **需修改處2**（請對照｛程式碼44-1｝中的「***** 需修改處2 *****」）
   這邊的第三行：「result <- lmer(y ~ p1+p2+g+p1_p2+p1_g+p2_g」（底線處）要做修改。這邊你必須知道R的幾個符號的用法：

    (1) ~ 表示因果，這指的是「~ 之後的變項」影響「~之前的變項」。如y ~ g，表示g影響y。

    (2) + 用來簡述多個變項的效果。如y ~p1+p2+ g，表示p1、p2、g這三個變項都會影響y。這邊請你依據自己的研究，放入你的自變項及交互作用項。

5. **需修改處3**（請對照｛程式碼44-1｝中的「***** 需修改處3 *****」）
   程式碼「+(1+p1+p2+p1_p2|group),data = dta)」（括弧前面有一個「+」號，是

因為這段程式碼必須和「需修改處2」的程式碼相連，在解讀以下說明時，可以忽略它不要管）；此程式碼是執行HLM所需的隨機效果模式設定（「請問什麼是隨機效果模式？」……不要管，照以下做就對了），你必須依照你的資料去做修改。以本範例來說，p1、p2是第一層次（員工層次）的變項，我們叫作level 1變項；group是第二層次（公司層次）的組別變項，我們叫作level 2組別變項，當資料是兩個階層時，語法的基本格式是：

（**1+**所有「不涉及」**level 2**的變項相加 | **level 2**組別變項）

根據上述語法，在本例中，就是(1+p1+p2+p1_p2|group),data = dta)。這邊要特別注意幾件事：

(1) 語法前半段（即" | "符號之前）只放「1+p1+p2+p1_p2」，因為這些效果都是「不涉及level 2的變項」（而g, p1_g, p2_g因涉及g這個level2變項，所以都不放進去）；總之，語法的前半段必須是【1+所有「不涉及」**level 2**的變項相加】。

(2) 語法的後半段（即" | "符號之後）放的是level 2 的組別變項。請注意是level 2的「組別」變項，不是level 2變項（也就是本例中的group，不是g；關於什麼是組別變項，請見單元44-2）。

如果你的資料是三層，則基本格式是：

（**1+**所有「不涉及」**level 2**、**level3**的變項相加 | **level 2**組別變項）＋（**1+**所有「不涉及」**level 3**的變項相加 | **level 3**組別變項）

以此類推。請依上述語法，將你的各層次變項放入去修改程式。你的模型可以是很多層、很多變項，但是請注意，太多變項和階層過多，可能造成估計的問題（參考「★你不想知道的統計知識(43-3)★」）。

6. 執行程式

先用滑鼠選取寫好的程式（也可用Ctrl+A全選），然後按右鍵，點擊【執行程式列或選擇項】就會執行程式，依每個人的電腦不同，可能需要一些時間，要一直到訊息視窗出現「>」符號，才表示程式執行完了。然後會在R Console視窗看到執行結果。關於統計結果的存檔，請參考單元34-7之說明。

44-6 報表解讀

統計報表請參考圖44-8。在解讀統計結果時，本書所有報表中的①、②、

給論文寫作者的進階統計指南：傻瓜也會跑統計II

③……符號，都和說明文字中的①、②、③……是可以直接對應的。

① 【組內相關係數】：組內相關係數（intraclass correlation coefficient, ICC）用來衡量資料中，組內資料的相似程度。例如：以本範例來說，同一間公司（group）下面的多個員工的工作績效 (y) 相似性高嗎？當相似程度較低，使用一般的迴歸分析即可；當組內資料相似程度愈高，則愈需要以階層線性模型來處理。通常組內相關係數ICC高於 .25，則應該以階層線性模型處理。[注1]若ICC數值很低，仍可進行階層線性模型分析，只是此時和用一般迴歸進行分析的結果，差異可能不大。

② 【未標準化迴歸係數】：這邊呈現的是截距（intercept）及每個變項對y的解釋力。雖然一般線性迴歸會報告標準化迴歸係數，但HLM通常只報告未標準化迴歸係數。圖中Estimates是未標準化迴歸係數、Std. Error是標準誤、df是自由度、t value是迴歸係數的檢定值、Pr(>| t |)是顯著值。其中當Pr(>| t |)太小時，報表結果會呈現科學記號（如3.74e-08），而非一般的小數值。因此必須將那些科學記號轉換為一般小數。但是千萬別讓這種國一數學課本就教的低階數學弄亂了你的腦，這讓我們來就好。請去資料所在的目錄，你會發現多了一個hlm2_table1.csv的檔案，打開它就會發現，所有科學記號都被轉換為一般的小數了（注意，若你發現檔案中的Pr(>| t |)數值是0，並不表示它是0，只是表示該數值非常小，小於 .001；論文中要寫p < .001，不可以寫p = .000）。當Pr(>| t |) 數值 < .05，表示該效果是顯著的，Pr(>| t |) 數值 ≧ .05，表示該效果不顯著。以圖44-8②（或是hlm2_table1.csv）的結果為例，公司福利g的Pr(>| t |) 數值小於.05，表示公司福利g對員工績效y有顯著效果。此外，你可能看到自由度df是小數，因而不敢跟口試委員報告。不要害怕，大聲說，這是因為進行了Satterthwaite approximation；來，大聲唸：「Satterthwaite approximation！」

③ 有時以R執行HLM可能會出現「model failed to converge......」的警告訊息，關於此警告訊息，請參考「★你不想知道的統計知識(43-3)★」。

注1 Guo, S. (2005). Analyzing grouped data with hierarchical linear modeling. *Children and Youth Services Review, 27*(6), 637-652.

~~~~~~~~~~~~~~~~~~~~~~~~~~~~（前略）~~~~~~~~~~~~~~~~~~~~~~~~~~~~~

```
> #***** 需修改處1 *****
> #計算 ICC
> result0 <- lmer(y ~ 1+(1|group),data = dta)          ①
> r.squaredGLMM(result0)[2]
[1] 0.764204
```

~~~~~~~~~~~~~~~~~~~~~~~~~~~（中間略）~~~~~~~~~~~~~~~~~~~~~~~~~~~~

```
Fixed effects:
                Estimate Std. Error          df t value  Pr(>|t|)                 ②
(Intercept)   -95.632078  14.140251   40.817390  -6.763  3.64e-08  ***
p1              2.239445   0.293618   19.631290   7.627  2.73e-07  ***
p2             -0.316266   0.370323   32.837417  -0.854  0.399278
g              40.467755   2.688091   35.841743  15.054  < 2e-16   ***
p1_p2           0.104106   0.078760   76.654743   1.322  0.190161
p1_g            0.002396   0.344091   22.381741   0.007  0.994505
p2_g            1.758362   0.406955   30.469834   4.321  0.000153  ***
---
Signif. codes:  0 '***' 0.001 '**' 0.01 '*' 0.05 '.' 0.1 ' ' 1
```

~~~~~~~~~~~~~~~~~~~~~~~~~~~（以下略）~~~~~~~~~~~~~~~~~~~~~~~~~~~~

圖44-8

44-7 表格呈現

在論文中，我們建議以表格的方式呈現階層線性模型的結果，這可以依據表格範例44-1，對照圖44-8填入相對應數據。

特別注意，在表格範例44-1中，「顯著性」是以打「*」號的方式來表達的，* 表示顯著性<.05、**表示顯著性<.01、***表示顯著性<.001。你必須參照統計報表結果（即「顯著性」欄位），來為迴歸係數標上「*」號（本書有提供表格範例下載，下載方式，請見本書封底）。

✏ 表格範例44-1

工作投入、工作能力、公司福利對工作績效之階層線性模型分析

	工作績效（β）	（若有多個依變項，可延伸表格）
截距	-95.63***	
Level 1（個人層次）		
p1工作投入	2.23***	
p2工作能力	-0.31	
Level 2（群體層次）		
g公司福利	40.46***	
交互作用		
p1*p2	0.10	
p1*g	0.00	
p2*g	1.75***	

填入圖44-8②（或是 hlm2_table.csv）的數據及顯著性

* *p*<.05, ** *p*< .01, *** *p*<.001。

44-8 繪圖及單純斜率檢定

　　如果你的交互作用不顯著，那麼你可以跳過這一單元，並不需要繪圖及做單純斜率檢定。如果交互作用顯著，請使用本書所附Excel「44-1_hlm_2階交互作用圖與斜率檢定.xls」進行繪圖及單純斜率 (simple slope) 檢定 （Excel下載方式，請見本書封底）。如果希望對階層線性模型中之單純斜率檢定有進一步理解，請參考「★你不想知道的統計知識(44-1)★」。

　　本章範例中，由於「p2_g交互作用效果」是顯著的，因此我們以Excel 44-1繪圖。結果如圖44-9。

　　使用「Excel 44-1」時，請到資料所在資料夾，會發現產生了一個「hlm2_table2.csv」檔，裡面有填寫「Excel 44-1」所需的資訊。請填完「Excel 44-1」的黃色格子，即可得到結果。其中的「參數共變數矩陣」比較複雜，說明如下：

1. 在「hlm2_table2.csv」右邊有一個有一堆數值的矩陣，那是「參數共變數矩陣」，若有些格子呈現「########」，那是因為格子太小的關係，無法完整

呈現數據；其實裡面是有數據的，這不是錯誤訊息。

2. 請對照hlm2_table2.csv的數值，找出橫軸為「p2」、縱軸也為「p2」，二者所交會處的數值（在本例中是0.137139255357657）。並填入「Excel 44-1」中。

3. 請注意，將數據填入Excel時，數據必須完整，不可以四捨五入。請使用複製貼上功能，將hlm2_table2.csv的數值的完整數據複製，然後右鍵貼在「Excel 44-1」中。

4. 依上述原則，從hlm2_table2.csv中找到「參數共變數矩陣」中所需的所有數值，全部填完即完成。

5. 如果有其他交互作用顯著，也是依「Excel 44-1」的指示如法炮製，完成所需的單純斜率檢定及交互作用圖繪製。以此類推。

以上只以「p2_g交互作用」為例，在你分析中的各交互作用顯著時，均可以用同樣方式進行繪圖及檢定。本範例繪製完成之交互作用圖，如圖44-9。

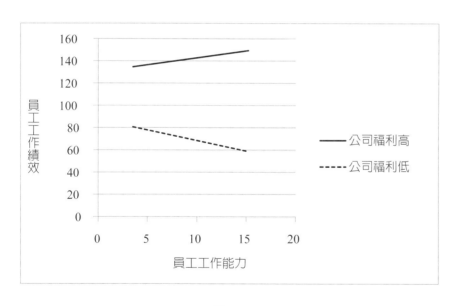

圖44-9

44-9 階層線性模型——結果的撰寫

在論文中，階層線性模型的結果，可能會需要書寫以下內容：

(0) 階層線性模型的概述。

(1) 主效果。

(2) 交互作用效果

　　(2-1) 交互作用分析。

　　(2-2) 單純斜率（若交互作用顯著）。

書寫時，請務必注意以下事項：

1. 在書寫時的順序，「依序」是(0), (1), (2-1), (2-2)。也就是依上面所條列的內容，由上而下的順序書寫。

2. 請特別注意，你並不需要每一個效果都寫，例如：你的交互作用不顯著，(2-2)就可以不用寫。

3. 書寫範例中的g, p1, p2, y，請依據你的研究內容填入適切的變項名稱。

4. 另外要特別注意，HLM書寫時，是用β這個符號來表示未標準化迴歸係數（關於β這個符號在迴歸中的用法，請參考「★你不想知道的統計知識(43-4)★」。

以下書寫範例中，標楷體的部分是論文中應該要書寫的內容，【】內是對書寫方式的說明。而書寫範例中的①、②、③……符號，都和統計報表圖中的①、②、③……是可以直接對應的。

(0)【對階層線性模型概述書寫】（一開始一定要寫）

　　在進行分析前，我們先計算ICC，結果發現，ICC= .76【請填注圖44-8①的數值】。續以階層線性模型檢驗：p1, p2, g對y之效果，其中p1, p2為層次一之變項、g為層次二之變項【請依你的變項名稱和所屬層次去寫】。分析結果如表XX【我們建議學位論文應呈現如「單元44-7」所示範之統計表格】。分析結果顯示……【請接著寫以下的「(1)主效果分析」】。

(1)【主效果分析】

　　p1對y有顯著解釋力（$\beta = 2.23, p < .001$）【填入hlm2_table1.csv內p1的Estimate、Pr(>|t|)數值，並寫出是否顯著】，顯示p1愈高，y也愈高【若不顯著這句不必寫。若顯著，當β值為正時，寫：「X愈高，Y也愈高」。當β值為負時，寫：「X愈高，Y愈低」】。p2對y無顯著解釋力（$\beta = -0.31, p = .39$）【同上，直到寫完所有主效果】【接著寫以下的「(2-1)交互作用分析」】。

(2-1)【交互作用分析】

>   p1*p2的交互作用對y無顯著解釋力（$\beta = 0.10$, $p = .19$）【填入hlm2_table1.csv 內p1_p2的 Estimate、Pr(>|t|) 數值，並寫出是否顯著】……p2*g的交互作用對y有顯著解釋力（$\beta = 1.75$, $p < .001$）。【同上，以同樣方式書寫，直到所有交互作用寫完】【若交互作用不顯著，寫到這裡即可】【若交互作用顯著，請接著寫「(2-2) 單純斜率檢定」】。

(2-2)【單純斜率檢定】（若交互作用顯著，才要寫）

>   進一步繪製交互作用圖如圖XX【於論文中附上Excel 44-1繪製的圖】。單純斜率（simple slope）檢定顯示：【以下開始，先寫g高分組的狀況】對g高分組而言，p2對y有顯著解釋力（$\beta = 1.25$, $p = .015$）。【填入 Excel 44-1「g高分組」欄位中的檢定結果，並描述顯著與否】【g高分組寫到這邊結束，接下來開始寫g低分組的狀況】對g低分組而言，p2對y有顯著解釋力（$\beta = -1.88$, $p < .001$）【填入 Excel 44-1「g低分組」欄位中的檢定結果】。由β值可見……【接下來對單純斜率的方向做說明，寫法參考「★你不想知道的統計知識 (38-1)★」】【若有多個交互作用效果，以同樣方式寫，直到寫完】。

Unit 45

階層線性模型
（三因子交互作用）

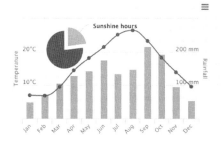

※請參考本書封底之說明，下載本單元中所使用的統計範例檔及工具檔。

本單元可使用本書所附程式檔hlm3_code.R和資料檔hlm3_data_ex.csv練習（相關資料下載方式，詳見書之封底處）。本單元是介紹有三因子交互作用時的階層線性模型（hierarchical linear modeling, HLM），若你要跑HLM，但研究架構中沒有交互作用項，請前往單元43，若你要跑只有二因子（不包含三因子）交互作用的HLM，請前往單元44。

45-1 簡介

使用時機	階層線性模型（hierarchical linear modeling），簡稱HLM；是分析多個連續變項Xs對一個連續變項Y的效果的一種迴歸分析，只是因為多個人隸屬於一個相同的團體，而使資料形成階層結構。於是這多個Xs中，有些是團體層次的變項，有些是個人層次的變項；而Y一定是個人層次的變項。
例子	在本章中，我們用g這個符號來表示團體層次（group）的變項，用p這個符號來表示個人層次（person）的變項。 例如：主管領導能力（g）、部屬工作投入（p1）和部屬工作能力（p2），對部屬工作績效（y）之影響。在這個例子中： 1. 主管領導能力（g）：多個部屬被同一個主管領導，因此這些部屬所面對的領導能力是相同的，所以對部屬來說「主管領導能力」是一個團體層次的變項。 2. 部屬工作投入（p1）：每個部屬有其各自的工作投入，所以「部屬工作投入」是一個個人層次的變項。 3. 部屬工作能力（p2）：每個部屬有其各自的工作能力，所以「部屬工作能力」是一個個人層次的變項。 如果以資料的結構來看，你的資料會類似圖45-1那樣（在這例子中，資料格中有一些值是文字，這是為了讓你更易理解，實際上統計資料應該儘可能用數值表示，而不要用文字）。在這筆資料中有三個主管（A、B、C），而每個主管下有四個部屬（例如：主管A有a1~a4四個部屬，以此類推），這四個部屬對應到的「主管領導能力」數值是相同的（如a1~a4的主管領導能力的數值都是「1」），所以「主管領導能力」是一個團體層次變項。至於部屬工作投入、工作能力和工作績效，都是每個人各自不同的（所以數值也不同），這些是個人層次變項。 在上面例子中，由於預測變項中有的是團體層次變項（g）、有的是個人層次變項（p1, p2），且這些變項和依變項（部屬工作績效y）都是連續變項。此時就可以進行HLM的分析。
其他	若想對階層線性模型與它要分析的多層次資料有進一步的理解，請參考「★你不想知道的統計知識(43-1)和(43-2)★」。

主管編號	部屬編號	主管領導能力（g）	部屬工作投入（p1）	部屬工作能力（p2）	部屬工作績效（y）
主管A	部屬a1	1	1	8	7
主管A	部屬a2	1	6	2	9
主管A	部屬a3	1	10	5	10
主管A	部屬a4	1	3	4	9
主管B	部屬b1	3	4	3	7
主管B	部屬b2	3	2	3	8
主管B	部屬b3	3	2	4	8
主管B	部屬b4	3	5	1	2
主管C	部屬c1	5	6	9	2
主管C	部屬c2	5	4	5	1
主管C	部屬c3	5	6	1	5
主管C	部屬c4	5	4	8	10

圖45-1

45-2 HLM的資料結構

　　以下是以本書所附hlm3_data_ex.csv來說明階層線性模型的操作。在這例子中，我們探討一個團體層次的變項（公司福利g）、兩個個人層次的變項（員工工作投入p1、員工工作能力p2），對一個依變項（員工工作績效y）的效果〔我們將團體層次（group）的變項命名為g、個人層次（person）的變項命名為p1, p2〕。在分析前，請注意以下幾件事：

1. 雖然你要分析的變項，只有g, p1, p2, y四個變項，但是在做HLM分析時你的資料中還要多一個「組別」變項。以本範例來說，資料結構如圖45-2。其中group這個變項指的是某一個人屬於某一個組別。以本範例來說，group這個變項表達的是某個員工隸屬於哪間公司（前四人的公司是1、接下來四人的公司是2，以此類推）。請特別注意，組別變項（group）是用來表達某個受試者是屬於哪個組別（在本例中，指的是某員工隸屬於哪間公司），它和團體層次的變項（g，例如：本範例中的「公司福利」）是不同的兩個變項。

再舉一例，如果你分析班級氣氛（g）和個人智商（p）對學習成果（y）的影響，那麼除了g, p, y之外，你的資料中還要產生一個組別變項，這組別變項用來表達某一個學生屬於哪一個班級。以此類推。這個組別變項對接下來要說的分析很重要，請務必理解。

group	g	p1	p2	y
1	3	13	11	91
1	3	10	10	64
1	3	5	6	62
1	3	6	11	36
2	6	10	10	144
2	6	12	10	201
2	6	7	11	159
2	6	9	10	144
3	4	14	14	91
3	4	4	0	125
3	4	7	10	102
3	4	13	11	117

圖45-2

2. 我們在這邊只示範了一個團體層次變項（g）和兩個個人層次變項（p1, p2）的分析，如果你有更多的變項，也是依樣畫葫蘆即可完成分析。只是有時當變項數太多時，用R進行HLM分析有可能會發生一些狀況，這一部分請參考「★你不想知道的統計知識(43-3)★」。

45-3 產生交互作用項

在進行涉及交互作用的HLM分析時，必須先產生交互作用項。如果你的資料先前已經有產生交互作用項了，可以跳過本單元，直接到「單元45-4」開始進行HLM分析。如果你使用本單元範例檔「hlm3_data_ex.csv」進行操作，該檔案的交互作用項也已產生，你可以直接進行HLM分析。若你想知道如何產生交互作用項，則可使用本單元範例檔「hlm3_data_ex.sav」或你自己的資料檔，進行以下操作。

HLM產生交互作用項的方式，和一般線性迴歸是一樣的，必須進行平減分數（centering）的轉換。以本單元的例子來說，若我們想產生p1和g的交互作用項，則其步驟如下：

1. 將「p1減去其平均值」、「g減去其平均值」。
2. 將上述二者相乘，即得交互作用項。也就是：

p1g交互作用 $= (p1 - \overline{p1}) * (g - \overline{g})$

而三因子交互作用項的產生也是同樣原理，即：

p1p2g交互作用 $= (p1 - \overline{p1}) * (p2 - \overline{p2}) * (g - \overline{g})$

接下來所示範的，即是在SPSS中，對上述程序的實際操作。

Step 1 　產生交互作用項

點選【分析 / Analysis】→【描述性統計資料 / Descriptive Statistics】→【描述性統計資料 / Descriptives】。（如圖45-3）

圖45-3

Step 2 　產生交互作用項

1. 將自變項（p1、g）放入【變數 / Variables】欄位中。（如圖45-4）
2. 按【確定 / OK】即可得圖45-5之結果。
3. 抄下「p1」、「g」的平均數。

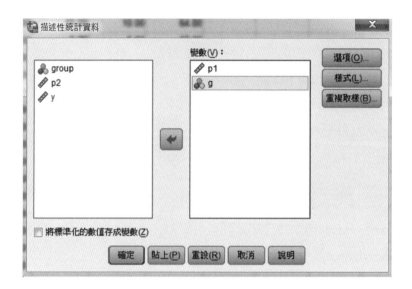

圖45-4

描述性統計資料

	N	最小值	最大值	平均數	標準偏差
p1	800	.00	20.00	9.7300	3.08123
g	800	.00	4.00	2.0500	.89359
有效的N（listwise）	800				

圖45-5

Step 3　產生交互作用項

1. 點選【轉換／Transform】→【計算變數／Compute Variable】。（如圖45-6）

2. 在【目標變數／Target Variable】輸入「p1_g」（可自行決定此名稱）。

3. 在【數值表示式／Numeric Expression】輸入「(p1 - 9.73) *(g - 2.05)」。（p1 和g是本範例的變項名稱，9.73和2.05為上一步驟得到的平均值，你必須依據 資料的變項名稱及所得到的平均值來做輸入）。（如圖45-7）

4. 按【確定／OK】即產生了交互作用項。此時你若去檢視資料，將發現多了一 個「p1_g」的變項欄位，此一變項即是p1*g的交互作用項。

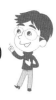

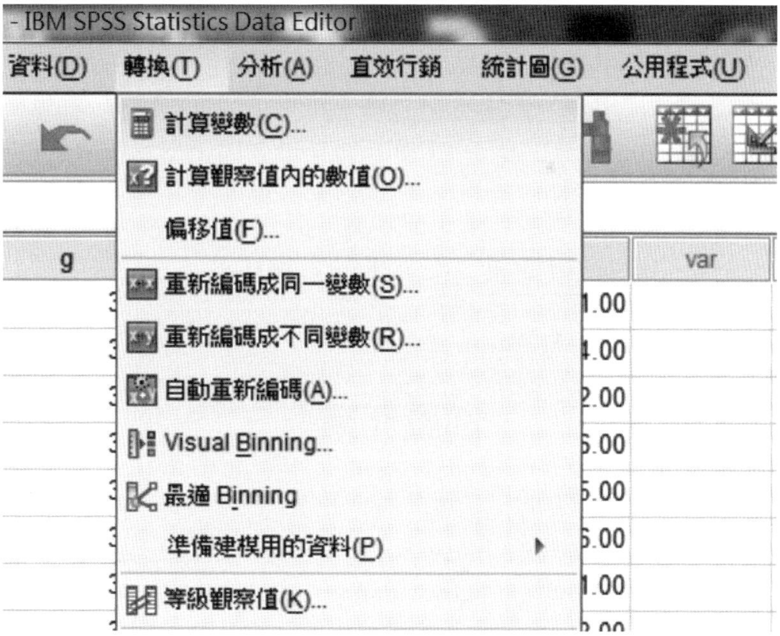
- IBM SPSS Statistics Data Editor
資料(D)
轉換(T)
分析(A)
直效行銷
統計圖(G)
公用程式(U)
計算變數(C)...
計算觀察值內的數值(O)...
偏移值(F)...
重新編碼成同一變數(S)...
重新編碼成不同變數(R)...
自動重新編碼(A)...
Visual Binning...
最適 Binning
準備建模用的資料(P)
等級觀察值(K)...
g
var

圖45-6

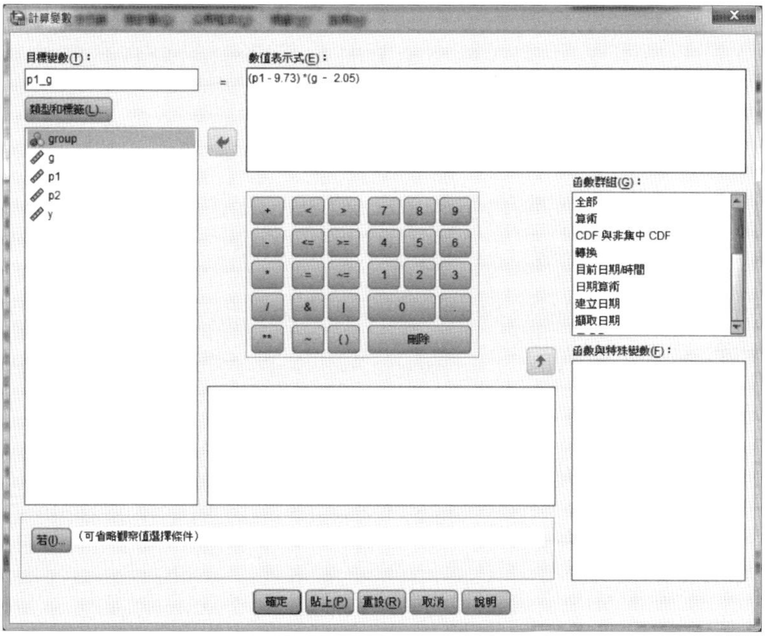
計算變數
目標變數(T)：
p1_g
數值表示式(E)：
(p1 - 9.73) *(g - 2.05)
類型和標籤(L)...
group
g
p1
p2
y
函數群組(G)：
全部
算術
CDF 與非集中 CDF
轉換
目前日期/時間
日期算術
建立日期
擷取日期
函數與特殊變數(F)：
刪除
若(I)...
(可省略觀察值選擇條件)
確定
貼上(P)
重設(R)
取消
說明

圖45-7

Step 4　產生交互作用項

若你有其他交互作用項，則也是依上述步驟操作完成，以本單元範例來說，我們可以再產生p2_g、p1_p2等二因子交互作用項，而三因子交互作用項的產生也是同樣原理，即：

p1p2g交互作用 = (p1 − $\overline{p1}$) * (p2 − $\overline{p2}$) * (g − $\overline{g}$)

以此類推。

45-4　統計操作──前置作業

1. 請確定你的R版本是3.6.0以上版本。
2. 請確定你已經閱讀本書的單元34，對R的基礎操作有所理解。
3. 請確定你已經依照單元34-9操作，安裝好所有套件。
4. 請在電腦C碟或D碟產生一個叫作「R_data」的資料夾（可自行命名，但我們建議你用這個名字，以下提及工作資料夾時，都會使用這名字）。
5. 請依本書單元34-8的指示，將你的資料轉換為csv檔並命名為「hlm3_data」，且變項的名稱均為英文。若你是使用本書的範例檔做練習，則資料檔名為「hlm3_data_ex.csv」，無須變更。
6. 請將上面所說的資料檔（「hlm3_data.csv」或是「hlm3_data_ex.csv」）、以及本書所提供的程式檔「hlm3_code.R」，這兩個檔案複製到R_data資料夾內（本書之相關資料下載方式，詳見書之封底處）。
7. 請務必依本書單元34-3的指示，以「按右鍵，然後點選【以系統管理員身分執行】」的方式執行R。
8. 進入R之後，依單元34-4操作，將R的工作路徑設定到R_data資料夾。
9. 接下來：(1)點擊R介面左上角【檔案】。(2)點擊【開啟命令稿】。(3)開啟hlm3_code.R。如果你找不到hlm3_code.R，可能是上述步驟的4、6或8出了問題。

45-5　統計操作──程式碼

在使用程式碼之前，請確定你已經產生交互作用項了（見單元45-3）。在本範

例中，我們有三個自變項（g, p1, p2），我們將它們的交互作用分別命名為p1_g, p2_g, p1_p2（請打開hlm3_data.csv，看看變項名稱），以下我們就用這樣的名稱來寫語法（你可以依自己的喜好命名，但語法中的變項名稱，必須和資料檔一致）。

1. 程式指令如｛程式碼**45-1**｝。請注意標示「*****需注意處*****」和「*****需修改處*****」底下的程式碼，那是你必須根據你的資料現況修改的地方。

程式碼45-1

```
#本程式碼之使用請參考《傻瓜也會跑統計Ⅱ》單元45

#每次執行本程式前，都請先按Ctrl+L，清空R console視窗，再執行程式

#***** 需注意處 *****
#讀檔案
dta <- read.csv('HLM3_data_ex.csv',header=T, fileEncoding = 'UTF-8-BOM')

#載入HLM所需套件。
library(lme4)
library(lmerTest)
library(MuMIn)

#***** 需修改處1 *****
#計算 ICC
result0 <- lmer(y ~ 1+(1|group),data = dta)
r.squaredGLMM(result0)[2]

#***** 需修改處2 *****
#進行HLM分析
result <- lmer(y ~ p1+p2+g+p1_p2+p1_g+p2_g+p1_p2_g

#***** 需修改處3 *****
+(1+p1+p2+p1_p2|group),data = dta)
summary(result)

#取小數點三位，作表格用
write.csv(round(coef(summary(result)),3),'HLM3_table1.csv')

#輸出畫交互作用圖所需數值
estcov <- as.matrix(vcov(result)[-1,-1])
npar <- dim(estcov)[2]
nvar <- dim(dta)[2]
outdata <- matrix("",max(nvar,npar),npar+5)
```

```
outdata[1:nvar,1] <- names(dta)
outdata[1:nvar,2] <- apply(dta,2,mean)
outdata[1:nvar,3] <- apply(dta,2,sd)
outdata[1:npar,6:(npar+5)] <- estcov
outdata[1:npar,5] <- colnames(outdata)[6:(npar+5)]<- colnames(estcov)
colnames(outdata)[1:5] <- c('var','mean','sd','','var')
write.csv(outdata,'HLM3_table2.csv',row.names=F)
```

2. **需注意處**（請對照〔程式碼45-1〕中的「***** 需注意處 *****」）

   (1) 請確定你已完成單元45-4「前置作業」中的所有事項。

   (2) 每次執行程式前，請先按Ctrl+L，清空R console視窗，否則每次統計結果會一直「累積」在R console視窗上，最後你會分不清哪些資料是你需要的統計結果。

   (3) 若你是使用自己的資料檔進行分析，且已將它命名為「hlm3_data.csv」，則請跳過本點，直接讀下一點。若你是使用本書提供的範例檔做練習，請將「*****需注意處*****」下方指令中的檔名「hlm3_data.csv」更改為「hlm3_data_ex.csv」。

3. **需修改處1**（請對照〔程式碼45-1〕中的「***** 需修改處1 *****」）

   這邊的程式碼「result0 <- lmer(y ~ 1+(1|group),data = dta)」（底線處）要做修改。其中group是組別變項的名稱，你應該將group置換成你的組別變項名稱（關於什麼是組別變項，請參考「單元45-2」之說明），或是把你的組別變項名稱也命名為group（這樣就不用修改程式碼）。**特別注意，R會把大小寫視為不同，所以資料檔中的變項名稱大小寫，一定要和程式碼中的大小寫一致**（如**group**不可以寫成**Group**）。

4. **需修改處2**（請對照〔程式碼45-1〕中的「***** 需修改處2 *****」）

   這邊的第三行：「result <- lmer(y ~ p1+p2+g+p1_p2+p1_g+p2_g+p1_p2_g」（底線處）要做修改。這邊你必須知道R的幾個符號的用法：

   (1) ~ 表示因果，這指的是「~ 之後的變項」影響「~之前的變項」。如y ~ g，表示g影響y。

   (2) + 用來簡述多個變項的效果。如y ~p1+p2+ g，表示p1、p2、g這三個變項都會影響y。這邊請你依據自己的研究，放入你的自變項及交互作用項。

5. **需修改處3**（請對照〈程式碼45-1〉中的「***** 需修改處3 *****」）

程式碼「+(1+p1+p2+p1_p2|group),data = dta)」（括弧前面有一個「+」號，是因為這段程式碼必須和「需修改處2」的程式碼相連，在解讀以下說明時，可以忽略它不要管）；此程式碼是執行HLM所需的隨機效果模式設定（「請問什麼是隨機效果模式？」……不要管，照以下做就對了），你必須依照你的資料去做修改。以本範例來說，p1、p2是第一層次（員工層次）的變項，我們叫作level 1變項；group是第二層次（公司層次）的組別變項，我們叫作level 2組別變項，當資料是兩個階層時，語法的基本格式是：

（**1+所有「不涉及」level 2的變項相加 | level 2組別變項**）

根據上述語法，在本例中就是(1+p1+p2+p1_p2|group),data = dta)。這邊要特別注意幾件事：

(1) 語法前半段（即" | "符號之前）只放「1+p1+p2+p1_p2」，因為這些效果都是「不涉及level 2的變項」（而g, p1_g, p2_g因涉及g這個level2變項，所以都不放進去）；總之，語法的前半段必須是【**1+所有「不涉及」level 2的變項相加**】。

(2) 語法的後半段（即" | "符號之後）放的是level 2 的組別變項。請注意是level 2的「組別」變項，不是level 2變項（也就是本例中的group，不是g；關於什麼是組別變項，請見單元45-2）。

如果你的資料是三層，則基本格式是：

（**1+所有「不涉及」level 2、level3的變項相加 | level 2組別變項**）+（**1+所有「不涉及」level 3的變項相加 | level 3組別變項**）

以此類推。請依上述語法，將你的各層次變項放入去修改程式。你的模型可以是很多層、很多變項，但是請注意，太多變項和階層過多，可能造成估計的問題（參考「★你不想知道的統計知識(43-3)★」）。

6. **執行程式**

先用滑鼠選取寫好的程式（也可用Ctrl+A全選），然後按右鍵，點擊【執行程式列或選擇項】就會執行程式，依每個人的電腦不同，可能需要一些時間，要一直到訊息視窗出現「>」符號，才表示程式執行完了。然後會在R Console視窗看到執行結果。關於統計結果的存檔，請參考單元34-7之說明。

45-6 報表解讀

　　統計報表，請參考圖45-8。在解讀統計結果時，本書所有報表中的①、②、③……符號，都和說明文字中的①、②、③……是可以直接對應的。

① 【組內相關係數】：組內相關係數（intraclass correlation coefficient, ICC）用來衡量資料中，組內資料的相似程度。例如：以本範例來說，同一間公司（group）下面的多個員工的工作績效 (y) 相似性高嗎？當相似程度較低，使用一般的迴歸分析即可；當組內資料相似程度愈高，則愈需要以階層線性模型來處理。通常組內相關係數ICC高於 .25，則應該以階層線性模型處理。[注1]若ICC數值很低，仍可進行階層線性模型分析，只是此時和用一般迴歸進行分析的結果，差異可能不大。

② 【未標準化迴歸係數】：這邊呈現的是截距（intercept）及每個變項對y的解釋力。雖然一般線性迴歸會報告標準化迴歸係數，但HLM通常只報告未標準化迴歸係數。圖中Estimates是未標準化迴歸係數、Std. Error是標準誤、df是自由度、t value是迴歸係數的檢定值、 Pr(>| t |)是顯著值。其中當Pr(>| t |)太小時，報表結果會呈現科學記號（如3.74e-08），而非一般的小數值。因此必須將那些科學記號轉換為一般小數。但是千萬別讓這種國一數學課本就教的低階數學弄亂了你的腦，這讓我們來就好。請去資料所在的目錄，你會發現多了一個hlm3_table1.csv的檔案，打開它就會發現所有科學記號都被轉換為一般的小數了（注意，若你發現檔案中的Pr(>| t |)數值是0，並不表示它是0，只是表示該數值非常小，小於 .001；論文中要寫p < .001，不可以寫p = .000）。當Pr(>| t |) 數值 < .05，表示該效果是顯著的，Pr(>| t |) 數值 ≧ .05，表示該效果不顯著。以圖45-8②（或是hlm3_table1.csv）的結果為例，公司福利g的Pr(>| t |) 數值小於.05，表示公司福利g對員工績效y有顯著效果。此外，你可能看到自由度df是小數，因而不敢跟口試委員報告。不要害怕，大聲說，這是因為進行了Satterthwaite approximation；來，大聲唸：「Satterthwaite approximation！」

③ 有時以R執行HLM，可能會出現「model failed to converge......」的警告訊息，關於此警告訊息，請參考「★你不想知道的統計知識(43-3)★」。

注1　Guo, S. (2005). Analyzing grouped data with hierarchical linear modeling. *Children and Youth Services Review, 27*(6), 637-652.

~~~~~~~~~~~~~~~~~~~~~~~~~（前略）~~~~~~~~~~~~~~~~~~~~~~~

```
> #***** 需修改處1 *****
> #計算 ICC
> result0 <- lmer(y ~ 1+(1|group),data = dta)
> r.squaredGLMM(result0)[2]
[1] 0.4532509
```

①

~~~~~~~~~~~~~~~~~~~~~~~~~（中間略）~~~~~~~~~~~~~~~~~~~~~~

```
Fixed effects:
              Estimate Std. Error        df t value Pr(>|t|)
(Intercept) 104.070535   5.529679  55.969139  18.820  < 2e-16 ***
p1            3.174292   0.327753  16.295184   9.685 3.63e-08 ***
p2           -0.099031   0.308068  23.556004  -0.321   0.7507
g            23.526914   1.867800  36.699559  12.596 6.83e-15 ***
p1_p2         0.150864   0.082131 154.230012   1.837   0.0682 .
p1_g          2.863642   0.377957  17.923776   7.577 5.41e-07 ***
p2_g          0.006062   0.338747  21.819101   0.018   0.9859
p1_p2_g       1.898820   0.094552 180.612734  20.082  < 2e-16 ***
---
Signif. codes:  0 '***' 0.001 '**' 0.01 '*' 0.05 '.' 0.1 ' ' 1
```

②

~~~~~~~~~~~~~~~~~~~~~~~~~（以下略）~~~~~~~~~~~~~~~~~~~~~~

圖45-8

45-7 表格呈現

在論文中，我們建議以表格的方式呈現階層線性模型的結果，這可以依據表格範例45-1，對照圖45-8填入相對應數據。

特別注意，在表格範例45-1中，「顯著性」是以打「*」號的方式來表達的，*表示顯著性<.05、**表示顯著性<.01、***表示顯著性<.001。你必須參照統計報表結果（即「顯著性」欄位），來為迴歸係數標上「*」號（本書有提供表格範例下載，下載方式，請見本書封底）。

✏ 表格範例45-1

工作投入、工作能力、公司福利對工作績效之階層線性模型分析

	工作績效（β）	（若有多個依變項，可延伸表格）
截距	104.07***	
Level 1（個人層次）		填入圖45-8②（或是 hlm3_table.csv）的數據及顯著性
p1工作投入	3.17***	
p2工作能力	-0.09	
Level 2（群體層次）		
g公司福利	23.52***	
交互作用		
p1*p2	0.15	
p1*g	2.86***	
p2*g	0.006	
p1*p2*g	1.89***	

* *p*<.05, ** *p*< .01, *** *p*<.001。

45-8 繪圖及單純斜率檢定

　　如果你的交互作用不顯著，那麼你可以跳過這一單元，並不需要繪圖及做單純斜率檢定。如果交互作用顯著，請使用本書所附「Excel 45-1」或「Excel 45-2」進行繪圖及單純斜率 (simple slope) 檢定。如果希望對階層線性模型中之單純斜率檢定有進一步理解，請參考「★你不想知道的統計知識(44-1)★」。

1. 二因子交互作用

　　若二因子交互作用顯著，請使用「Excel 45-1_hlm_2階交互作用圖與斜率檢定.xls」進行繪圖及單純斜率 (simple slope) 檢定（Excel下載方式，請見本書封底）。本章範例中，由於「p1_g交互作用效果」是顯著的，因此我們以Excel 45-1繪圖。結果如圖45-9。

　　使用「Excel 45-1」時，請到資料所在資料夾，會發現產生了一個「hlm3_table2.csv」檔，裡面有填寫「Excel 45-1」所需的資訊。請填完「Excel 45-1」

的黃色格子，即可得到結果。其中的「參數共變數矩陣」比較複雜，說明如下：

(1) 在「hlm3_table2.csv」右邊有一個有一堆數值的矩陣，那是「參數共變數矩陣」，若有些格子呈現「########」，那是因為格子太小的關係，無法完整呈現數據；其實裡面是有數據的，這不是錯誤訊息。

(2) 請對照hlm3_table2.csv的數值，找出橫軸為「p1」、縱軸也為「p1」，二者所交會處的數值（在本例中是0.107421882558453）。並填入「Excel 45-1」中。

(3) 請注意，將數據填入Excel時，數據必須完整，不可以四捨五入。請使用複製貼上功能，將hlm3_table2.csv的數值的完整數據複製，然後右鍵貼在「Excel 45-1」中。

(4) 依上述原則，從hlm3_table2.csv中找到「參數共變數矩陣」中所需的所有數值，全部填完即完成。

(5) 如果有其他二因子交互作用顯著，也是依「Excel 45-1」的指示如法炮製，完成所需的單純斜率檢定及交互作用圖繪製。以此類推。

以上只以「p1_g交互作用」為例，在你分析中的二因子交互作用顯著時，均可以用同樣方式進行繪圖及檢定。本範例繪製完成之交互作用圖，如圖45-9。

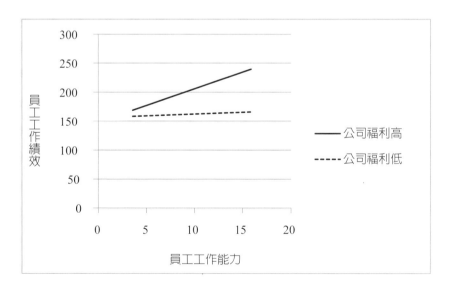

圖45-9

2. 三因子交互作用

若三因子交互作用顯著，請使用「Excel 45-2_hlm_3階交互作用圖與斜率檢定.xls」進行繪圖及單純單純斜率（simple simple slope）檢定（Excel下載方式，請見本書封底）。本章範例中，由於「p1_p2_g交互作用效果」是顯著的，因此我們以Excel 45-2繪圖。結果如圖45-10-1、45-10-2。

使用「Excel 45-2」時，請到資料所在資料夾，會發現產生了一個「hlm3_table2.csv」檔，裡面有填寫「Excel 45-2」所需的資訊。請填完「Excel 45-2」的黃色格子，即可得到結果。其中的「參數共變數矩陣」比較複雜，說明如下：

(1) 在「hlm3_table2.csv」右邊有一個有一堆數值的矩陣，那是「參數共變數矩陣」，若有些格子呈現「########」，那是因為格子太小的關係，無法完整呈現數據；其實裡面是有數據的，這不是錯誤訊息。

(2) 請對照hlm3_table2.csv的數值，找出橫軸為「p1」、縱軸也為「p1」，二者所交會處的數值（在本例中是0.107421882558453）。並填入「Excel 45-2」中。

(3) 請注意，將數據填入Excel時，數據必須完整，不可以四捨五入。請使用複製貼上功能，將hlm3_table2.csv的數值的完整數據複製，然後右鍵貼在「Excel 45-2」中。

(4) 依上述原則，從hlm3_table2.csv中找到「參數共變數矩陣」中所需的所有數值，全部填完即完成。

(5) 如果有其他三因子交互作用顯著，也是依「Excel 45-2」的指示如法炮製，完成所需的單純斜率檢定及交互作用圖繪製。以此類推。

三因子交互作用圖是以兩張二因子交互作用圖去表達的，在本範例中的三因子交互作用圖，如圖45-10-1、45-10-2。

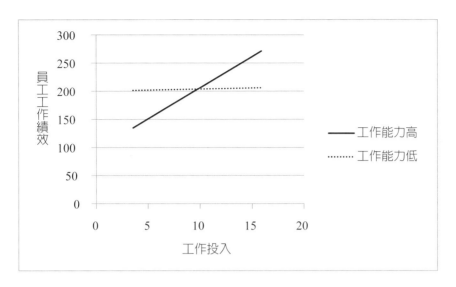

圖45-10-1

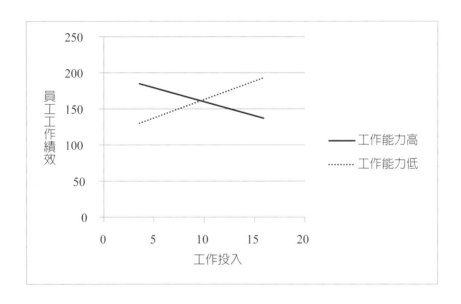

圖45-10-2

45-9 階層線性模型──結果的撰寫

在論文中，階層線性模型的結果，可能會需要書寫以下內容：

(0)階層線性模型的概述。

(1) 主效果。

(2) 二因子交互作用效果

　　(2-1) 交互作用分析。

　　(2-2) 單純斜率（若交互作用顯著）。

(3) 三因子交互作用效果

　　(3-1) 交互作用分析。

　　(3-2) 單純單純斜率（若交互作用顯著）。

書寫時，請務必注意以下事項：

1. 在書寫時的順序，「依序」是(0), (1), (2-1), (2-2), (3-1), (3-2)。也就是依上面所條列的內容，由上而下的順序書寫。

2. 請特別注意，你並不需要每一個效果都寫，例如：你的二因子交互作用不顯著，(2-2)就可以不用寫。

3. 書寫範例中的g, p1, p2, y，請依據你的研究內容，填入適切的變項名稱。

4. 另外要特別注意，HLM書寫時是用 β 這個符號來表示未標準化迴歸係數（關於 β 這個符號在迴歸中的用法，請參考「★你不想知道的統計知識(43-4)★」。

以下書寫範例中，標楷體的部分是論文中應該要書寫的內容，【】內是對書寫方式的說明。而書寫範例中的①、②、③……符號，都和統計報表圖中的①、②、③……是可以直接對應的。

(0) 【對階層線性模型概述書寫】（一開始一定要寫）

　　在進行分析前，我們先計算ICC，結果發現，ICC= .45【請填注圖45-8①的數值】。續以階層線性模型檢驗：p1, p2, g對y之效果，其中p1, p2為層次一之變項、g為層次二之變項【請依你的變項名稱和所屬層次去寫】。分析結果如表XX【我們建議學位論文應呈現如「單元45-7」所示範之統計表格】。分析結果顯示……【請接著寫以下的「(1)主效果分析」】。

---

(1) 【主效果分析】

p1對y有顯著解釋力（β =3.17, p < .001）【填入hlm3_table1.csv內p1的 Estimate、Pr(>|t|) 數值，並寫出是否顯著】，顯示p1愈高，y也愈高【若不顯著，這句不必寫。若顯著，當β值為正時，寫：「X愈高，Y也愈高」。當β值為負時，寫：「X愈高，Y愈低」】。p2對y無顯著解釋力（β = -0.09, p = .75）【同上，直到寫完所有主效果】【接著寫以下的「(2-1)交互作用分析」】。

(2-1)【二因子交互作用分析】

在二因子交互作用方面：p1*p2的交互作用對y無顯著解釋力（β = 0.15, p = .06）【填入hlm3_table1.csv內p1_p2的 Estimate、Pr(>|t|) 數值，並寫出是否顯著】。p1*g的交互作用對y有顯著解釋力（β = 2.86, p < .001）。【同上，以同樣方式書寫，直到所有交互作用寫完】【若二因子交互作用不顯著，寫到這裡即可】【若交互作用顯著，請接著寫「(2-2)單純斜率檢定」】。

(2-2)【單純斜率檢定】（若交互作用顯著才要寫）

進一步繪製二因子交互作用圖如圖XX【於論文中附上Excel 45-1繪製的圖】。單純斜率（simple slope）檢定顯示：【以下開始，先寫g高分組的狀況】對g高分組而言，p1對y有顯著解釋力（β = 5.73, p < .001）。【填入 Excel 45-1 「g高分組」欄位中的檢定結果，並描述顯著與否】【g高分組寫到這邊結束，接下來開始寫g低分組的狀況】對g低分組而言，p1對y無顯著解釋力（β =0.61, p = .18）【填入 Excel 45-1 「g低分組」欄位中的檢定結果】。由β值可見……【接下來對單純斜率的方向做說明，寫法參考「★你不想知道的統計知識 (38-1)★」】【若有多個交互作用效果，以同樣方式寫，直到寫完】。

(3-1)【三因子交互作用分析】

在三因子交互作用方面：p1*p2*g的交互作用有顯著解釋力（β = 1.89, p < .001）【填入hlm3_table1.csv內p1_p2_g的 Estimate、Pr(>|t|) 數值，並寫出是否顯著】。【若三因子交互作用不顯著，寫到這裡即可】【若交互作用顯著，請接著寫「(3-2)單純單純斜率檢定」】。

(3-2)【單純單純斜率檢定】

　　進一步繪製三因子交互作用圖，如圖XX【於論文中附上「Excel 45-2」繪製的圖】。單純單純斜率（simple simple slope）檢定顯示：【以下開始，先寫g高分組的狀況】對g高分組而言，當p2高時，p1對y有顯著解釋力（β = 11.09, p <.001）【填入「Excel 45-2」中「p2高g高組」欄位中的單純單純斜率檢定結果。】。當p2低時，p1對y並無顯著解釋力（β = 0.37, p = .51）【填入「Excel 45-2」中「p2低g高」欄位的單純單純斜率檢定結果。】；由β值可見……【接下來對單純單純斜率的方向做說明，寫法參考「★你不想知道的統計知識 (38-1)★」】【g高分組寫到這邊結束，接下來開始寫g低分組的狀況】對g低分組而言，當p2高時，p1對y1有顯著解釋力（β = -3.86, p < .001）【填入「Ep1cel 45-2」中「p2高g低」欄位的單純單純斜率檢定結果。】。當p2低時，p1對y有顯著解釋力（β = 5.09, p < .001）【填入「Ep1cel 45-2」中「p2低g低」欄位的單純單純斜率檢定結果。】；由β值可見……【接下來對單純單純斜率的方向做說明，寫法參考「★你不想知道的統計知識 (38-1)★」】。

Unit **46**

問卷分析常用的統計

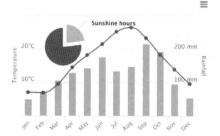

※請參考本書封底之說明，下載本單元中所使用的統計範例檔及工具檔。

「問卷分析該用什麼統計？」、「信度分析該用什麼統計？」、「效度分析該用什麼統計？」學生常常有這些疑問，但其實這樣的問題本身就有些問題；這就像有人問你「吃東西該用什麼餐具？」你會覺得這問題有些奇怪，因為世上並沒有一種餐具適用於吃所有食物。吃飯用筷子、吃豆花用湯匙、吃牛排用刀叉、吃蝦子最好是男友或女友幫你剝好殼送到嘴邊——要明確地知道要吃什麼食物，才知道該用什麼餐具。同樣地，「問卷分析該用什麼統計？」這類問題也很奇怪，我們必須明確地知道要做問卷分析的哪一部分，才能知道該使用什麼統計方法。簡單來說，問卷分析、信度分析、效度分析都只是一個大概念，它們下面有一些細項，這些細項才決定了應該使用哪一種統計方法。本單元簡要地介紹問卷分析的概念，然後說明在執行這些分析時，常用的統計方法，並且也會指引你在《傻瓜也會跑統計》系列作的何處可以找到統計操作的指南。我們要讓你覺得買了《傻瓜也會跑統計》系列作，真是物超所值，這兩位作者根本就是你生命中的天使。

46-1 和問卷有關的三種分析

「我想要做一道乾式熟成牛排！」當有人這樣說時，你可能會問他，你知道要做出乾式熟成牛排包含哪些步驟嗎？學藝多年的師傅可以立刻告訴你它包含三道工法：風乾、煙燻、熟成。高手和一般人的差別在於，他們看得到事情的全貌，不會迷失在紛雜的細節中。因此要理解問卷分析，你必須能看到問卷分析的全貌——而且不用學藝多年；既然你花錢買了這本書，我們現在就告訴你（如果你的書是借來的，請立刻闔上書本，還給人家，現在去買一本），和問卷有關的統計分析，大致上由三道工法組成：(1)項目分析（item analysis）、(2)信度（reliability）分析、(3)效度（validity）分析。理解這三道工法，你才能完整地理解問卷分析的統計，也才知道自己需要什麼。關於這三道工法，我們說明如下。

1. 項目分析（關於項目分析的統計方法，請參考單元46-2）
   (1) 什麼是項目分析

   坦白說，「項目」（item）這個詞翻譯得不太好，項目其實就是「題目」的意思；因此項目分析就是「題目分析」。顧名思義就是對每個題目做分析，看看題目的測量品質如何，然後決定某個題目要保留、修改或是刪去。這邊有一個很重要的觀念，項目分析是針對「單一題目」去做分

析，而信度分析和效度分析，則是針對問卷的某個「量表」（通常由多個題目組成）去做分析。

(2) 何時會做項目分析

① 當你的研究目的是要發展量表時，你得挑出好的題目，淘汰或修改不好的題目，此時就會使用項目分析，決定某個題目該保留、修改，或是刪除。

② 有時雖然你論文的目的並不是要發展量表，但是你對論文中所使用的工具不是那麼有信心（例如：使用了你自己編的題目，或是使用別人的題目，但是擔心這些題目不適用於你的樣本），此時也可以做項目分析，來檢查每個題目的品質如何。《傻瓜也會跑統計I》的附錄：「跑統計之前，你該做的事」，其中的第四步驟，就是在指引你做這件事。這部分就看你自己覺得有無必要，或是指導教授是否要求了。

2. 信度分析（關於信度分析的統計方法，請參考單元46-3）

(1) 什麼是信度

「信度」指的是整體觀察分數變異當中，眞分數變異所占的比例。古典測驗理論假設觀察分數是由眞分數和誤差組成，也就是X=T+E，然後……算了，如果我們也用這樣的方式說明，就違背了本書「凡需統計之矜寡孤獨廢疾者，皆有所養」的統計大同目的了。你可以很簡單地將信度理解爲「某個測量不包含誤差的程度」，信度愈高表示測量誤差愈少。例如：如果你分析後得到信度值爲 0.9，會比信度 0.8好，這表示前者的測量誤差比較少。但是信度這個概念常常和效度有所混淆。如果耐心讀完接下來的效度那一小節，你就可以對兩個概念有所理解與區辨。

(2) 何時會做信度分析

信度分析算是社會科學論文中的基本款，尤其如果你的論文是使用問卷作爲測量工具，絕大部分的情況下，都得報告信度。

3. 效度分析（關於效度分析的統計方法，請參考單元46-4）

(1) 什麼是效度

效度指的是「測量測到我們想測的構念的程度」。例如：你想測「領導潛能」，於是用了一些題目來測量這個構念，那麼這些題目眞的有測到「領導潛能」嗎？這就是效度。當問卷題目測到我們想測的構念的程度愈高時，表示它的效度愈好。

(2) 何時會做效度分析？

相較於信度分析是社會科學論文中的基本款，效度分析算是進階款。由於效度分析通常涉及比較複雜的研究設計，不是隨隨便便能做出來的，所以很多論文並不會特別去做效度分析；這不只是學位論文如此，很多刊登在專業期刊上的正式學術論文也是如此。但是：①如果你的論文本身就是做量表發展，那麼通常得進行效度分析，因為這是量表發展中很重要的一部分。②或是，雖然你的論文不是做量表發展，但指導教授要求你要呈現效度證據，那你也只能硬著頭皮做了。

(3) 信度和效度有什麼不同

信度和效度是兩個不同的概念，但常常被混淆。前面提到信度指的是「某個測量不包含誤差的程度」，這時候的「誤差」指的是**就這個測量本身而言是否有誤差，不管這個測量是在測什麼**。舉例來說，如果我們有一個題目「你是男生或女生」，用來測量一個人的「領導潛能」。「你是男生或女生」這個題目的測量結果幾乎不會有誤差，這次答男生的人，下次再作答還是會答男生，這次答女生的人，下次也仍會答女生；因此「就這個題目而言」，它的測量很穩定，信度幾乎是1（100%）。但是「你是男生或女生」並不是用來測量「領導潛能」的好題目，因此這題目用於測量「領導潛能」的效度並不好。在這個例子中，我們有一個信度很好，但效度不好的題目。就信度來說，這題目的測量誤差很小，但就效度來說，它並沒有測量到我們所想要測的構念。

理解問卷分析的三道工法——「項目分析」、「信度分析」、「效度分析」後，以下我們分別說明這三個程序中常用的一些統計方法，以及在《傻瓜也會跑統計》系列作中的哪裡，可以找到對應的操作指南。

46-2 「項目分析」常用的統計方法

前面提到，項目分析是對每個題目做分析，然後決定某個題目該保留、修改或是刪除。常用的項目分析方法如下，這些分析有很多是以「單一題目」和「總分」的關係，來評估某一題目的品質；在做這些分析時，如果你對於該用總量表或分量表的總分進行分析有所疑慮，請見附錄「★你不想知道的統計知識(46-1)★」。

1. 題目與總分的相關

   (1) 邏輯

   這是做項目分析時，我們最推薦的方法。顧名思義，「題目與總分的相關」（corrected item total correlation）就是去計算量表中的某一題目得分和量表總分之間的相關，相關愈高表示這題目愈和大家是一伙的——它和其他題目可能在測同一個構念；因此我們可以藉由題目與總分的相關來判斷某一題目的品質好壞，決定某個題目該保留、修改或是刪除。

   (2) 統計操作

   請參考《傻瓜也會跑統計I》的單元2進行操作，尤其「2-3 統計報表解讀」中的②③要詳細閱讀。

   (3) 練習

   你可以使用本書的資料檔「項目分析.sav」或是《傻瓜也會跑統計I》「02(信度).sav」，來練習操作這個方法。

2. 刪題後的信度

   (1) 邏輯

   顧名思義，「刪題後的信度」（Cronbach's Alpha if item deleted）是去分析：如果刪除某一個題目可以讓整體量表信度提升多少？藉此來判斷某一題目的品質。如果和男友分手會讓本書的某位女性讀者人生的幸福感大幅提升，那麼這男人對她來說，一定不是好男人；同樣地，如果刪去某一題目會使得整個量表的信度大幅提升，表示這題目不是好題目；反之，則表示這題目是可接受或不錯的題目。

   (2) 統計操作

   請參考《傻瓜也會跑統計I》的單元2進行操作，尤其「2-3 統計報表解讀」中的③要詳細閱讀。

   (3) 練習

   你可以使用本書的資料檔「項目分析.sav」或是《傻瓜也會跑統計I》「02(信度).sav」，來練習操作這個方法。

3. 高低分組在某一題目上是否有顯著差異

   (1) 邏輯

   這個方法的基本想法是：一個好的題目應該要能區分出在總分上得高分

和得低分的兩群人。它的做法是：①先算出所有人在量表上的總分。②利用某一個標準去挑出總分的高分組（如總分最高25%的那群人）和低分組（如總分最低25%的那群人），並產生一個高低分組的組別變項。例如：我們產生一個叫作Group的變項，這變項中，高分組的人=1、低分組的人=0。(3)以這個高低分組別變項（1，0）為自變項、每一個題目為依變項，進行獨立樣本t檢定。若某一題目的t檢定不顯著，就表示這個題目無法區辨出總分高分和低分的那兩群人，藉此認定該題目品質不佳。反之，若t檢定是顯著的，則表示這題目是可接受的。

(2) 統計操作

① 先算出所有人在量表上的總分。請參考《傻瓜也會跑統計I》的單元1-7進行操作。

② 利用某一個標準去挑出總分的高、低分組，並產生一個組別變項（1=高分組、0=低分組）。請參考《傻瓜也會跑統計I》的單元1-8進行操作。其中用來區分高低分組常用的標準為前後25%、前後27%或前後33%。選擇比率較低的25%或27%，會比較容易看到差異，對題目品質比較靈敏，但也會因此刪掉較多樣本；當你的樣本數少時，可以考慮選比率較高的（如33%）。如果無法判斷，你可以與指導教授討論。

③ 以高低分組別變項（1，0）為自變項、每一個題目為依變項，進行獨立樣本t檢定。請參考《傻瓜也會跑統計I》的單元3進行操作。其中在Step 2 放入依變項時，是放入你加總總分時所使用的「每一個單一題目」。也就是，在分析時的依變項為每一個單一題目，所以有多少個題目，統計報表中就會有多少個t檢定結果。結果的部分則是看每個題目的t檢定結果，當t檢定結果是顯著的，表示該題目有可接受的測量品質，反之若不顯著，表示該題目測量品質不佳。

(3) 練習

你可以使用本書的資料檔「項目分析.sav」或是《傻瓜也會跑統計I》「02(信度).sav」，來練習操作這個方法。

4. 探索性因素分析

探索性因素分析，也可以作為項目分析的統計方法。但是使用這個方法做項目分析，需要對理論有很好的理解及一定程度的統計素養，並不適用於對理論或統計不熟悉的人。簡言之，這種做法並沒有既定的公式或簡易指南可循

（否則我們就會爲你寫出來了）。所以除非你是專業級的學者，否則我們非常不建議這樣做。若你執意（或被迫）要用探索性因素分析來做項目分析，《傻瓜也會跑統計I》的單元14、單元15有關於因素分析的統計操作方法。我們在此祝你好運。

46-3 「信度分析」常用的統計方法

前面提到，信度指的是「某個測量不包含誤差的程度」。常用的信度分析方法如下。

1. **Cronbach's alpha**

(1) 邏輯

這個方法是論文寫作者的好朋友！Cronbach's alpha可以說是最常用的信度分析方法，因爲它非常便利好用。這種方法是去計算同一量表內多個題目之間的關係強度，當同一量表的多個題目關聯愈強時，可能表示這多個題目都是在測量同樣的構念，藉此可以推論我們的測量中和題目內容有關的誤差是小的。Cronbach's alpha 作爲信度估計值需要單向度假設，因此有人認爲不應計算總量表的Cronbach's alpha，關於這部分，請見附錄「★你不想知道的統計知識(46-1)★」。附帶一提，這方法的創始人Lee Joseph Cronbach就因爲發明了這個信度公式，名列二十世紀百大心理學家第48名，這是非常了不起的排名啊。[1]本書的兩位作者是第101名，因爲只公布了100名，所以人人都可以說自己是第101名。

(2) 統計操作

Cronbach's alpha信度請參考《傻瓜也會跑統計I》的單元2進行操作。分析後所得的Cronbach's alpha值愈高，表示信度愈高。

(3) 練習

你可以使用本書的資料檔「項目分析.sav」或是《傻瓜也會跑統計I》「02(信度).sav」，來練習操作這個方法。

注1　Haggbloom, S. J., Warnick, R., Warnick, J. E., Jones, V. K., Yarbrough, G. L., Russell, T. M., ... Monte, E. (2002). The 100 most eminent psychologists of the 20th century. *Review of General Psychology, 6*(2), 139-152.

2. 再測信度

(1) 邏輯

再測信度（test-retest reliability）是去計算同一組題目，在兩個不同時間點施測結果的關係強度。當同一組題目在兩個時間點施測的結果相關很高時，表示這個測量很穩定，不太受到時間變動的影響。藉此可以推論，我們的測量中和時間有關的誤差是小的。

(2) 統計操作

① 你必須對同一群人，在兩個時間點，施測同一組題目，並且同一個人的前後兩次施測要能對應在一起。舉例來說，在圖46-1中，我們對同一群人，在兩個時間點，施測了同樣的四個題目，其中「**T1_第1題**」是第一個時間點第一題的得分、「**T1_第2題**」是第一個時間點第二題的得分，以此類推。同樣地，「**T2_第1題**」是第二個時間點第一題的得分、「**T2_第2題**」是第二個時間點第二題的得分，以此類推；而且T1的四個題目和T2的四個題目是同樣的題目。這邊特別注意，同一個受試者在T1和T2的得分必須在同一橫列上，否則無法進行再測信度的分析。

| 檔案(F) | 編輯(E) | 檢視(V) | 資料(D) | 轉換(T) | 分析(A) | 直效行銷 | 統計圖(G) | 公用程式(U) | 視窗(W) | 說明(H) |

7 :

	受試者...	T1_第1題	T1_第2題	T1_第3題	T1_第4題	T2_第1題	T2_第2題	T2_第3題	T2_第4題
1	受試者1	1.00	5.00	2.00	5.00	4.00	2.00	2.00	5.00
2	受試者2	2.00	5.00	2.00	2.00	5.00	2.00	2.00	2.00
3	受試者3	1.00	5.00	3.00	5.00	4.00	4.00	1.00	1.00
4	受試者4	2.00	5.00	2.00	2.00	3.00	2.00	3.00	5.00
5	受試者5	2.00	1.00	1.00	2.00	1.00	4.00	2.00	2.00
6	受試者6	2.00	5.00	5.00	2.00	3.00	4.00	2.00	4.00
7	受試者7	4.00	1.00	4.00	2.00	3.00	1.00	4.00	3.00
8	受試者8	1.00	3.00	5.00	3.00	1.00	3.00	5.00	2.00
9	受試者9	1.00	3.00	5.00	3.00	1.00	4.00	2.00	2.00
10	受試者10	2.00	4.00	3.00	3.00	1.00	4.00	1.00	2.00
11	受試者11	4.00	4.00	4.00	4.00	1.00	4.00	1.00	3.00
12	受試者12	4.00	1.00	5.00	5.00	5.00	4.00	4.00	2.00
13	受試者13	3.00	2.00	4.00	4.00	3.00	2.00	3.00	1.00

圖46-1

② 接下來要分別算出每個人在T1和T2的量表總分。以圖46-1為例，要將「T1_第1題」～「T1_第4題」四題相加得到一個分數；將「T2_第1題」～「T2_第4題」四題相加得到一個分數。最後你應該會得到T1的四題總分，和T2的四題總分。如何加出總分，請參考《傻瓜也會跑統計I》的單元1-7進行操作。

③ 最後，求「T1四題總分」和「T2四題總分」間的Pearson相關，這個相關就是再測信度。Pearson相關請參考《傻瓜也會跑統計I》的單元5進行操作。分析後的Pearson相關數值愈高，表示再測信度愈高。

(3) 練習

你可以使用本書的資料檔「再測信度.sav」中的T1_第1題～T1_第4題、T2_第1題～T2_第4題，來練習操作這個方法；分析結果再測信度應該為 .927。

3. 評分者信度

(1) 邏輯

評分者信度（interrater reliability）是去計算不同評分者，評分結果的關聯性；如果不同評分者的評分很一致，則表示這個評分結果不太受到評分者的影響，藉此可以推論我們的測量來自於評分者的誤差是小的。

(2) 統計操作

請使用本書「單元31：組內相關係數」進行評分者信度的分析。分析後的組內相關係數愈高，表示評分者信度愈高。但是請注意，此評分者信度的分析法，只適用於評分者所評的分數是連續變項時（關於什麼是連續變項，請參考《傻瓜也會跑統計I》，「必讀二，第參點」）；如果你的評分資料不是連續變項，可以寫信給我們，我們一定會立刻回信：「請洽詢你的指導教授，謝謝。」

(3) 練習

你可以使用本書「單元31：組內相關係數」的資料檔「ICC.sav」，來練習操作這個方法。

4. 構念信度和平均變異抽取量

(1) 邏輯

「構念信度」和「平均變異抽取量」，都是使用驗證性因素分析時，才會得到的信度指標。其中構念信度（construct reliability，簡稱CR），有時候也稱作組合信度（composite reliability），和前面提的Cronbach' alpha類似，也是在計算同一量表下多個題目之關聯。而平均變異抽取量（average variance extraction，簡稱AVE），則是計算同一個構念下的每個題目的變異數中，來自於構念的平均比率，比率愈高，表示測量品質愈好……。以上如果你沒看懂也沒關係，反正它就是一種信度指標，可以讓我們知道測量誤差有多少。

(2) 統計操作

由於這兩種信度都需要做驗證性因素分析，請參考本書「單元35 驗證性因素分析」操作，然後在「單元35-4 報表解讀」中的⑧有構念信度的判斷標準。

(3) 練習

你可以使用本書「單元35 驗證性因素分析」的資料檔「cfa_data_ex.sav」和程式碼「cfa.R」，來練習操作這個方法。在資料檔中，我們有一個愛情態度量表，這量表包含兩個分量表，浪漫愛（有五個題目，變項名稱為rom1～rom5）和友伴愛（也有五個題目，變項名稱為com1～com5）。

46-4　「效度分析」常用的統計方法

前面提到，效度指的是「測量測到我們想測的構念的程度」。常用的效度分析方法如下。

1. 效標關聯效度、預測效度、同時效度

(1) 邏輯

效標關聯效度（criterion-related validity）的基本想法是，如果某個測量有測到我們想測的構念，那麼它和理論上有關聯的其他構念（稱之為效標），應該有顯著關係。例如：我們想知道某一個「怕妻量表」是否有效度，而由於愈怕老婆的人，愈不敢出去鬼混，所以乖乖待在家裡的時間也會比較長，於是我們除了施測「怕妻量表」之外，還多測量了「居家時間」，然後分析兩者是否有相關。如果有相關，則表示這個「怕妻量表」可能是有效度的（因為它如預期地和一個理論上有關聯的效標之間有相關）。以上我們只是隨意舉例啦，並不是反映本書兩位作者的實際狀況，呵呵呵（乾笑中）。

此外，也有人把效標關聯效度又細分為預測效度（predictive validity）和

同時效度（concurrent validity）。例如：我們想要知道某「工作滿意問卷」的效度，而由於工作滿意應該會讓人更願意留任在公司，因此我們以「留職意願」為效標。此時，如果我們是先測量「工作滿意」，過了一段時間後，才測量效標「留職意願」，這叫預測效度（我們以「工作滿意」能否預測未來的「留職意願」作為效度證據）；若「工作滿意」和效標「留職意願」是同時間施測的，稱之為同時效度。這只是名詞和概念上略有不同而已，它們的統計分析方法並沒有差別。

(2) 統計操作

① 以上述例子來說，要先分別算出每個受試者的「工作滿意」和「留職意願」量表各自的總分。如何算出總分，請參考《傻瓜也會跑統計I》的單元1-7進行操作。

② 接下來，求「工作滿意總分」和「留職意願總分」間的Pearson相關，這個相關就是效標關聯效度。Pearson相關請參考《傻瓜也會跑統計I》的單元5進行操作。分析後所得的Pearson相關值愈高，表示效標關聯效度愈高。

(3) 練習

你可以使用本書的資料檔「效標關聯效度.sav」中的「工作滿意」（有八題）和「留職意願」（有三題），來練習操作這個方法。分析結果效標關聯效度應為 .626。

2. **區辨效度**

(1) 邏輯

區辨效度（discriminant validity）的想法是，如果我們的測量真的有測到想測的構念，則它要和一個有關聯但不同的測量間有所區辨。例如：我們想要知道某個「特質性焦慮」量表是否有效度，於是我們用「情境性焦慮」的測量來做區辨效度，這兩個構念有重疊，但是卻是不同的構念。「特質性焦慮」是一種個人特質，是一個人普遍、長期的焦慮傾向，而「情境性焦慮」則是針對特定情境才會產生的焦慮，如社交焦慮、考試焦慮，或是在老婆面前會感到焦慮……這我們只是隨意舉例啦，並不是反映本書兩位作者的實際狀況，呵呵呵（乾笑中）。無論如何，我們想要知道「特質性焦慮」量表是否有效度，於是分析它和一個有關聯但並非同一構念的「情境性焦慮」測量之相關，這個相關不應該

太高；藉由這樣來說明「特質性焦慮」的測量和其他近似的構念之測量是能有所區辨的，以此作爲效度證據。

(2) 統計操作

① 以上述例子來說，要先分別算出每個人在「特質性焦慮」和「情境性焦慮」各自的總分。如何加出總分，請參考《傻瓜也會跑統計I》的單元1-7進行操作。

② 接下來，求「特質性焦慮總分」和「情境性焦慮總分」間的Pearson相關，這個相關就是區辨效度的指標；這個相關不能太高，才表示你所測量到的構念和其他構念能有所區辨。Pearson相關請參考《傻瓜也會跑統計I》的單元5進行操作。

③ 那麼上面算出來的Pearson相關係數要多低，才表示有區辨效度呢？這件事不容易有標準答案。但是如果你有同時做效標關聯效度（見前一節），也做了區辨效度，則至少區辨效度要顯著地低於效標關聯效度。此時，請參考《傻瓜也會跑統計I》的單元5-6中的第二點「相依樣本相關係數差異檢定」，檢驗區辨效度的Pearson相關係數，是否顯著地低於效標關聯效度的Pearson相關係數。

(3) 練習

你可以使用本書的資料檔「區辨效度.sav」中的「特質焦慮」（有四題）、「情境焦慮」（有三題）和「特質焦慮他評」（一題），來練習操作這個方法。其中「特質焦慮」和「情境焦慮」之相關，應該要低於「特質焦慮」和「特質焦慮他評」之相關。分析結果區辨效度（「特質焦慮」和「情境焦慮」之相關）應爲 .208；效標關聯效度（「特質焦慮」和「特質焦慮他評」之相關）應爲 .439；兩個相關有顯著差異，t (497) = 4.348, p < .001。

3. 因素效度

(1) 邏輯

因素效度（factor validity）的想法是，如果某個測量眞的有測到我們想測的構念，則因素分析結果，應該要得到和該構念理論預期一致的因素結構，且題目和因素間的對應也要符合預期。例如：我們根據理論認爲愛情包含了「親密」、「激情」和「承諾」三個成分，而我們用了一個愛情態度量表，去測量這三個成分，每個成分各自有10個題目。如果這個

測量是有效度的，則因素分析結果應該要如預期地發現這30個題目是由三個因素構成，而且本來預期測量「親密」的題目對「親密」會有較大的解釋力、對其他兩成分有較小的解釋力，以此類推。這樣的結果就可以支持我們的測量可能是有效度的。

(2) 統計操作

因素效度的做法，請參考本書「單元35 驗證性因素分析」操作：①在「單元35-3統計操作」中，將程式碼修改成你的理論模型中的因素數目，並且讓各因素的題目對應所屬的因素。②分析後參考「單元35-4 報表解讀」中的「②④⑤適合度指標」去判斷因素效度，若適合度指標通過標準，即表示有不錯的因素效度。

(3) 練習

你可以使用本書「單元35 驗證性因素分析」的資料檔「cfa_data_ex.sav」和程式碼「cfa.R」，來練習操作這個方法。在資料檔中，我們有一個愛情態度量表，這量表包含兩個分量表，浪漫愛（有五個題目，變項名稱為rom1～rom5）和友伴愛（也有五個題目，變項名稱為com1～com5）。

4. 對照組效度

(1) 邏輯

以對照組（contrast group）進行效度分析的想法是，如果某一個測量有測到我們想測的構念，則它應該要能區分出理論上有差異的幾群人。例如：我們想知道某一個「戰鬥力測驗」是否有效度，於是把它施測在特種部隊和一般部隊上，由於特種部隊的戰鬥力應該高於一般部隊，因此如果這個「戰鬥力測驗」有效度，統計分析結果應該顯示特種部隊在「戰鬥力測驗」上的得分，顯著高於一般部隊。藉此來獲得效度證據。

(2) 統計操作

① 你必須蒐集受試者的某個類別變項，以上面例子來說，就是某個受試者是屬於特種部隊或一般部隊（以1, 0表示），同時也要對所有人施測「戰鬥力測驗」。

② 然後算出所有人在「戰鬥力測驗」上的總分。總分之計算，請參考《傻瓜也會跑統計I》的單元1-7進行操作。

③ 接下來去比較不同組別的人，在測量得分上是否有差異，如特種部隊或一般部隊在「戰鬥力測驗」的得分上是否有差異。如果你要比較的

只有兩組人，則可以用《傻瓜也會跑統計I》的單元3進行獨立樣本t檢定分析，看兩組人的「戰鬥力測驗」得分是否有顯著差異。如果你要比較的超過兩組人，則可以用《傻瓜也會跑統計I》的單元16進行單因子獨立樣本變異數分析，看多組人的「戰鬥力測驗」得分是否有顯著差異（就算只是要比較兩組人，其實也可以用變異數分析取代t檢定，結果會是一樣的）。當差異顯著且方向符合預期時（如特種部隊的戰鬥力顯著大於一般部隊），即說明此測量可以區分出理論上有差異的幾群人，以此作為效度證據。而除了用統計結果顯著與否做判準外，你也可以用上述檢定的效果量大小來評估測量的效度（以上所說的t檢定或變異數分析單元，均有提供效果量及其說明）。

(3) 練習

你可以使用本書的資料檔「對照組效度.sav」中的「部隊性質」和「戰鬥力」（有三題），來練習操作這個方法。其中特種部隊之戰鬥力，應該要顯著地高於一般部隊。分析結果會得到 t (98) = 2.585, p = .011，效果量d = 0.517。

你不想知道的統計知識

「你不想知道的統計知識」，是我們依據本書所介紹的各種統計實作，所延伸出的（一）進階觀念，或是（二）學者間仍有爭議的地方。你可以搭配本書各單元使用，也可以完全跳過它，或是在晚上失眠睡不著時，拿來當枕邊書，讀一讀應該很快就可以睡著，而且會不想再醒過來。如果本書前面各單元介紹的是RPG電玩中勇者的一般裝備道具，那麼「你不想知道的統計知識」介紹的就是遊戲中的隱藏要素；包含最強武器、防具，以及必須翻山越嶺、深入海底，才能拿到的隱藏召喚獸。至於這些東西威力是不是比較強大？應該不用多說了吧。

★你不想知道的統計知識(0-1)★

<u>統計數據要怎麼呈現？小數點該取幾位？需要四捨五入嗎？</u>

1. 有小數時的數據呈現

   (1) APA格式規範，小數呈現至二位數或三位數均可。我們建議論文中多數的數值呈現至小數兩位，但以下統計值，最好呈現至小數點三位：

   ① 顯著性考驗的機率值p，當$p \geqq .05$以上時，可以只呈現兩位數，例如：$p = .08, p = .13$；當$p < .05$時，則建議呈現到三位，例如：$p = .013, p < .001$。

   ② 效果量η^2的大效果（.138）、中效果（.058）切點為小數點三位，因此建議效果量η^2呈現至小數點三位，如$\eta^2 = .047$。

   ③ p值應呈現「$p = $xxx」，而不是「$p < $xxx」。只有一種情形例外：當統計報表的「顯著性 / Sig.」的數值是.000時，要寫成「$p < .001$」，不可以寫成「$p = .000$」。因為統計報表中的「顯著性」呈現.000時，並不是真的等於0，而是這個p值小到小數點三位仍無法表達，在你看不見的三位以下是有數值的。

   (2) 當某一個統計值不可能超過±1時（例如：機率值p、相關係數r或比率），則整數位要省略，如$p = .01$而不是$p = 0.01$，$r = .3$而不是$r = 0.3$。除此之外不可以省略整數位，如平均數$M = 0.25$，不應該寫成$M = .25$。

2. 關於四捨五入及其例外

   (1) 呈現數值時，應該要採取四捨五入的進位方式。但是本書所有的數據都

是採用無條件捨去的方式呈現，這是爲了方便讀者能夠從各種圖表範例中，對照出統計報表中的數據。例如：當SPSS報表輸出$r = .138$，如果我們把這個數據四捨五入呈現成$r = .14$，你在對照報表時會比較辛苦，有可能淹沒在一堆數據中找不到對應的原始數據（.14 vs. .138）；因此我們採取無條件捨去的方式，呈現$r = .13$，讓你在對照時找得比較輕鬆一些（.13 vs. .138）。然而，**儘管本書所有的數據呈現都是採用無條件捨去法，你在論文中呈現數據時，應該要採用四捨五入法。**

(2) 四捨五入的例外。如果四捨五入的結果，可能改變統計結論，則你應該呈現更多小數位數，不要因爲四捨五入而改變統計結論。例如：效果量d的小效果切點是0.2，如果你得到$d = 0.295$，您可以簡單的四捨五入報告爲「$d = 0.30$，高於小效果」，因爲$d = 0.295$和$d = 0.30$都是高於小效果，四捨五入並沒有改變統計結論。如果你得到$d = 0.195$，你應該報告「$d = 0.195$，小於小效果」，因爲此時四捨五入爲$d = 0.20$，會讓人家誤以爲你得到了一個小效果，但其實你得到的效果量是低於小效果。

★ 你不想知道的統計知識(28-1) ★

多變量是什麼意思？

在統計上，多變量(multi-variates)指的通常是一次同時處理多個「依變項」（注意，是依變項，不是自變項喔）的統計分析。例如：你有一個自變項X，有三個依變項Y1, Y2, Y3，你用「一次」統計去分析X對Y1, Y2, Y3的效果，這就是多變量統計。那麼，如果你要分析三個自變項X1, X2, X3對一個依變項Y的效果，這是單變量，還是多變量？這是單變量統計，因爲不管你有多少個自變項，如果只有一個依變項，就是單變量統計。同理，如果你一次性分析三個自變項X1, X2, X3對三個依變項Y1, Y2, Y3的效果時，這也是多變量，因爲這個分析中，有多個依變項。

★ 你不想知道的統計知識(28-2) ★

MANOVA顯著後的後續分析

MANOVA的優點是一次分析多個依變項，因此相較於一次只分析一個依變項的ANOVA，更能讓我們看到事情的全貌；但它的統計結果在解釋上也比較複雜。以本

書的範例來說，性別和年級對數學、英文和國文「三個科目」有效果，做完MANO-VA後，你可能忍不住會想問，三個科目效果都一樣嗎？到底對「個別科目」各自的效果如何？因此在MANOVA顯著後，通常會再做後續分析，來進一步瞭解資料的情形。這至少有三種後續分析。第一種後續分析是往下依照不同的依變項，分別執行ANOVA，這也是SPSS預設執行的後續分析。不過這有點好笑，如果最後解釋還是依賴ANOVA，那跑MANOVA幹嘛？從這個觀點切入，MANOVA的優點之一是在控制型一錯誤率，在多個依變項下的效果顯著，才往下分析各個依變項。也因此，在MANOVA顯著後，往下做ANOVA，應該將型一錯誤率控制成「.05／依變項數」，如果我們有三個依變項，則往下的ANOVA，p值應該要低於.05/3才算顯著。雖然這樣做很有道理，不過實際上照著做的人很少。如果你希望研究嚴謹一些，應該這樣做。

　　第二種後續分析稱作降階分析（step-down analysis）。這做法和前面很像，如果有三個依變項，會分析三次，第一次一樣是ANOVA，但後面則是ANCOVA（將前次的依變項當成共變項）。通常會將依變項依照重要性或是因果順序排序，去做這種統計。例如：我們先將本書範例中的三個科目，依國文、數學、英文排序，第一步先做國文的ANOVA，第二步是數學的ANCOVA（將國文當成共變量），第三步是英文的ANCOVA（將國文、數學當成共變量）。相較於第一種做法，此一做法多考慮了依變項間的關係。此時也可以更講究一點，進一步控制型一錯誤率，亦即無論是ANOVA或是ANCOVA，p值要低於「.05／依變項數目」才算顯著。

　　第三種後續分析則是區辨分析，這特別適用於只有一個自變項的情境。看看如何組合依變項，可以把自變項的不同組別區分出來……。我們不能再說下去了，再說下去要加錢才行。

★你不想知道的統計知識(29-1)★

階層邏吉斯迴歸的報表解讀

　　階層迴歸，是用於處理「在排除掉某些變項的效果之後，另外的變項對Y是否仍有解釋力」，例如：排除掉「智商」（C1）、「家庭社經地位」（C2）之後，「學生努力」（X1）和「老師教學」（X2）對成績（Y）是否仍有影響，要處理這類問題時，就必須使用階層迴歸，而當依變項是二分變項時（例如：將上述例子中的Y改為「被當與否」），就必須使用階層邏吉斯迴歸。

在操作上，階層迴歸和階層邏吉斯迴歸都是用「一層一層」的方式去跑統計的。以上述例子來說，在做迴歸時，第一層會先放要控制的變項（C1, C2），這叫第一區塊（block 1）；第二層則是再次放入控制變項並且再加上我們所關心的自變項（C1, C2, X1, X2），這叫第二區塊。藉由第二區塊減去第一區塊，就可以得到排除C1, C2之後，X1, X2的效果（「C1, C2, X1, X2」-「C1, C2」=「X1, X2」）。也因此，在邏吉斯迴歸的報表中，它提供了你「步驟」、「區塊」、「模型」三種檢定值，其中「步驟」指的是逐步（stepwise）迴歸的檢定值（這講起來又要天荒地老了，請容我們在此跳過）；「區塊」指的相較於前一層，這一層加入的變項的解釋力的檢定值（「『C1, C2, X1, X2』-『C1, C2』」=「X1, X2」，即「X1, X2」對Y的解釋力是否顯著？）而「模型」則是整體模型的檢定值（「C1, C2, X1, X2」對Y的解釋力是否顯著）。由於單元29是以一般而非階層邏吉斯迴歸為範例，因此依本書圖29-3②的指示，你只要報「模型」那一橫排的檢定結果就可以了，若是階層邏吉斯迴歸的狀況，你就要依論文需求去報告「區塊」那一橫排的數據。

★你不想知道的統計知識(29-2)★

邏吉斯迴歸中的R^2

　　迴歸中的R^2，是用來表示自變項Xs對依變項Y有多少解釋量的統計指標。在邏吉斯迴歸中，總共有十多種R^2，其中有兩種比較常被使用，一種是Cox-Snell R^2，一種是McFadden R^2，兩者出發點略有不同。SPSS沒有報告第二種，如果指導老師跟你要，你可以用本書所附的EXCEL檔「29_LGR.xls」計算。Cox-Snell R^2的一個問題是在它不介於0到1之間，因此對熟悉迴歸R^2的研究者人來說，很不好用。Nagelkerke R^2是Cox-Snell R^2的修正版，把數值調整到0到1之間，比較符合直觀，因此本書是建議報告Nagelkerke R^2。

★你不想知道的統計知識(30-1)★

典型相關、複相關與簡單相關的關係

　　「典型相關」是分析多個Xs和多個Ys之間的關係；而「複相關」（即迴歸中的R）是分析多個Xs和一個Y之間的關係，可以說是典型相關的一個特例；而「簡單相關」（即Pearson相關），是分析一個X和一個Y之間的關係，又可以說是複相關的一

個特例。它們的關係就像：化肥會揮發、黑化肥發灰、灰化肥發黑、黑化肥發灰會揮發……。

因為簡單相關是複相關的特例，兩者間會有一些數學關係；如果有五個Xs和一個Y，我們可以有一個複相關，和五個簡單相關；這時，這個複相關會比五個簡單相關都大（或至少一樣大）。同理，如果有五個Xs和三個Ys，我們可以有一個典型相關（最大的那個）、三個複相關、15個簡單相關；此時，這個典型相關會比三個複相關都大（或至少一樣大），也會比15個簡單相關還要大（或至少一樣大）。

這個關係在你整理一堆變項間的關係時很有用。如果一筆資料中，有十個態度變項和五個成癮行為變項，你覺得兩者間可能會有點關係，只是不知道哪些變項之間有關係。這時，你可以算一下典型相關；如果最大的典型相關只有.2，那麼你用十個態度變項和任何一個成癮行為變項做複相關，也不會超過.2。更進一步，任何一個態度變項和成癮變項的簡單相關，也都不會超過.2。也就是說，如果你覺得.2的相關很小，其實不用花時間在這筆資料中找相關了，因為你找到的相關都不會超過.2。

★你不想知道的統計知識(31-1)★

以ICC作為再測信度指標

我們評估再測資料的穩定性時，常常利用Pearson相關計算再測信度，不過，目前有愈來愈多的研究者改用ICC計算再測信度。

假設有五位同學，在前測時得到2、3、5、7、11，而一段間後再測每個人都增加1分，變成3、4、6、8、12，這樣算穩定或是不穩定？用Pearson相關計算再測信度，只在意前測和後測時，受試者彼此之間的差異有否改變，而由於所有人都增加一分，受試者之間的差異並沒有改變，你會得到1（100%）的信度；不少研究者改以ICC計算再測信度，就是因為傳統以Pearson相關計算信度，並沒有完全反映出受試者自身在兩次測量中的變化。簡單來說，如果我們在意的是前測時得2分的人在後測是不是也得2分？ICC比Pearson相關更能反映這件事。

如果你要以ICC計算再測信度，請依照單元31操作，執行到Step 3的(1)勾選畫面下方的【組內相關係數／Intraclass correlation coefficient】。此時右下有個【類型】選項，將它改為【絕對協定／Absolute Agreement】，其餘步驟、報表解讀均與單元31相同。

★你不想知道的統計知識(31-2)★

以ICC評估「一個人」的評分者信度

在做ICC時，SPSS提供了兩種分析結果，average measures和single measures（見圖31-5）。在一般的狀況下，ICC是想要計算「多個」評分者評分的一致性，而average measures就是反映這件事的指標，也因此它是在多數狀況下做ICC應該報告的數值。至於single measures則是計算「一個」評分者的評分者信度的指標。什麼？一個評分者還有評分者信度？就像測驗只做一次還有再測信度嗎？這是什麼鬼打牆的東西？讓我們想像這樣的情境，有個公司每次應徵員工，都是老闆自己一個人親自面試，而我們好奇一件事，這位老闆的對應徵者的評分是有信度的嗎？於是我們多找了幾個人也去對應徵者做評分，然後藉由這多個評分者的分數去估計「老闆一個人的信度」，這就是single measures那個數值的意義——雖然也是藉由多個人的評分去算ICC，但它最終想知道的是一個人評分時的信度。本書作者有信心，如果我們是老闆，信度會非常高，因為只要稱讚老闆長得帥的員工，我們一律錄取。

★你不想知道的統計知識(31-3)★

信度要多高才夠？

關於信度的標準，應該要視主題而定，沒有絕對的標準。如果針對一個主題，大家的信度都在.3附近，那麼你得到信度.5就非常了不起了。如果對於這個主題，大家的信度都在.9附近，那麼你得到信度.8恐怕也會被批評。就像打籃球，200公分在臺灣職籃打中鋒很不錯，在NBA就很拼了。關於幾公分以上可以打中鋒的問題，最簡單的方式是看看「目前」中鋒大概幾公分。同樣地，對於信度在多少之上才，可以接受，最好的方式是呈現過去這類主題得到的信度，以此對照自己的信度。

DeVellis (1991)[注1]同意信度的標準應該視主題而定，但還是提出了根據他個人經驗的建議：低於.60不可接受（unacceptable）、.60-.65最好不要（undesirable）、.65-.70勉強可接受（minimally acceptable）、.70-.80不錯（respectable）、.80-.90間相當好（very good）、.90以上則可能是題目過多以致於呈現這麼高的信度。在論文書寫中提到信度時，你可以根據你測量主題的現況，或DeVellis的建

注1　DeVellis, R.F. (1991). *Scale development.* Newbury Park, NJ: Sage Publications.

議，在論文中代入「信度過低」、「信度偏低」、「勉強可接受的信度」、「不錯的信度」或「相當好的信度」等句子。什麼！你發現這個注解和《傻瓜也會跑統計 I》的某個注解很像？沒錯，這個注解其實是一個粉絲忠誠度測驗；你不只買了我們兩本書，連兩本書中，我們覺得根本不會有人讀的「你不想知道的統計知識」都有讀，你肯定是我們的鐵粉。

★你不想知道的統計知識(32-1)★

SPSS處理群集分析時的殘缺

　　在單元32的群集分析中，我們先用了SPSS中的【Two Step叢集 / Two-Step Clustering】法來決定群集數目，再用【K平均數叢集 / K-means Clustering】完成群集分析。但是比較後期的SPSS版本（如SPSS 22）可以只用【Two Step叢集】就完成群集分析。只要點擊【Two Step叢集】介面的【輸出 / Output】，將裡面的【樞紐表 / Pivot table】打勾，統計報表就會呈現出群集分析所需的描述統計；包含各群人在各變項上的平均值、標準差。但是這樣做有兩個問題：(1)較前期版本的SPSS沒有這個功能，而我們不能遺棄那些讀者。(2)以【Two Step叢集】進行群集分析，並沒有提供變異數分析選項來檢驗分類的結果是否適切。因此，我們在本書中，才會建議先用【Two Step叢集】法，決定群集數目，再用【K平均數叢集】完成群集分析（可以滿足所有讀者SPSS版本，並獲得描述統計資料以及變異數分析資料，一次三效）。

　　但就算已經做得這麼麻煩了，還是有一些不足。當進入第二階段用【K平均數叢集】做群集分析時，雖然它有提供群集分析所需的描述統計，卻只提供平均值，沒有標準差（這真的很令人費解），而標準差是描述統計中通常必須報告的。於是，如果想要得到標準差，就必須再另外做描述統計的分析。總之，我們在此交代，為什麼似乎有看似更簡單的操作，單元32卻使用了有點繞路的操作，這不是我們的問題，是SPSS的群集分析殘缺不全啊。

★你不想知道的統計知識(32-2)★

決定群集數的方法

　　在做群集分析時，利用統計來決定群集數的方法很多，幾乎每種方法都是先設定一些可能的群集數，然後試看看分為幾群表現最好，就選哪個數目。

最早的方法稱做手肘法（elbow method），概念是參考群集數對變異的解釋量。我們由少而多，逐漸嘗試增加群集數，到一定數目後，當增加群集數不太能增加變異的解釋量時，就把群集數訂在先前的數目。當你以群集數與變異解釋量繪圖時，可以看到一條彎曲的線，長得像手肘，所以稱為手肘法。手肘法最後仍需人工判斷，不同人可能會下不同判斷，難免主觀。

相較上述可能比較主觀的判斷方法，也有學者發展了一些可以用來衡量群集分析結果的品質的指標，然後用品質指標來看分幾群是最好的群集數。在這想法下，有多少種品質指標，就有多少種群集數決定方法。據作者所知，目前至少已經有二十幾種指標了。

在這些分類品質指標中，Silhouette係數、gap統計量、Davies–Bouldin index算是較常用的幾種；SPSS的Two-Step叢集程序預設使用的BIC（Bayesian information criterion），也就是本書所使用的方法，也常被推薦（Fraley & Raftery, 1998）[注2]。

★你不想知道的統計知識(33-1)★

區辨分析與MANOVA、邏吉斯迴歸、典型相關及群集分析的關係

區辨分析是要用多個連續變項把一個類別變項區分出來，因此它可以視同是在分析多個連續變項與一個類別變項的關係；而其實MANOVA與邏吉斯迴歸也是處理類似型態的資料。

MANOVA是分析一個或多個類別變項，在多個連續變項上是否有差異；區辨分析則是組合多個連續變項後，看一個類別變項下各組間的差異。你可以看到，MANOVA得到的Wilks' λ其實就是最大的（也就是第一個）區辨函數對應的Wilks' λ，因此，如果區辨分析沒有發現任何一個區辨函數顯著，這時MANOVA也不會顯著。反之，當MANOVA顯著，則顯示這些連續變項有組間差異，有些研究者會後續做區辨分析，找到這些連續變項有較大差異的組合。

邏吉斯迴歸分析目的與區辨分析很像，都是希望用數個連續變項的組合去預測一個類別變項，不過邏吉斯迴歸是特別針對只有兩組的類別變項的分析；而從分析結果來說，邏吉斯迴歸更清楚的呈現了連續變項預測某一類別變項的機率，區辨分

注2　Fraley, C., & Raftery, A. E. (1998). How many clusters? Which clustering method? Answers via model-based cluster analysis. *The Computer Journal, 41*(8), 578-588.

析也可以做到類似預測，只是過程比較複雜。雖然兩者目的類似，不過邏吉斯迴歸中間加入邏吉斯函數，區辨分析則沒使用此函數，兩者結果會稍有不同。有些研究者會兩者並用，比較兩者結果的異同。

如果我們把區辨分析的類別變項做dummy coding，這時候，問題會轉成分析多個X與多個Y的關係，這時候就變成典型相關了。你如果這樣做，會發現所得到的典型相關，就是區辨分析報告出來的相關，而統計值與p值也都會相同。

群集分析與區辨分析也有類似性，兩者都是在探討多個連續變項和一個類別變項間的關係，只不過在區辨分析的資料中，我們已經事先有類別變項了，而在群集分析時，我們事先沒有類別變項。區辨分析可以被視為有事先分類答案時的分類問題，而群集分析則是沒有事先分類答案時的分類問題。當拿不定主意該做哪個時，其實只要問手上有沒有一個不錯的事先分類，就知道該做哪個了。

區辨分析與主成分分析也有關聯，他們都是在極大化我們手上變項線性組合的變異，只是……啊！已經睡著了？沒關係，你並不孤單，本書第一作者在閱讀及校閱這一段時，也是打了幾次瞌睡。

★你不想知道的統計知識(34-1)★

用指令將R的統計結果輸出

R可以使用「sink( )」指令，將統計結果（不包括圖）輸出到外部檔案，指令如下灰底處。

#說明：將統計結果輸出到一個稱之為result.txt的檔案中。檔名可以自取，不一定要叫result。

sink('result.txt')

#接下來跑的所有統計結果，都會存在上面那個外部的txt檔中。
#若跑多次統計，輸出的檔名相同，每次統計結果會累加到前一次的統計結果中。
#若執行sink( )，括弧內不設任何檔名，則輸出方式會回復到R的預設方式，將統計結果呈現於R Console視窗。

★你不想知道的統計知識(34-2)★

R的物件

　　使用R一定要認識「物件」（objects）這個概念，R是以「物件」爲單位去做分析的，它常常需要將data或統計結果指定爲某個物件，才能往下做進一步處理。在程式中主要是用「 <- 」符號（就是一個很醜的箭頭的意思）去指定。例如：「dta<-read.csv (file=' a.csv')」這行指令的意思是說：讀取一個叫作a.csv的檔案，並將讀取結果指定給一個叫dta的物件（dta<- ）。R接下來的分析就都是針對dta這個物件去做分析（dta是使用者自己取的名字，不一定要叫dta）。簡單來說，R比SPSS多了一個把資料轉換成物件的程序。它們的邏輯如下：

1. SPSS的邏輯：我有一個資料檔（*.sav）→分析這個資料檔。
2. R的邏輯：我有一個資料檔（*.csv）→先把這資料檔設定爲某個「物件」→分析這個「物件」。

★你不想知道的統計知識(35-1)★

關於驗證性因素分析、徑路分析與結構方程模型的樣本數

　　驗證性因素分析、徑路分析與結構方程模型的樣本數決定方法有很多種，有些是從檢驗整個模型的角度出發，有些則是從參數估計的穩定性出發；本書採用後者，因爲後者通常建議較大樣本數，符合後者，多半就符合前者。

　　所需樣本數的大小和資料的分配型態有關，當資料偏向常態時，一般建議樣本是模型自由參數數目的5倍以上，當資料偏離常態時，則是自由參數數目的10倍以上；但依這種方式計算出來的樣本數如果小於200，則至少應取200（Bentler & Chou, 1987）註3。那麼什麼是「自由參數數目」呢？它的計算有點複雜；本書在單元35、36、37，有提供計算典型CFA、SEM和徑路分析樣本數的Excel，至於較複雜的情境（如包含調節效果），要估計樣本數，必須對統計模型圖有一定程度的理解，這已超出本書預設讀者之範圍，遇到這些情況，我們建議你要尋求指導教授的協助。

註3　Bentler, P. M., & Chou, C. P. (1987). Practical issues in structural modeling. *Sociological Methods & Research, 16*(1), 78-117.

★你不想知道的統計知識(35-2)★

關於適合度指標

在模型適配性的研究發展之初，是利用卡方值是否顯著，來判定模型與資料的一致性，後來發現這標準可能過嚴。由1980年代開始，計量學家開始發展各種適合度指標，而由於計量學家是熱愛真理的一群人，另一方面則可能是因為他們得養家活口，到1990年時，約有二十種指標。有一些模擬研究比較了這些指標，其中Hu與Bentler(1998)[注4]建議應該使用SRMR並伴隨其中的七種。不過這八個指標中，在多數軟體都呈現的是SRMR, RMSEA, NNFI與CFI，因此本書建議大家報告這四種，一般來說，這樣做多數人（如你的指導教授和口委）都可以接受。而關於適合度指標的標準，也有不同學者提出的不同標準，本書各相關單元中，都有提供你這些可參考的標準。其實適合度指標的標準，就和信度要多高才算高一樣（請參考★你不想知道的統計知識(31-3)★），應該要考慮領域特性，你應該看看研究主題所屬領域中，大家採用的標準或是適合度指標大概的範圍。

適合度指標後續還是有不少爭議，主要原因是計量學家是熱愛真理的一群人，另一方面則可能是因為他們得養家活口……啊，我們之前說過同樣的話了嗎？抱歉，回到正題，關於該選用哪些指標，或是判斷這些指標的標準，甚至認為該不該有固定標準等等，都仍有爭議。「那怎麼辦？」不論大爭議、小爭議，只要指導教授同意的，都是沒爭議。

★你不想知道的統計知識(35-3)★

當適合度指標結果不一致時

執行CFA、SEM或徑路分析時，當有多個適合度指標，就可能出現適合度指標結果不一致的狀況，此時不免不知道怎麼下結論。有些人會選擇性地只報告符合的適合度指標，不過隨著大家對選擇哪些適合度的指標的共識愈來愈高，逃避報告適合度指標其實是沒有用的，我們並不建議你這樣做。當你遇到不一致的適合度指標，你應該去面對它、接受它、處理它、放下它（聖嚴法師，2017）[注5]。總之，找

注4　Hu, L. T., & Bentler, P. M. (1998). Fit indices in covariance structure modeling: Sensitivity to underparameterized model misspecification. *Psychological Methods, 3(4)*, 424.

注5　聖嚴法師（2017）。*放下的幸福：聖嚴法師的47則情緒管理智慧*（大字版）。臺北：法鼓。

到指標不一致背後的可能原因，然後在論文中說明它，或是進一步嘗試解決，才是比較好的做法。

根據作者的經驗，底下列出一些典型情境，以及常見（但未必是全部的）原因（O代表該指標通過，X代表指標沒通過）：

CFI	TLI（NNFI）	RMSEA	SRMR	可能原因
X	X	O	O	1. 測量品質不佳。 2. 資料與模型不一致。
O	O	X	O	1. 資料非常態。 2. 資料與模型不一致。
O	O	O	X	1. 測量誤差間有共變。 2. 資料與模型不一致。

如果你遇到上述指標結果不一致的狀況，可以看看下面有沒有適合你的解決方案：

1. **當CFI與TLI（即NNFI）不高，我們建議你依序檢查以下狀況並且嘗試解決**

   (1) 看一下觀察變項（通常就是指你的問卷的題目）間相關是不是夠高（使用Pearson相關分析，請參考《傻瓜也會跑統計I》的單元五）。如果多數相關都很低（例如：.3以下），回想一下研究過程，是否測量品質不佳？例如：問卷很難填、文句草率難懂、胡亂施測、參與者未認真作答等等，這時可能要考慮重新施測，並在重新施測時，設法提高測量品質。或是刪除一些測量品質較差的題目，重新進行分析。

   (2) 看一下潛在變項（也就是因素或構念）間關聯是不是夠高，如果相關或標準化徑路係數都很低（例如：.3以下），思考一下，會不會是這些構念關聯本來就不強？你的模型設定是正確的嗎？你應該找指導老師商量看看在論文中如何處理這些問題，或是如何呈現這結果，並對它加以討論。

   (3) 在有合理的理由的前提下，可以考慮修改模型。若你是做CFA，可以參考「★你不想知道的統計知識(35-4)★」；若你是做徑路分析，可以參考「★你不想知道的統計知識(36-2)★」；若你是做SEM，則兩者你可能都得參考看看。

2. **當RMSEA不夠小，我們建議你依序檢查以下狀況並且嘗試解決**

   (1) 這有可能是資料不符合常態分配假定的關係。你可以嘗試把對程式碼作

簡單修改，將程式碼中的result<-sem (model, data=dta, std.lv=T, std.ov=T)指令改成result<-sem (model, data=dta, std.lv=T, std.ov=T, estimator='MLR') （即加入底線那段），並重新執行分析。如果RMSEA明顯降低，應該是因為觀察變項非常態分配的關係，影響到了RMSEA。如果你採用這個做法，你需要在論文書寫時加寫這一段：「由於觀察變項偏離常態，因此以強韌性最大概似法（robust maximum likelihood method）進行估計……」。如果要嚴謹一些，你應該要搭配報告每個觀察變項的偏態與峰度，在程式碼最後加上兩行：apply(dta,2,skew)與apply(dta,2,kurtosis)即可看到偏態與峰度。

(2) 在有合理的理由的前提下，可以考慮修改模型。若你是做CFA，可以參考「★你不想知道的統計知識(35-4)★」；若你是做徑路分析，可以參考「★你不想知道的統計知識(36-2)★」；若你是做SEM，則兩者你可能都得參考看看。

3. **當SRMR不夠小，我們建議你依序檢查以下狀況並且嘗試解決**

(1) 你可以看一下題目的敘述，是否共用了某些文字？或是文句過於相似？如果是，在你有足夠題目的前提下，可以考慮刪除重複的題目，重新執行分析。

(2) 在有合理的理由的前提下，可以考慮修改模型。在模型中，嘗試讓題目測量誤差間有共變，可能可以降低SRMR。若你是做CFA，可以參考「★你不想知道的統計知識(35-4)★」；若你是做徑路分析，可以參考「★你不想知道的統計知識(36-2)★」；若你是做SEM，則兩者你可能都得參考看看。

★你不想知道的統計知識(35-4)★

修改測量模型

執行驗證性統計分析時（如CFA、SEM、徑路分析），本書的作者並不贊成修改模型，或是至少必須在某些前提下，才能進行模型的修改，這些條件包含：1.應該要在研究中詳細地報告修改模型的理由，以及如實地報告做了哪些調整或修改。2.對模型進行交叉驗證（cross-validation），也就是，在模型修改後，應該用另一群樣本驗證修改後的模型是否具穩定性；或是若你有足夠的樣本，則可以用一半的樣本進行模型修改，用另一半的樣本驗證模型……這邊你可能覺得我們寫得有些嚴肅，這

是因為我們不能為了賺一點錢而捨棄自己作為學者的良知；當然，如果是非常非常多錢，就不在此限。

模型的修改可以分為「測量模型」的修改和「結構模型」的修改。「測量模型」的修改主要是針對你的測量（如問卷題目的統計特性）去做調整，例如：原本預期某一題目應該測量某一構念，實際上它是測量另一構念，或是同時測量多個構念等等。至於「結構模型」的修改則是針對你的構念間關係去做調整，例如：本來預期X和Y之間有關聯，實際上，它們無關聯等等。以下談的是修改「測量模型」，如果你做的是CFA，則只會使用到這一部分；如果你做的是徑路分析，請快離開，因為你只會使用到「★你不想知道的統計知識(36-2)★修改結構模型」；而如果你是做SEM，則兩者都有可能會用到。

關於測量模型的修改，我們以本書單元35中的圖35-1⑨為例來加以說明。圖35-1⑨呈現了判讀修改模型的指標。在判斷時，主要是看mi那一欄的數值，當mi > 3.84時，表示某一個題目是值得注意的。在進行模型修改時，大致有幾種型態：

1. **修改題目和因素間的關係**。這主要是看圖35-1⑨中那些用「=~」的符號表示的部分。例如：「X2=~rom3」，這是指rom3這個題目和X2之間的關聯。在模型中，rom3本來是測X1的，它和X2不應該有太大的關聯，然而「X2=~rom3」的mi = 28.127（大於3.84），這表示rom3這題目可能不只測量了X1這個構念，也測量了X2（這稱之為重複負載，cross loading）。此時你應該看看rom3的題目內容，它同時測量到X1和X2是否合理？若你有足夠的題目，是否要考慮刪題重新分析？或是是否有合理的理由修改模型？如果你決定修改模型，則在程式碼的模型設定中，加入要修正地方即可，像是：

   model <-
   'X1 =~ rom1+rom2+rom3+rom4+rom5
   X2 =~ com1+com2+com3+com4+com5
   X2 =~ rom3 '

   在第一行中，rom3和其他四題都測量X1，而你加入了最後一行，讓rom3同時也測量X2。此時rom3這個題目，就同時在模型中被設定為既測量X1也測量X2了。

2. **修改題目間的測量誤差共變**。這主要是看圖35-1⑨中那些用「~~」的符號表示的部分。一般來說，本來我們假設題目間的測量誤差共變是0，但是以圖35-1⑨中的「rom1~~rom2」為例，它們的mi = 55.143（大於3.84），這表示這兩個題目的測量誤差共變可能不是零，此時可以看看題目，它們是否共用了

某些文字？或是文句過於相似？如果是，你可以考慮進行模型的修改，而當你題目較多時，也可以考慮刪除重複的題目。如果你決定修改模型，則在程式碼的模型設定中加入要修正地方即可，像是：

model <-

'X1 =~ rom1+rom2+rom3+rom4+rom5

X2 =~ com1+com2+com3+com4+com5

rom1~~rom2 '

我們在最後一行加上'rom1~~rom2'，這樣程式就會讓兩個題目的測量誤差共變不是零，並且估計出來。

如果你修改了模型，你需要在書寫範例中加上一些說明，這些說明的寫法如下：

1. 只要做了修改，就一定要寫

   「由於模型適配性不佳，研究者參酌修改指標（modification index）並考慮合理性對模型進行修改，本研究所呈現之係數，皆是修正模型後之數值。」

2. 如果修改題目和因素間的關係

   「修改模型時，在原先預期只測量X1的題目rom1，加入了其在X2的負載；這是由於rom1敘述中有『xxxxx』文句，因而可能反映了X2因素⋯⋯【這只是範例，請於此處寫出你認為應該修改模型的原因】」

3. 如果修改題目間的測量誤差共變

   「修改模型時，加入了rom1與rom2測量誤差間的共變，這是由於rom1敘述與rom2敘述有類似語句，造成其測量誤差共變⋯⋯【這只是範例，請於此處寫出你認為應該修改模型的原因】」

★你不想知道的統計知識(35-5)★

模型差異檢定與巢套模型（nested models）

1. 只有巢套模型才可以做模型差異檢定

在CFA、SEM或徑路分析中，當你想進行多個模型之間的差異檢定時，得先弄清楚一件事：這多個模型是否為巢套模型（nested models）？如果「不是」巢套模型，則不能做差異檢定。如果是巢套模型，你才能往下做模型間的差異檢定。

2. 什麼是巢套模型

巢套模型指的是兩個模型間的關係。以驗證性因素分析為例，如果有兩個模型，其中一個模型，可以視為另一個模型將因素負載、因素相關或測量誤差變異數固定在某個數值（常常是0或1），則兩個模型是巢套模型……以上這一段是本書的第二作者寫的，雖然第一作者覺得應該沒有什麼人看得懂，但是並沒有阻止他，因為適時讓讀者知道兩位作者很有學問，也是必要的。

「是否為巢套模型？」對統計初學者來說，有時不易判斷，我們建議你要詢問指導教授。如果你想挑戰自己判斷，可參考本註解的「4.巢套模型的例子」。

3. 模型差異檢定的操作

(1) 檢定的操作

根據上述，在進行模型差異檢定之前，你要先檢查要比較的模型是否為巢套模型，「是」才能往下做模型差異檢定；「不是」則不應進行模型差異檢定。而在進行檢定時，請使用本書各單元所指示之Excel檔，將執行統計後的結果檔的數據填入，即可以得到卡方差異檢定的統計結果，並會指示你哪一個模型較佳（本書的Excel工具之下載方式，請見書的封底）。

(2) 結果解釋與書寫

檢定後若顯著（Excel中的p < .05），表示二個模型有差異，若不顯著（Excel中的p >= .05），表示二個模型沒有差異。然後你在論文中可以這樣寫：

① 若卡方差異檢定顯著（Excel中的p < .05）

「進行模型差異檢定，結果顯示二個模型有顯著差異，$\chi^2(df = 1) = 986.40, p < .001$【填入Excel檔計算出來的卡方值、自由度、p值】，Model 2的適配性優於Model 1【依Excel檔所建議的哪個模型較佳，去陳述】。

② 若卡方差異檢定不顯著（Excel中的p >= .05）

「進行模型差異檢定，結果顯示二個模型無顯著差異，$\chi^2(df = 2) = 3.25, p = .19$【填入Excel檔計算出來的卡方值、自由度、p值】，基於模型精簡原則（parsimony），Model 1優於Model 2【依Excel檔所建議的哪個模型較佳，去陳述】。

4. 巢套模型的例子

(1) CFA時

假設有兩個模型，因素數目以及變項與因素的對應完全相同，例如：這兩個模

型都認為有X1、X2兩個因素，也都認為問卷中的1~5題是測因素X1、6~10題是測因素X2；兩個模型唯一的差別是模型一認為因素X1與因素X2有相關，模型二認為因素X1與因素X2沒有相關，則兩者是巢套模型。

又如，假設某一問卷有15題，模型一認為有三個因素，1~5題為第一個因素（X1）、6~10題為第二個因素（X2）、11~15題為第三個因素（X3）；而模型二認為只有兩個因素，其中1~5為第一個因素（和模型一相同的X1）、6~15題為第二個因素（模型二認為模型一的X2, X3是同一因素）。這時，因為只要把模型一中的X2, X3相關設定為1，則修改後的模型一和模型二在數學上等於是同一模型，這時我們就說兩者是巢套模型。

再舉例來說，如果有兩個模型，因素數目以及變項與因素的對應完全相同，例如：這兩個模型都認為有兩個因素，也都認為問卷中的1~5題是測因素X1、6~10題是測因素X2；只是在模型一中，有一個題目重複負載在兩個因素（某一題同時測量兩個因素），而在模型二，這個題目只負載在一個因素（此題目只測量一個因素），這時，兩者就是巢套模型。

(2) SEM或徑路分析時

假設有兩個模型，構念數目以及構念與測量題目的對應完全相同，而在第一個模型中有三條徑路（單箭頭的線）或相關（雙箭頭的線），但第二個模型除了有這三條一樣的徑路或相關，還有額外的徑路或相關，這就是巢套模型。

總之，在修正模型時，如果你只加上新的參數，或只減少參數，則修正前後的兩個模型會是巢套模型。不過如果你有加上新參數，「同時」也減了參數，這就不是巢套模型了……。以上這一段，也是本書第二作者寫的，第一作者再次沒有阻止他，原因同前。

★你不想知道的統計知識(36-1)★

關於結構方程模型和徑路分析的基礎知識

結構方程模型（SEM）是在考慮測量誤差的情況下，去檢驗多個潛在變項（latent variables）之間的關係是否與觀察資料一致……你聽不懂？那當然，不這樣寫，顯示不出本書作者有多厲害。以下用比較白話的例子來說明SEM的一些重要概念。在這個例子中，你有三個在意的構念（浪漫愛、婚姻滿意度、幸福感），各自用了八個題目去測量它們。你認為浪漫愛會影響婚姻滿意度，進而影響幸福感——這邊

我們身為過來人，必須殘酷地告訴你，你錯了；影響婚姻滿意度的，絕對不會是浪漫愛。我們舉這個例子純粹只是配合多數讀者不切實際的幻想而已。無論如何，根據這個架構，我們來理解一下SEM的一些重要概念。

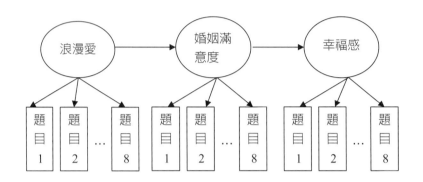

1. **觀察變項（observed variables）與潛在變項（latent variables）**

圖中方格的部分稱之為觀察變項，圓圈的部分稱之為潛在變項。以浪漫愛為例，你用了八個題目去測量浪漫愛，這八個題目的得分是你看得到的，因此這八個題目稱之為「觀察變項」；而浪漫愛這個構念，你其實並沒有直接看到，而是藉由那八個題目（八個觀察變項）去間接推論出來的，所以圓圈內那些無法直接看到的稱之為「潛在變項」。需注意，繪圖時，習慣上觀察變項是以方格表示、潛在變項是以圓圈表示。

2. **測量模型與結構模型**

SEM是結合了驗證性因素分析與迴歸的統計方法。以上圖來說，SEM用驗證性因素分析去分析「方格和圓圈之間」的箭頭，也就是去檢驗「這八個題目是不是測量一個共同的潛在變項、另外八個題目是不是測量另一個潛在變項……」這樣的問題。這一部分稱之為測量模型（measurement model）。另外，SEM也用迴歸去分析「圓圈和圓圈之間的」箭頭，也就是去檢驗「浪漫愛會影響婚姻滿意度，進而影響幸福感嗎？」。這一部分稱之為結構模型（structural model）。而更重要的是，SEM不只結合了驗證性因素分析和迴歸，而且它不是分開做的，它是一次把圖中所有統計分析做完。這降低了我們做統計時犯錯的機率。

3. **SEM和徑路分析的差異**

由於SEM使用驗證性因素分析去檢驗方格和圓圈之間的關係，這相當於在檢驗「方格能否有效地測量圓圈」，再白話一點的說，就是SEM的分析可以處理測量誤

差的問題。這是它和徑路分析（path analysis）最大的不同。以上面的範例來說，徑路分析是先把每八個題目加起來，形成總分，然後用總分去進行分析（SEM不是用總分，而是用分開的八個題目去推論出潛在構念來做分析）。由於徑路分析是把總分加起來，而這總分是你觀察得到的，所以徑路分析是對三個觀察變項（而非潛在變項）進行分析。如果用圖來表達的話，徑路分析的圖如下（注意圖中你不再看到每個構念下面的個別題目，因爲它們被加成了總分）。

加成總分就無法估計各別題目的測量誤差，因此相較於SEM的分析考慮了測量誤差，徑路分析則無法顧及測量誤差的問題。那麼，爲什麼還要用徑路分析？大家都做SEM就好了啊？如果可以直接找本書兩位作者幫忙跑統計，誰還要自己在那邊讀《傻瓜也會跑統計》？主要原因是成本，我們的價碼是你請不起的……做SEM也需要更多的研究成本，SEM比徑路分析需要更多的樣本數，當樣本數不足，只能捨SEM做徑路分析。關於SEM和徑路分析所需樣本數，可參考「★你不想知道的統計知識(35-1)★」。另外，如果你願意付非常高的價碼，請來電09XXOOOXXX。

★你不想知道的統計知識(36-2)★

修改結構模型

執行驗證性統計分析時（如CFA、SEM、徑路分析），本書的作者並不贊成修改模型，或是至少必須在某些前提下，才能進行模型的修改，這些條件包含：1.應該要在研究中詳細地報告修改模型的理由，以及如實地報告做了哪些調整或修改。2.對模型進行交叉驗證（cross-validation），也就是，在模型修改後，應該用另一群樣本驗證修改後的模型是否具穩定性；或是若你有足夠的樣本，則可以用一半的樣本進行模型修改，用另一半的樣本驗證模型……這邊你可能覺得我們寫得有些嚴肅，這是因爲我們不能爲了賺一點錢而捨棄自己作爲學者的良知；當然，如果是非常非常多錢，就不在此限。

模型的修改可以分爲「測量模型」的修改和「結構模型」的修改。「測量模型」的修改，主要是針對你的測量（即問卷題目的統計特性）去做調整，例如：原本預期某一題目應該測量某一構念，實際上它是測量另一構念，或是同時測量多個構念等等。至於「結構模型」的修改則是針對你的構念間關係去做調整，例如：本來預期X和Y之間有關聯，實際上它們無關聯等等。以下談的是修改「結構模型」，如果你做的是徑路分析，則只會使用到這一部分；如果你做的是CFA，則請快離開，因爲你只會使用到「★你不想知道的統計知識(35-4)★修改測量模型」；而如果你是做SEM，則兩者都有可能會用到。

　　關於結構模型的修改，我們以本書單元36中的圖36-2⑩來加以說明。圖36-2⑩呈現了判讀如何修改模型的指標。在判斷時，主要是看圖36-2⑩中的mi那一欄的數值，當mi > 3.84時，表示某一組構念間的關係是值得注意的。在進行結構模型修改時，大致有幾種型態：

1. 加入新的徑路。這主要是看圖36-2⑩中那些用「~」的符號表示的部分（注意，是「一個」毛毛蟲，不是兩個毛毛蟲）。當某一個mi值比較大時，表示我們原先覺得某個構念不會影響另一構念，但實際上卻會。以圖36-2⑩中的「Y~X1」爲例，它們的mi = 36.830（大於3.84），這表示X1可能直接影響Y，此時可以試想一下，X1影響Y是否合理？如果合理，可以考慮進行模型修改。如果你決定修改模型，則在程式碼的模型設定中，加入要修正地方即可。例如：在模形設定中加入以下底線的那一行：

   model<- '

   #（這中間應該有一堆原本的模型設定，只是爲了便於你理解現在正在說的事，所以略過，只寫出模型設定的最後一行）

   <u>Y~X1</u> '

2. **刪除不顯著的徑路**。你也可以查看圖36-2⑧中的標準化徑路係數是否顯著；看看pvalue那一欄，若大於.05，則表示某兩個構念間的關係可能和你預期的不一樣。例如：圖36-2⑧中「M~X2」的p值是.496，表示你本來預期X2要影響M，但實際上這影響並不顯著。那麼你可思考看看，這不顯著是合理的嗎？如果你有明確的理由，那麼可以把這關係從模型中拿掉，也就是在程式碼中的模型設定處，把「M~X2」這一行拿掉。

　　如果你修改了模型，你需要在書寫範例中，加上一些說明如下：

「由於模型適配性不佳,研究者參酌修改指標(modification index)並考慮合理性對模型進行修改,本研究所呈現之係數皆是修正模型後之數值。在修改模型時,將X1對Y的影響加入模型【或是移除了X1對Y的影響,請依你所做的模型修改去寫】,這是由於從XX理論觀點來看,X1應該影響Y【這只是範例,請於此處寫出你認為應該修改模型的原因】……」

★ 你不想知道的統計知識(36-3) ★

中介效果與調節效果

中介(mediating)效果,指的是「X影響M,且M影響Y」,或是「X透過M去影響Y」。例如:「X薪資高低」影響「M工作滿意」、而「M工作滿意」又影響「Y留職意願」。它們的關係如下:

$$X \rightarrow M \rightarrow Y$$

而調節(moderating)效果,指的是「X對Y的效果,要視另一變項M而定」。例如:「X薪資高低」影響「Y留職意願」,但這影響的程度要視「M愛錢程度」而定;對「M愛錢程度」高的人來說,「X薪資高低」對「Y留職意願」的影響很大;對「M愛錢程度」低的人來說,「X薪資高低」對「Y留職意願」的影響較小。它們的關係如下:

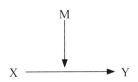

中介效果和調節效果常常讓人搞混,有一部分原因可能是因為這兩個概念的英文(mediating vs. moderating)對非英語系的人來說長得有點像……說到這兒,講一個題外話,本書兩位作者之前投稿論文時,曾經被外國審查人指正說我們英文用錯了字,我們把causal effect寫成casual effect……你看出哪裡錯了嗎?當時我們真想跟外國審查人說,你分得出「日」和「曰」嗎?

無論如何,在統計上的中介效果和調節效果可以用迴歸加以分析(關於這一部

分可參考本書前作《傻瓜也會跑統計I》的單元7以及單元9~12），也可以用SEM和徑路分析加以分析。此外，在SEM和徑路分析中，還可以進一步使用Sobel檢定或拔靴法（bootstrapping）去檢驗中介效果；在本書中，我們是採用Sobel檢定（請依照本書各單元指示，使用Excel）。拔靴法程序比較複雜，不過在樣本較小時，會比較準確。有興趣利用拔靴法檢驗中介效果的讀者，請在粉專臉書上輸入通關密碼，亦即留言「SEM, lavaan, mediation, bootstrapping, google+1」，我們檢查過沒有拼錯字，會附上密技，讓你打敗大魔王。

★你不想知道的統計知識(38-1)★

單純斜率在論文中的書寫

徑路分析中的單純斜率有各種形式，不同的形式寫法也不同，但不外乎以下狀況；請依你的分析結果，選擇以下的寫法。這些寫法的基本形式多半是；「第一組人（如「當w高分組時」、「男生」……），X1對Y的解釋力高於（或「低於、等於」視β值而定）第二組人（如「當w低分組時」、「女生」……）。」以下的陳述句，請你依自己自變項的第一組人和第二組人的β值大小，以及β值是正是負，套入你的研究，可以模仿這些句子，但不能照單全抄。

1. 當兩個單純斜率檢定都顯著，且都是正值

   「由β值可見，w高分組，X1對Y的正向解釋力高於w低分組。」

2. 當兩個單純斜率檢定都顯著，且都是負值

   「由β值可見，w高分組，X1對Y的負向解釋力高於w低分組。」

3. 當兩個單純斜率檢定都顯著，且是一正一負時

   「由β值可見，w高分組，X1對Y有正向解釋力，而w低分組，X1對Y有負向解釋力。」

4. 當只有一個單純斜率檢定顯著，且顯著的那個是正值時

   「由β值可見，w高分組，X1對Y有正向解釋力，而w低分組，X1對Y無顯著解釋力。」

5. 當只有一個單純斜率檢定顯著，且顯著的那個是負值時

   「由β值可見，w高分組，X1對Y有負向解釋力，而w低分組，X1對Y無顯著解釋力。」

6. 當兩個單純斜率檢定都不顯著（三階交互作用往下做的單純交互作用，才會

發生）

「由β值可見，w高分組和w低分組，X1對Y都無顯著解釋力。」

★你不想知道的統計知識(40-1)★

調節中介或是中介調節

這事情發生在盤古開天、女媧補天之後的數千年；當人們開始以迴歸討論自變項與依變項兩個變項的關係之後，便開始有一些研究者嘗試提出加入第三個變項後的分析架構。一開始，同樣的現象有些學者用調節（moderation）來稱呼，有些學者則以中介（mediation）來稱呼，用詞相當混亂。直到Baron與Kenny（1986）的文章後，[注6]研究者才以比較一致的方式稱呼中介與調節。至於目前大家有共識的中介和調節是什麼意思，可以參考「★你不想知道的統計知識(36-3)★」。

Baron與Kenny（1986）的文章中也提到了結合中介與調節兩項機制的通用架構，但不同研究者有不同的看法，於是又開始了下一階段的用詞混亂，產生了「調節中介」和「中介調節」兩個用詞。Muller, Judd與Yzerbyt（2005）一方面以統計方式說明調節中介與中介調節，一方面藉以提供分析的架構。[注7]不過，這篇文章還是讓人看得霧沙沙，特別是想要直觀地由這兩個詞「感覺」出他們的意義，實在很困難。Edwards與Lamberts（2007）則另闢蹊徑，不花時間在討論什麼是中介調節，什麼是調節中介，而是以非常直接的方式，命名了七種同時有中介與調節的模型，也提供了分析方法。[注8]

以X→M→Y三個變項的中介歷程來說，Edwards與Lamberts把X→M稱作第一階段（first stage）、M→Y稱做第二階段（second stage），X→Y則稱作直接效果。如果第一階段被調節，就稱作第一階段調節模型。同理，我們可以有第二階段調節模型，以及直接效果調節模型。複雜一點，可以有第一階段及第二階段調節模型、直接效果與第一階段調節模型、直接效果與第二階段調節模型。最複雜的，則是直接

注6　Baron, R. M., & Kenny, D. A. (1986). The moderator–mediator variable distinction in social psychological research: Conceptual, strategic, and statistical considerations. *Journal of Personality and Social Psychology, 51*(6), 1173.

注7　Muller, D., Judd, C. M., & Yzerbyt, V. Y. (2005). When moderation is mediated and mediation is moderated. *Journal of Personality and Social Psychology, 89*(6), 852-863.

注8　Edwards, J. R., & Lambert, L. S. (2007). Methods for integrating moderation and mediation: a general analytical framework using moderated path analysis. *Psychological Methods, 12*(1), 1-22.

效果、第一階段與第二階段都被調節，稱作直接效果、第一階段與第二階段調節模型……才怪，這樣名字就太長了，是稱作總效果調節模型。在這樣的架構下，總共可以定義出七種同時包含調節和中介的模型。

為了避免用詞混亂，在本書中，我們統一用「調節中介」稱呼各種同時包含調節與中介效果的模型；而不論你的模型為何，都可以用本書所附的程式碼修改後，進行分析。

★ 你不想知道的統計知識(40-2) ★

有調節效果時的標準化係數計算方式

在統計上，迴歸的交互作用（調節效果）指的是兩個變項相乘之後的效果。以x和w對y的交互作用為例，在操作統計時，我們通常會先將x和w相乘（或是將x的平減分數和w的平減分數相乘），然後把x*w丟進去對y做迴歸，此時我們認為輸出報表中x*w的迴歸係數，就是交互作用效果。但是值得注意的是，在這個程序下所得的原始迴歸係數是正確的，標準化迴歸係數卻是錯的。原因在於，標準化交互作用指的應該是「標準化的x*標準化的w」所得的迴歸係數，而我們在上面操作的卻是「先產生x*w之後，再由統計軟體對x*w進行標準化」。先將x、w標準化之後才相乘，和先將x、w相乘之後才標準化，兩者並不相同。而前者才是真正的標準化交互作用效果。

因此，要正確地計算交互作用標準化係數，應該先將x和w各自標準化之後才相乘，再由統計軟體算出交互作用效果的係數（Friedrich, 1982）。[注9]在本書中，涉及交互作用的R語法，都是這樣做的。但是，這時又有另一個問題，由於我們已經自己手動先將變項標準化了，所以在這程序下，統計報表的未標準化係數就已經是標準化係數了，而報表中的標準化係數反而是錯的，因為報表中的標準化係數是被標準化兩次所得的結果：一次是我們手動做了標準化，另一次是統計軟體不知情又幫我們多做了一次標準化。因此如果自己手動做了變項標準化的動作後才跑迴歸，則統計報表中的未標準化迴歸係數，才是正確的標準化迴歸係數。如果你讀到這邊有一種暈眩、噁心的感覺，請放心，這是正常反應，你身體沒有出什麼狀況。

注9　Friedrich, R. J. (1982). In defense of multiplicative terms in multiple regression equations. *American Journal of Political Science*, *26*(4), 797-833.

總之，統計軟體是很忠實的夥伴，你叫它做什麼，它就做什麼。但是它只知道你丟了一個變項給它，至於這個變項是主效果、交互作用還是什麼其他的東西，它判斷不出來，以至於它沒能給出你期望的結果。如果你覺得以上說明很複雜，只要看懂以下這幾句話就可以了：你不能完全相信統計軟體，但是你可以相信本書的兩位作者，照著步驟做就對了！

★你不想知道的統計知識(40-3)★

調節中介的交互作用圖

在本書中，畫調節中介的交互作用圖時，我們提供的很一般性的畫法，也就是迴歸的交互作用圖，而這種畫法其實是非常無聊的。例如：本書單元40的範例架構如下，而我們畫的交互作用是x, w對m的交互作用圖，也就是架構中灰底的三個變項的關係。

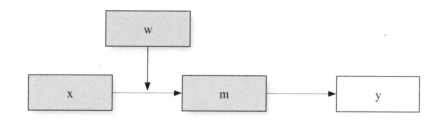

現在你或許可以知道，為什麼我們說「這種畫法其實是非常無聊的」了。因為調節中介的分析，就是為了同時考慮調節效果和中介效果。照理說，交互作用圖也要同時呈現調節效果和中介效果；可是以一般迴歸的方式畫交互作用圖時，卻只呈現了上述架構中灰底的三個變項的關係，這使得中介效果完全沒有呈現在交互作用圖中。因此調節中介分析的交互作用圖畫得不應該是x和w對m的交互作用圖，而是w對「x→m→y」的交互作用圖；更具體來說，是要去呈現「隨著調節變項w的改變，x透過m影響y的效果是否會跟著改變」。

儘管兩位作者知道這個問題，但我們在書中本文只提供畫一般迴歸交互作用圖的方法，原因有二：(1)就我們所知，大多數使用調節中介分析的論文，都只畫一般迴歸交互作用圖，這是大家熟悉而廣為接受的，因此這個方案雖不完美但爭議不大；(2)而更重要的是，我們可以協助你畫出中介效果（x→m→y）如何隨著調節變項（w）而變化的圖，但是那個圖很難解釋；這意味著你畫得出圖，卻可能無法把它

適切地寫成論文，而當被口委問到圖的意義時，你可能會不知所云。因此最終我們在書中的本文主要提供一般迴歸交互作用圖的繪圖方案。

　　不過，即使如此，兩位作者還是決定讓讀者知道我們有多厲害、買這本書有多值得。我們提供了繪製w對「x→m→y」的交互作用圖的Excel作為示範，讓讀者可以畫包含一個調節變項的調節中介交互作用圖（相當於二因子交互作用），你可以使用「40-4_調節中介進階交互作用圖.xls」去畫出那神奇而華麗的圖，看看它的廬山真面目。使用前請注意，這個華麗的Excel算是贈品，就和晶圓大廠股東會送贈品一樣，或是像搖滾天團演唱會後的安可曲。這是我們的善意，是超出本書範圍之外多給的東西；所以請不要來信詢問贈品的相關事宜，再安可下去，我們就要收錢了。

　　以下說明如何使用「Excel 40-4」。你需要：(1)先依本書單元40操作，執行mod1_code.R。請注意，在mod1_code.R中，自變項名稱必須是x、調節變項名稱必須是w，而交互作用項必須命名成xw（或是mw），不可以是wx（或是wm）。(2)接著執行mod1_fig.R。(3)然後你會發現資料夾中產生了mod1_table.csv和mod1_fig.csv兩個檔案。請依「Excel 40-4」內的指示操作即可將圖畫出來。至於這個圖如何解釋呢？坦白說非常複雜；這個圖的橫軸是調節變項w的分數，由少往上增加。縱軸則是x透過m影響y的中介效果（未標準化）。圖中的實線是中介效果隨著w變化的情形，虛線則是此變化情形的95%區間估計。而在Excel右側，你可以看到一堆數據，這些數據說明了中介效果如何隨著w的變化而變化，也提供了中介效果的檢定，以及是否顯著。你可以看出，當w在哪些數值時，中介效果是顯著的……。看完這些，你應該可以理解為什麼很少人畫這種圖了。

★你不想知道的統計知識(43-1)★

多層次資料（multilevel data）

　　階層線性模型分析的是多層次資料，多層次資料指的是有「階層」的資料。當樣本中的個人可以形成組別，這時資料會形成「個人vs.組別」的階層。舉例來說，員工（第一層）可以用所屬的公司（第二層）分組，學生（第一層）可以用所屬的班級（第二層）分組，病人（第一層）可以用就醫的醫院（第二層）分組等等；類似這樣就形成兩層的資料。在這類資料中，研究探討的變項有的屬於第一層、有的屬於第二層，例如：學生的性別是第一層變項，而學校是男校、女校，還是男女合校，則是第二層變項。同樣地，病人病情嚴重程度是第一層變項，醫院是公立醫院

還是私立醫院則是第二層變項。以此類推。

　　有些資料會高於兩層，例如：員工屬於公司，公司又屬於不同行業，例如：服務業、電子業等等，這時資料階層就會變成三層，員工變項（第一層）、公司變項（第二層）與行業變項（第三層）。學生屬於班級，班級屬於學校，這兩個例子都形成了三層結構。

　　有時第一層資料不是個人，例如：長期資料中，第一層資料可能是學生在不同時間點，第二層才是學生。又如許多心理學實驗，第一層資料可能是不同嘗試（trials），第二層才是實驗參與者。

★你不想知道的統計知識(43-2)★

階層線性模型的固定效果和隨機效果

　　階層線性模型是迴歸的延伸，同樣是分析一個或多個連續變項（Xs）與一個連續變項（Y）的關係，只是這些變項形成階層關係（見「★你不想知道的統計知識(43-1)★」）。假設我們分析一筆包含80個公司、1,000名員工的資料，想知道員工的工作動機（X）和員工績效（Y）的關係。如果我們認為不同公司中，X對Y的影響力不同，我們可以對這80個公司各自做迴歸，做出80條迴歸線，每條迴歸線的截距與斜率都不同。在這個例子中，斜率表示X對Y的影響力，而在不同公司中，這個影響力有高有低，因此這80個斜率個個不同、有高有低，會形成分配。如果你讀到目前為止看不太懂，而且開始頭痛，那麼你屬於正常人，不一定要再往下讀。而如果你還看得懂，而且覺得有趣……要趕快去看精神科，並且請往下讀。

　　我們可以計算這80個斜率的平均值與標準差。在階層線性模型中，斜率平均值稱作「固定效果」，斜率的標準差（或變異數）稱作「隨機效果」；階層線性模型可以檢定斜率平均值和斜率標準差是否顯著。檢定斜率平均值，相當於在檢定：「平均來說，各公司的X對Y的效果是否顯著」。檢定斜率標準差，相當於在檢定：「不同公司的X對Y的效果，是否不同」。

★你不想知道的統計知識(43-3)★

在階層線性模型分析時遇到警示訊息，怎麼辦？

　　在「★你不想知道的統計知識★(43-2)」中，曾經提到階層線性模型分析要計算

各群體斜率的平均值與標準差。如果我們有兩個X，我們就要計算X1斜率平均、X1斜率標準差、X2斜率平均、X2斜率標準差、X1與X2斜率共變數；如果我們有三個X，就要計算X1斜率平均、X1斜率標準差、X2斜率平均、X2斜率標準差、X3斜率平均、X3斜率標準差、X1與X2斜率共變數、X1與X3斜率共變數、X2與X3斜率共變數。如果我們有四個X……。

　　很煩對不對？其實電腦也會很煩，因為它需要計算超多東西，還牽涉到複雜的多維常態積分（兩位作者都承認他們不會，但一致同意應該要寫出來，光是知道這個名詞，就會看起來很有學問）。所以當X變多時，階層線性模型會算得比較慢，有時也不會算得很好，因為複雜的多維常態積分（多寫一次，更有學問）真的很難算。有良心的程式算完後，會自己檢查一下到底算得夠不夠好，然後會出現警示訊息。這些警示訊息就是在說：「我算出來是這樣，不算很滿意啦，你自己考慮看看要不要喬一喬。」因此當你用電腦跑階層線性模型分析時，有時會看到警示訊息，這未必表示計算有誤，只是提醒你要小心。

　　如果出現警示訊息，而你覺得不放心，在R中有一些語法，可以讓你對運算做調整。但是我們建議你優先考慮簡化模型。檢查一下你放的變項是否過多？從文獻或理論去思考，模型中所有的變項是否都是必要的？然後看看能否刪去某些變項，尤其是有設定隨機效果的那些變項。

★你不想知道的統計知識(43-4)★

標準化、未標準化，傻傻分不清楚

　　在一般線性迴歸裡，β是表示「標準化」的迴歸係數；但在階層線性模型中，β卻是表示「未標準化」迴歸係數。因此對階層線性模型不熟悉的人，有時會誤解，以為階層線性模型的β是標準化迴歸係數，這點要特別注意。本書第一作者承認他曾經犯過這個錯，在審查一篇國外論文時，質疑對方用錯了符號，後來才知道是自己搞錯了；有了那個美麗的錯誤，於是有了這個可愛的注解。

★你不想知道的統計知識(44-1)★

階層線性模型單純斜率的估計與檢定

　　在階層線性模型中，交互作用（調節作用）也是用交乘項的方式表示，與一般

迴歸分析處理交互作用的做法一致。Preacher、Curran與Bauer (2006)發現在階層線性模型與一般迴歸模型中，[注10]都可以用相同的兩種方式做單純斜率的後續分析，一種稱作「simple slope」法，就是計算調節變項固定在某一些代表性數值時的單純斜率。在本系列書中，無論一般迴歸、徑路分析或階層線性模型，我們都用這個方法計算，這也是比較常用的方法；這種方法只能看到調節變項在某些特殊數值下的情形。而第二種被稱為「Johnson-Neyman Technique」的方法，則是找出單純斜率顯著與不顯著時對應的區域，因此可以推知調節變項在所有數值下單純效果的情形，這個做法目前比較少見，不過聽起來比較厲害。本書兩位上了年紀的作者為了表示有跟上時代，特地在單元40的Excel「40-4 調節中介進階交互作用圖.xls」顯示了這個方法在調節中介的使用。

使用「simple slope」法處理一般迴歸與階層線性模型時，雖然計算的原理相同，但在對一般迴歸與階層線性模型進行斜率檢定時，其對兩者計算自由度的方法則略有不同。其實問題還不只是在一般迴歸與階層線性模型兩者不同，在階層線性模型中，檢定固定效果對應的自由度也有各家說法。在本書中，我們決定採用鋸箭法，假設樣本數很大（如Preacher et al., 2006），因此檢定由t檢定變成z檢定，算是放大絕一舉解決（逃避）自由度的議題。

★你不想知道的統計知識(46-1)★

問卷分析中的單向度假設

在一些社會或行為科學領域中，我們常常以多個題目測量一個概念，很多統計分析，也就以假設我們用多個題目測量一個概念（稱為單向度假設）往下推導。在問卷分析中，Lee Joseph Cronbach就是在這個假設下，推導出Cronbach's alpha作為信度的估計值。因此，Cronbach's alpha是去求出測量同一個概念的多個題目之間的關聯強度。如果我們有一個總量表分為四個分量表，每個分量表測量一個概念，則應該要以每個分量表各自去計算一個Cronbach's alpha；而總量表由於測到四個不同概念，不是單一概念，就不應該計算Cronbach's alpha。此時如果要計算總量表信度，建議

注10 Preacher, K. J., Curran, P. J., & Bauer, D. J. (2006). Computational tools for probing interactions in multiple linear regression, multilevel modeling, and latent curve analysis. *Journal of Educational and Behavioral Statistics, 31*(4), 437-448.

應該計算其他的信度指標，例如：ω[注11]。

　　根據上述邏輯，如果我們用「刪題後的信度」（Cronbach's Alpha if item deleted）做項目分析，那應該要計算刪題後，該題所屬「分量表」（而非總量表）的Cronbach's alpha（也就是以《傻瓜也會跑統計I》的單元2進行操作時，在Step 2只放進分量表的題目，而非總量表的所有題目）。同樣的，如果我們用「題目與總分的相關」做項目分析，也應該用分量表總分，而非總量表總分來求相關（操作同上）。而以「高低分組在某一題目上是否有顯著差異」的方式做項目分析，也應該用分量表總分而非總量表總分來做分析（也就是以《傻瓜也會跑統計I》的單元1-7進行操作算總分時，應該算分量表總分，而非總量表總分）。

　　雖然如此，還是有很多研究者習慣以總量表算總分來計算前述的指標。如果你老闆也是其中之一，你可以把這本書拿去給他看；不過，為了表示對指導老師的尊重，記得買一本新的拿過去。

注11 Gignac, G. E. (2014). On the inappropriateness of using items to calculate total scale score reliability via coefficient alpha for multidimensional scales. *European Journal of Psychological Assessment, 30*, 130-139.

國家圖書館出版品預行編目資料

給論文寫作者的進階統計指南：傻瓜也會跑統
計. II／顏志龍，鄭中平著. －－二版. －－
臺北市：五南圖書出版股份有限公司，
2022.12
面；　公分
ISBN 978-626-343-545-2（平裝）

1.CST：統計學

510　　　　　　　　　　111019029

1H9A

給論文寫作者的進階統計指南
傻瓜也會跑統計II

作　　者 ― 顏志龍、鄭中平

編輯主編 ― 侯家嵐

責任編輯 ― 侯家嵐

文字校對 ― 鐘秀雲、許宸瑞

封面設計 ― 姚孝慈

出 版 者 ― 五南圖書出版股份有限公司

發 行 人 ― 楊榮川

總 經 理 ― 楊士清

總 編 輯 ― 楊秀麗

地　　址：106臺北市大安區和平東路二段339號4樓

電　　話：(02)2705-5066　　傳　　真：(02)2706-6100

網　　址：https://www.wunan.com.tw

電子郵件：wunan@wunan.com.tw

劃撥帳號：01068953

戶　　名：五南圖書出版股份有限公司

法律顧問　林勝安律師

出版日期　2020年6月初版一刷（共三刷）
　　　　　2022年12月二版一刷
　　　　　2024年12月二版二刷

定　　價　新臺幣480元

經典永恆・名著常在

五十週年的獻禮 —— 經典名著文庫

五南，五十年了，半個世紀，人生旅程的一大半，走過來了。

思索著，邁向百年的未來歷程，能為知識界、文化學術界作些什麼？

在速食文化的生態下，有什麼值得讓人雋永品味的？

歷代經典・當今名著，經過時間的洗禮，千錘百鍊，流傳至今，光芒耀人；

不僅使我們能領悟前人的智慧，同時也增深加廣我們思考的深度與視野。

我們決心投入巨資，有計畫的系統梳選，成立「經典名著文庫」，

希望收入古今中外思想性的、充滿睿智與獨見的經典、名著。

這是一項理想性的、永續性的巨大出版工程。

不在意讀者的眾寡，只考慮它的學術價值，力求完整展現先哲思想的軌跡；

為知識界開啟一片智慧之窗，營造一座百花綻放的世界文明公園，

任君遨遊、取菁吸蜜、嘉惠學子！